정기문

서울대학교 역사교육과를 졸업하고 같은 대학 서양사학과에서 로마사 연구로 박사 학위를 받았다. 지금은 군산대학교 사학과 교수로 학생들을 가르친다.

'역사는 재미난 옛날이야기'라고 생각하는 그는, 동료 역사가들을 만날 때마다 역사에 자취를 남긴 인물들의 이야기를 주고받는 것을 매우 즐긴다. 하지만 그가 재미를 느끼는 것은 자극적인 야사가 아니라, 알고 있던 것과 다른 감춰진 진실을 알게 될 때다.

역사가는 '과거를 지키는' 파수꾼으로서 누군가 과거를 왜곡하여 이득을 취하거나 사람들을 현혹하는 것을 막고자 최선을 다한다. 때때로 이 일은 목숨을 걸어야 할 만큼 위험하다. 이런 사명감이 있기에 역사가는 심각하게 왜곡된 사실 뒤에 숨겨진 진실을 알아내면 온몸이 떨리는 기쁨을 느낀다. 이 책은 역사적 인물 7인의 이런 숨겨진 진실 이야기를 모은 것이다.

지은 책으로 《역사는 재미난 이야기라고 믿는 사람들을 위한 역사책》, 《역사학자 정기문의 식사 食史》, 《한국인을 위한 서양사》, 《내 딸들을 위한 여성사》, 《로마는 어떻게 강대국이 되었는가?》, 《왜 로마 제국은 기독교를 박해했을까?》, 《그리스도교의 탄생》 등이 있고, 옮긴 책으로 《성인숭배》, 《청소년의 역사 1》, 《지식의 재발견》, 《고대 로마인의 생각과 힘》, 《인문정신의 역사》, 《아우구스티누스》 등이 있다.

역사를 재미난 이야기로
만든 사람들에 대한 역사책

역사를 재미난 이야기로 만든 사람들에 대한 역사책

정기문
지음

책과함께

차례

역사적 인물 7인의 '진실' 이야기

기독교 교부 중 최고로 꼽히는 아우구스티누스는 친구를 '또 다른 나_{alter ego}'라고 표현했다. 친구는 나와 세계관이 같고 성품이 비슷하며 지향도 같아 꼭 나 자신을 보는 듯하다. 그와 함께라면 아무리 어려운 일도 할 수 있을 것 같고 무슨 일이든 즐겁다. 역사가에게 최고의 친구는 동료 역사가다. 스터디 모임, 학회 뒤풀이, 그리고 종종 국가 기관의 부름을 받은 모임 등에서 그들을 만난다. 그때마다 역사가들은 공부하면서 알게 된 이야기들을 함께 나누었다. 역사에 자취를 남긴 인물들의 이야기는 너무나 재미있어서 시간 가는 것도 배고픈 것도 잊게 만든다.

역사가들이 들려주는 이야기 가운데는 단연 일화와 야사가 많다. 두 가지만 살펴보자.

　중국 최초의 황제 진시황이 불로장생을 꿈꾸었다는 사실은 널리 알려져 있다. 진시황은 온갖 귀한 약초를 찾으려 애쓰는 한편, 인간의 수명을 늘려준다는 여러 방식을 실천에 옮겼다. 특히 당시 성행하던 도교의 가르침을 맹신했다. 도사들은 인간이 철저히 수련하거나 단약, 즉 수은이 들어 있는 붉은 약을 꾸준히 마시면 진인이 될 수 있다고 주장했다. 진인은 물에 들어가도 젖지 않고, 불 속에서도 타지 않으며, 구름을 타고 다니면서 천지와 더불어 영원히 존재하는 신선 같은 존재다. 이들의 가르침을 철석같이 믿은 진시황은 단약을 많이 마셨고, 어느 순간 스스로 진인이 되었다고 생각했다. 그는 이제 자신의 권력이 인간 세계뿐 아니라 신선 세계에까지 미친다고 생각했다.

　이 사실은 '상군 신'에 대한 처분에서 나타난다. 진시황은 자신이 통일한 중국 땅을 여러 번 돌아보았는데, 장강에서 배를 타고 상산사湘山祠에 이르렀을 때 큰 바람이 일어 배가 뒤집힐 뻔했다. 화가 난 진시황은 풍랑이 왜 이리 거세냐고 물었다. 그를 보좌했던 박사들이 "상산에 사는 신령인 상군湘君이 바람을 일으키고 있습니다"라고 대답했다. 이에 진시황은 3000명을 보내 상산의 나무를 모조리 베어 산을 벌거숭이로 만들었다.[1] 감히 자신에게 도전한 상군을 벌한 것이다. 진시황은 상군이 살고 있는 산을 벌거숭이로 만들면 상군이 더는 그곳에서 신으로 대접받지 못할 거라고 생각했다.

이 이야기는 여러 이유에서 상당히 재미있다. 현대로 치면 시골 장터에서 약을 파는 사기꾼 같은 도사들이 황제를 골려먹은 사실이 재미있고, 말년에 약간 정신 나갔던 진시황이 단약을 많이 먹어 스스로 진인이 됐다고 믿었다는 사실도 재미있다. 무엇보다 지상에서 최고 권력을 누렸던 사람도 불로장생이라는 헛꿈을 꾸었지만 누구나 그렇듯 결국 죽는다는 사실을 확인해주어 재미있다.

진시황의 최대 업적은 중국을 통일한 것이다. 진시황 때부터 '중국은 하나'라는 인식이 확고해진 덕분에 그 광대한 중국이 몇 번의 분열을 겪고도 단일한 국가를 유지하고 있다. 중국인은 지금도 진시황의 음덕을 입고 있다. 진시황릉이 중국 최고의 관광자원이니 말이다. 중국 시안西安에 있는 진시황릉에는 1만 개의 병마용이 전투 대형을 이루고 있다. 병마용은 진흙으로 만든 모형 병사와 말을 일컫는다. 하루 평균 3만 5000명이 병마용을 보러 찾아오는데, 사실 진시황릉의 백미는 그의 묘실이다. 《사기》의 저자 사마천에 따르면 진시황의 무덤은 사방 400미터나 되며, 무덤 안에는 중국의 큰 강인 황하와 장강 모형을 만들었다. 두 강 줄기에 수은을 넣어 물처럼 흐르게 했고, 천장에는 하늘의 28개 별자리를 보석으로 박아놓았다. 중국의 경치를 축소하여 묘사한 이 묘실은 아직 발굴되지 않았지만, 사마천의 진술이 사실임은 확실하다. 묘실 근처에서 다량의 수은이 발굴되었기 때문이다. 몇몇 학자들은 묘실 주변에서 수은이 발굴될 정도로 다량의 수은이 묘실에 있었다면, 진시황의 시신이 방부 처리되어 썩지 않았을 거라고 짐작한다. 그렇다면 불로장생하겠다던 진시황의 꿈은 3분의 1쯤 이루어졌다고 볼 수 있다. 죽었지만 육신이 썩지 않았고, 중국인들이 지금도 그를 기념하니 말이다.

우리 역사에서 가장 매력적인 여인은 누구일까? 많은 사람이 조선 시대의 유명한 기생 황진이를 꼽는다. 그녀는 서경덕·박연폭포와 더불어 '송도 3절'로 꼽힌다. 얼마나 소문이 파다했던지 뭇 남자들이 그녀와의 하룻밤을 꿈꾸었다. 높은 벼슬아치, 부자, 멋을 아는 한량 들이 송도에 와서 그녀를 만나려고 노심초사했다. 물론 황진이의 몸값이 하도 비싸서 남자들은 대부분 멀리서 모습만 바라보는 데 그쳤다. 혹여 황진이를 품에 안으면 패가망신하기 십상이었다. 그녀의 매력에 푹 빠져 식음을 전폐하고 오직 그녀와의 사랑만 추구했기 때문이다.

소세양이라는 남자는 지금으로 치면 장관급인 예조판서와 한성부 판윤을 지냈는데 시를 잘 짓기로 유명했다. 어느 날 친구들과의 술자리에서 황진이의 미모가 화제에 올랐다. 친구들이 누구든 황진이를 만나면 절대 헤어날 수 없다고 하자, 소세양은 "여인에게 홀려 자제하지 못하는 자는 사내대장부가 아니다"라고 말했다. 친구들이 "그렇게 자제력이 강한 남자는 세상에 없다"고 하자, 소세양은 "나는 그녀와 한 달 살고 나면 한 시간도 넘기지 않고 그녀와 헤어질 수 있다"라고 단언하며 "만약 약조를 어기면 나는 사람이 아니다"라고 말했다.

소세양은 이렇게 친구들과 내기를 하고는 화담 서경덕을 만난다는 핑계로 송도로 가 황진이를 만났다. 소세양은 온갖 진귀한 선물과 많은 돈을 주고 황진이와 한 달 계약 동거에 들어갔다. 소세양은 황진이와 꿈 같은 시간을 보냈는데, 친구들과 약속한 한 달이 지나자 소세양은 정신을 차리고 황진이에게 이별을 고한 뒤 길을 나서려 했다. 그러자 황진이가 시를 한 수 지었다.

가을 달빛 아래 뜰 앞 오동잎 모두 지고

서리가 내리니 들국화 노란색이 더욱 선명하네.

하늘에 닿을 듯 높이 솟은 누각에 앉아

당신과 나는 천 잔의 술을 마시고 취하였네.

흐르는 물은 거문고 소리에 차갑고

매화는 피리 소리에 향기롭네.

아침이 밝아 당신이 떠난 후에도

그리는 정은 푸른 물결처럼 끝이 없으리.

황진이의 시를 듣자 소세양은 마음이 흔들려 "사람들이 나보고 '너는 사람이 아니다'라고 말해도 좋다. 도저히 너와 헤어질 수 없구나"라고 말했다. 사랑에 모든 걸 바치는 순정이 느껴지는 이야기다.

위 두 이야기는 실제로 있었던 사건일 것이다. 진시황 이야기는 사마천의 《사기》에 실려 있고, 황진이 이야기는 조선 후기 문인 임방이 지은 《수촌만록》에 담겨 있다.[2] 일반인이라면 황진이 이야기를 좀 더 재미있어할 것이다. 보통 사람들은 다소 진지하고 심각한 정사보다는 짧은 이야기로 웃음을 주는 야사를 더 좋아한다. 시중 서점의 역사책 코너에 야사를 다룬 책이 많고, 야사가 정사를 압도하는 것이 요즘 우리나라의 현실이다. 그렇지만 역사가인 필자는 진시황 이야기가 훨씬 더 재미있다. 진시황 이야기는 근거가 확실한 역사서에 전하지만, 황진이 이야기는 요즘으로 치면 에세이 모음이나 문단 소식지라고 할 수 있는 문집에 실려 있다. 아무래도 황진이 이야기는 각색되었을 가능성이 높다. 그리고 진시황 이야기는 도교 사상, 장례 문화 등 진나라의 시대상을 담고 있지만, 황진이 이야기는 사적인 이야기라 역사적으로 중요한 자료를 찾기는 힘들다.

아무튼 이런 이야기를 듣노라면 몸속에서 엔도르핀이 도는 게 느껴진다. 아주 뛰어난 역사가를 만나면 동공이 열리고 온몸에 전율이 일면서 '세상에 그런 일이!'를 외치게 되는 이야기를 듣게 된다. 우리가 일반적으로 알고 있는 역사적 사실이나 상식이 완전히 허구임을 밝혀주는 '진실 이야기'가 바로 그런 이야기다.

역사가 시작되면서 '과거'는 있는 그대로 존재하는 게 아니라 중요한 자산이자 권력의 도구로 이용되어왔다. 원시 부족들을 조사해보면 추장이나 지도자 들은 자신이 특별한 권위를 갖고 있다고 주장할 때 '조상들의 이름을 외우고 있다'는 사실을 내세운다. 인류학자 포티스Meyer Fortes가 아프리카 탈레족을 연구한 결과 그 사회에서는 조상들의 계보를 얼마나 알고 있는가에 따라 지위가 결정되었다. 폴리네시아의 여러 부족 사회에서도 추장들은 조상들의 계보를 외우고 관리하는 일을 가장 중시했다.[3] '과거'가 이렇게 권위를 보증하는 수단이었기 때문에 권위를 강화하려는 사람들은 끊임없이 과거를 왜곡했다. 예컨대 로마인은 자신들이 트로이의 후손이라 주장했고, 중세 게르만족은 자신들이 로마인의 조상에서 갈라져 나왔다고 주장했다.

과거를 왜곡하는 주체나 이유는 다양한데, 현대에는 상업적인 측면에서 역사가 심하게 왜곡되고 있다. 문화유산이 중요한 관광자원이 되면서 지방자치단체나 여러 종류의 이익 단체들이 과거를 왜곡하느라 바빠졌다. 예를 들어 기독교 최고의 이론가 바울로(바울)의 고향은 타르소스다. 고대의 지리학자 스트라본에 따르면 타르소스는 아테네와 알렉산드리아에 버금갈 만큼 번화한 도시였다. 현재 이곳에 가면 바울로가 살았던 생가와 그가 물을 마신 우물이 있다. 고고학자들에 따르면 우물은 4세기에 만들어졌고, 생가는 8세기에 지어졌다. 바울로가 1세기 인물이니 그가 죽은 후 엄청난 세월이 흐른 뒤에 만들어진 유적이다. 그런데 타르소스시, 문화 해설사, 관광 안내원의 안내를 받아 그곳을 방문한 사람들, 특히 기독교 신자들은 바울로가 그 집에서 태어나 그 우물에서 물을 마셨다고 철석같이 믿고, 정성껏 기도하는 등 흥분된 모습을 보이곤 한다.

이 외에도 시중에는 후대에 엉터리로 지어낸 이야기가 많이 떠돌고 있다. '담징이 호류지의 금당 벽화를 그렸다', '삼천 궁녀가 낙화암에서 떨어졌다', '문익점이 붓 두껍에 목화씨를 숨겨 왔다', '첨성대에서 별자리를 관측했다', '갈릴레이가 피사의 사탑에서 낙하 실험을 했다', '루터가 95개조 반박문을 비텐베르크대학 정문에 게시했다', '우주인이 지구라트를 건설했다' 등등.

역사가는 왜곡된 역사를 바로잡고 과거의 진실을 밝히는 것을 직업으로 삼는 사람이다. '과거를 지키는' 파수꾼으로서 누군가 과거를 왜곡하여 이득을 취하거나 사람들을 현혹하는 것을 막고자 최선을 다한다. 때때로 이 일은 목숨을 걸어야 할 만큼 위험하다. 이런 사명감이 있기에 역사가는 심각하게 왜곡된 사실 뒤에 숨겨진 진실을 알아내면 온몸이 떨리는 기쁨을 느낀다. 바로 이런 '진실 이야기'가 역사가가 가장 재미있어하는 이야기다.

이 책은 이런 이야기 일곱 편을 실었다. 첫 이야기는 이스라엘 민족의 영웅 다윗의 이야기다. 다윗이 돌팔매로 적장 골리앗을 때려죽였다는 이야기는 역사책과 예술 작품에서 끊임없이 회자되면서 불변의 진실로 믿어지고 있다. 그러나 구약성경에 나오는 다윗 이야기는 앞뒤가 전혀 맞지 않는다. 저명한 구약 학자 스미스는 "아무리 천재라 해도 다윗에 대한 구약의 자료들을 문맥에 맞게 논리적으로 설명할 수는 없다"[4]라고 평가했다. 대다수 학자들은 후대에 유대인이 다윗을 위대한 인물로 만들기 위해 여러 전승을 짜깁기해서 다윗 이야기를 창작했다고 판단한다.[5] 무엇보다 구약성경은 다윗이 아니라 베들레헴 사람 엘하난이 골리앗을 죽였다고 명확히 전하고 있다.

두 번째는 그리스 철학자 소크라테스의 스승 아스파시아 이야기다. 소크라테스의 제자 플라톤을 비롯해 고대 여러 지식인이 그가 아스파시아라는 여인에게 회초리를 맞아가며 배웠다고 전한다. 아스파시아는 그리스 민주주의의 아버지로 칭송받는 페리클레스의 부인이자 고문이었다. 그녀는 페리클레스의 정책에 조언하고 연설을 써주곤 했다. 그러나 그녀의 업적은 역사책에서 찾아보기 힘들다. 남성 중심 사고가 역사 연구와 집필을 주도한 탓이다. 젠더의 평등을 이루려면 이런 여성 영웅들을 계속 발굴하여 널리 알리는 작업이 절실하다.

세 번째는 로마 황제 네로 이야기다. 네로가 죽은 후 오랫동안 로마 평민들은 그를 칭송했고, 귀족들이 압제를 휘두를 때면 네로가 살아 돌아와 자신들을 구원해줄 거라고 말했다. 이는 네로가 통치할 때 조세 개혁 등 평민을 위한 정책을 과감하게 펼쳤기 때문이다. 로마 역사가 타키투스에 따르면 네로는 조세 징수자들이 세금을 거둘 때 받아 가던 2.5퍼센트의 부가세를 폐지했고, 그들이 관습적으로 누려왔던 특권들을 과감하게 철폐했다.[6] 그런데 왜 네로는 폭군의 대명사가 되었을까? 로마 귀족들은 자신들의 특권을 무시하고 이익을 침해하는 네로를 사악한 인물로 규정하고, 네로가 행하는 일을 사사건건 비난했다. 그런 입장을 대변한 자료들이 확대 재생산되면서 네로를 최고의 폭군으로 만들어버린 것이다.

네 번째는 동로마제국 최고의 황제 유스티니아누스의 부인 테오도라 이야기다. 그녀는 최하층 출신이었지만 더없이 매력적이고 똑똑했다. 테오도라에게 한눈에 반한 유스티니아누스는 법까지 바꿔가며 그녀와 결혼했다. 테오도라는 황후의 역할에 머물지 않고 유스티니아누스와 함께 공동 황제로서 활동했다. 그녀는 유스티니아누스를 두 번이나 위기에서 구했고, 무엇보다 여성과 가난한 사람들을 위한 정책을 과감하게 추진했다. 기생으로 갖은 멸시와 천대를 받던 여인이 훌륭한 통치자, 위대한 입법자로 활동하면서 동로마 제국을 전성기로 이끈 것이다. 이 이야기는 불우한 환경에서 태어난 사람이라도 위대한 인물이 될 수 있음을 보여주며 깊은 감동을 준다.

다섯 번째는 신대륙 발견으로 세상을 떠들썩하게 했던 콜럼버스 이야기이다. 콜럼버스에 대해서는 두 신화가 널리 회자되고 있다. 하나는 무지몽매한 당대 유럽인들과 달리 콜럼버스가 지구가 둥글다고 확신했으며, 서쪽으로 항해하는 데 성공함으로써 자신이 옳다는 사실을 입증했다는 것이다. 이 이야기는 미국 소설가 어빙이 창작하고 드레퍼, 화이트 같은 과학자들이 퍼뜨린 소설이다. 지금도 이 '소설'을 사실로 믿는 사람들이 많다. 잘못 알려진 사실이 얼마나 끈질기게 생명력을 유지하면서 사람들의 사고를 장악하는지 알 수 있다. 콜럼버스에 대한 두 번째 신화는 그가 정의로운 기독교 신자로 이상적인 사회를 건설하려 했다는 것이다. 미국 지식인들이 지어낸 이 신화와 달리, 실제로 콜럼버스는 황금광에다 노예사냥꾼이었다.

여섯 번째는 영국 최고의 여왕 엘리자베스 1세 이야기다.

그녀는 화장 안 한 얼굴을 절대 보여주지 않았다. 아일랜드 반란 진압에 실패한 에식스 백작은 엘리자베스 방에 불쑥 들어갔다가 여왕의 맨얼굴을 보고 말았고, 그로 인해 엄벌을 받았다.[7] 엘리자베스는 왜 그토록 화장에 집착했을까? 이런 일화 뒤에 숨겨진 이유를 밝히는 게 역사가의 중요한 임무다. 엘리자베스가 에스파냐의 무적함대를 격파하여 근대 영국이 세계 최고의 강대국으로 성장할 발판을 마련한 이야기는 잘 알려져 있다. 그런데 프랑스 역사가 브로델에 따르면 그녀의 통치기에 있었던 가장 중요한 사건은 대서양 무역량이 지중해 무역량을 초월하면서 대서양 시대가 열린 것이다. 이렇게 엘리자베스 1세는 세계사의 새로운 시대를 열었다는 점에서 자못 흥미로운 인물이다.

마지막으로 프랑스 혁명의 지도자 로베스피에르를 다루었다. 서양사를 전공하는 사람에게 프랑스 혁명은 '몸의 척추'와 같이 중요한 주제다. 학부 때부터 박사과정을 마칠 때까지 꽤 자세히 배우고, 프랑스 혁명만 다룬 논문을 수십 편 읽고, 전문 서적도 최소한 몇 권은 읽는다. '프랑스 혁명이라면 중요한 일은 다 알고 있어'라고 생각할 정도에 이른다. 그런데 프랑스 혁명 전공자들에게 들으니 로베스피에르가 프랑스에서는 전혀 기념되지 않는단다. '어떻게 그럴 수가!'

하는 탄식이 절로 나왔다. 세간에 알려진 대로 로베스피에르는 과연 독재자였을까? 필자는 로베스피에르가 독재자라는 주장은 3분의 1 정도만 맞고, 그가 독재를 한 데는 나름 이유가 있었다고 판단한다.

역사 공부에서는 사건들 사이의 연결 고리를 찾아보고, 사건의 원인을 추적하고, 사건이 사회의 구성이나 변화에 어떤 역할을 했는지 검토하면서 비판적·합리적 사고력을 키우는 것이 중요하다. 이런 식으로 사유하다 보면 사건과 인물을 여러 각도에서 새롭게 바라볼 수 있고, 세상을 바라보는 안목이 커진다. 이 일곱 편의 이야기가 얼마나 타당한지 따져보면서 읽기 바란다. 독자들의 비판과 지적을 받아 이 글을 개선할 기회가 있기를 기대해본다.

정기문

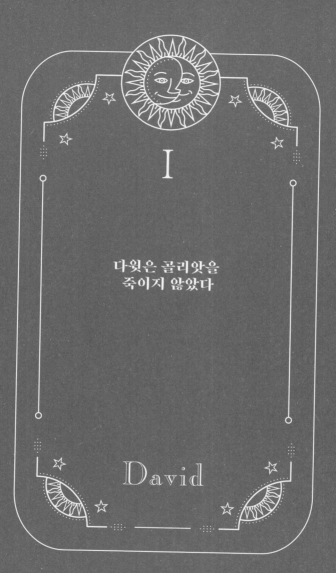

I

다윗은 골리앗을
죽이지 않았다

David

다윗과 선왕 사울의 첫 만남

성경을 들춰보지 않은 사람이라도 '골리앗을 물리친 다윗'이라면 익히 들어 알고 있을 것이다. 미켈란젤로는 그의 모습을 다비드 상이라는 조각으로 만들어냈다. 다비드는 다윗의 이탈리아식 표현이다. 이 작품은 인체를 있는 그대로 묘사하여 르네상스 시대 인간에 대한 생각을 잘 보여준다. 다윗의 이름이 붙은 휴양소도 있다. 미국 메릴랜드주 산악 지대에 미국 대통령의 전용 휴양소가 있는데 그 이름이 '데이비드 캠프'다. 데이비드는 다윗의 영어식 표현이다.

다윗이 널리 알려진 데는 여러 이유가 있는데 그 가운데 백미는 팔레스타인의 거인 장군 골리앗을 돌팔매로 때려죽인 이야기다. 지금도 약한 사람이 감히 맞설 수 없는 적을 물리치면 '다윗이 골리앗을 이겼다'라고 비유되곤 한다. 이 이야기는 과연 사실일까?

　기본적인 사실부터 짚고 넘어가자. 다윗은 이스라엘의 2대 왕으로 유대인에게는 영웅 중의 영웅이다. 그는 이스라엘 백성을 못살게 굴던 팔레스타인 사람들을 물리치고 예루살렘을 정복했으며, 거기에 시온 성을 쌓았다. 그리고 주변 지역을 아우르는 거대한 제국을 만들어 하느님과 이스라엘의 영광을 널리 알렸다. 지금까지 많은 역사가들은 성경의 이런 내용을 확대 재해석하여 다윗이 "당시 세계에서 두드러진 강대국"을 만들었으며, 그의 제국은 동으로는 암몬, 에돔, 모압을 차지했고, 남쪽으로는 와디엘아리시에 닿았으며, 북쪽으로는 레바논 지역과 오론테스강 유역의 카데시까지 뻗어 있었다고 주장해왔다. 역사가들의 이런 주장을 근거로, 이스라엘의 영광을 되살리려는 정치가들은 다윗이 통치했던 광대한 제국이 이스라엘의 영토이며, 유대인은 지난날의 영광을 복원해야 한다고 주장해왔다.[1]

　이들의 주장이 사실일까? 먼저 다윗이 어떤 사람이었는

지 살펴보자. 성경에는 다윗이 선왕 사울과 처음 만나는 장면이 이렇게 서술되어 있다.

사울이 신하들에게 명령을 내렸다. "그러면 하프를 잘 타는 사람을 찾아보고, 그를 나에게로 데려오너라." 신하 가운데 한 사람이 대답하였다. "제가 베들레헴 사람 이새에게 그런 아들이 있는 것을 보았습니다. 그는 하프를 잘 탈 뿐만 아니라, 용감한 사람이며, 무용武勇이 뛰어나며, 말도 잘하고, 외모도 준수하고, 더욱이 주께서 그와 함께 하십니다." 그러자 사울이 이새에게 전령을 보내었다. 전령이 "양 떼를 치고 있는 당신의 아들 다윗을 나에게 보내라" 하는 명령을 전하였다. 이새는 곧 빵과 포도주 한 자루를 실은 나귀와 염소 새끼 한 마리를, 자기 아들 다윗을 시켜 사울에게 보냈다. 그리하여 다윗은 사울에게 와서, 사울을 모시게 되었다. 사울은 다윗을 매우 사랑하였으며, 마침내 그를 자기의 무기를 들고 다니는 사람으로 삼았다. 사울은 이새에게 사람을 보내어 말하였다. "다윗이 나의 마음에 꼭 드니, 나를 시중들게 하겠다."[2]

이 대화에서 사울은 신하에게 하프 잘 타는 사람을 구해

오라고 했는데,[3] 다윗을 소개한 신하는 그가 하프를 잘 탈뿐더러 다른 여러 면에서도 뛰어나다고 이야기한다. 신하는 왜 여러 가지 자질을 늘어놓고 있을까? 왕이 요리 잘하는 사람을 찾으면 '누가 요리를 가장 잘합니다' 하면 그만인데, 그 요리사는 용감하고, 훌륭한 전사에다, 말도 잘하고, 외모까지 훌륭하다고 말하는 꼴이다.

아마도 사울은 자기를 돕거나 호위할 유능한 사람들을 찾고 있었고, 신하는 다윗이 적합한 사람이라고 강조했던 것 같다. 신하가 열거한 점들은 유대 남자들이 갖춰야 할 다섯 가지 덕목으로 해석할 수 있다.[4] 그런데 신하는 다윗이 뛰어난 인물임을 어떻게 알았을까? 다윗은 베들레헴 지방의 유력 인사 이새의 아들이자 뛰어난 젊은이로 널리 알려져 있었던 모양이다.[5]

하프 연주를 꼽은 데 대해 요즘 사람들은 의아해할지 모르지만, 고대에는 악기 다루는 일을 중시한 종족이 많았다. 고대 여러 나라의 교과목에도 음악이 들어 있었다. 예를 들어 스파르타에서는 소년들이 일곱 살이 되면 부모 곁을 떠나 아고게라는 공교육을 받았는데, 입학 후 열두 살까지는 파이디온이라는 소년 반에서 음악, 춤, 운동을 배웠다. 열 살이 되면 소년들은 공개 시합에서 음악과 운동 실력을 겨루었다. 스파르타 사람들은 특히 플루트를 좋아해서 나팔이 아니라 플루트의 율동적인 음조에 맞춰 행진했다.

스파르타의 이런 사례는 이례적인 것이 아니다. 이는 동서양의 성현들이 음악을 매우 중요시했다는 사실에서 확인된다. '철학자의 왕'이라고 불리는 플라톤은 이렇게 말했다.

> 인류가 타고난 이 고통을 측은하게 여긴 신들은 '신성한 날들'을 일을 멈추고 휴식을 취하는 시기로 바꾸도록 명령하였다. (…) 다른 동물들은 움직임에 있어서 질서와 무질서의 개념이 없다. (질서는 '리듬'과 '하모니'라고 불린다.) 반면에 신들은 우리의 동료-춤추는 자가 되셨고, 우리에게 리듬과 하모니라는 즐거운 개념을 주셨다. 이로써 신들은 우리의 마음을 움직이시고, 합창에서 우리를 이끄시고, 노래와 춤을 우리와 함께하신다. 이것이 바로 신들이 '코러스'라는 명칭을 주신 이유다. (…) 따라서 내 생각에 교육받지 않은 자는 합창 공연 훈련을 받지 않은 자일 것이다. 교육받은 자는 합창 공연에 대비해 충분히 훈련을 받아야 한다.[6]

이 글에서 플라톤은 인간이 리듬과 하모니, 즉 음악을 안다는 점에서 동물과 구별된다고 말했다. 플라톤이 세운 '아카데미아'라는 학교에서도 음악이 주요 과목 가운데 하나였다.[7] 동양의 성인 공자의 생각도 비슷했다. 그는 예禮, 악樂, 사射, 어御, 서書, 수數를 선비가 갖춰야 할 여섯 가지 덕목으로 제시했다. 이 중 두 번째인 악은 음악을 말한다.

다윗은 이런 덕목을 두루 갖춘 사람이라 사울 왕의 각별한 사랑을 받았다. 사울은 다윗을 자신의 시중드는 사람이자 병기 든 사람으로 삼았다. 구약성경에 따르면 병기 든 사람은 장수를 가장 가까이에서 보좌하는 병사로, 장수가 사용할 주요 병기를 들고 다니면서 장수를 보좌하고 호위하는 중요 직책이다. 장수는 병기 든 사람을 자기 분신처럼 여기고 아꼈다.

팔레스타인과 이스라엘의 싸움이 시작되다

이스라엘 사람들과 팔레스타인 사람들의 싸움은 어떻게 시작되었을까? 기원전 1290년경 모세의 지도를 받아 이집트를 탈출한 이스라엘 사람들은 여호수아(모세의 후계자)를 중심으로 가나안 지역을 정복했다. 그 후 기원전 1000년경까지 열두 부족이 부족 연합 단계의 국가를 이루었다. 이 부족 연합의 지도자는 사사 또는 판관이라고 불렸다. 유명한 삼손이 바로 사사였다.

이때 지중해를 통해 팔레스타인 부족이 쳐들어왔다. 이들은 정체가 명확하지는 않지만 '바다 사람들'의 일파로 생각된다. 팔레스타인의 세력이 강성했던 반면 이스라엘은 부족 연합 단계라 강력한 지도자가 없어서 힘을 결집하지 못했다. 그 때문에 기원전 1050년경 결정적인 전투에서 이스라엘은 크게 패했다. 팔레스타인 사람들은 이스라엘 부족 동맹의 군대를 무장해제하고, 중앙 성소를 파괴하고 사제들을 살해하거나 추방했다.[8]

팔레스타인의 강력한 군대에 맞서려면 이스라엘 사람들에게도 왕이 필요했다. 이스라엘 사람들은 사울을 최초의 왕으로 삼았다. 사울이 왕으로 팔레스타인 군대와 맞섰을 때 팔레스타인 측에는 골리앗이라는 거인 장수가 있었다. 이스라엘 사람들은 그 거인을 보자마자 사기가 크게 떨어졌다. 이때 다윗은 아버지 이새의 심부름으로 형들에게 빵을 가져다주러 전장에 간다. 소년 다윗은 이스라엘 병사들의 사기가 꺾인 데 분개하여, 자신이 골리앗을 물리치겠다고 선언한다.

이스라엘 사람들은 정신 나간 소리라며 그를 말렸지만,

다윗은 나가서 싸우겠다고 한사코 고집을 부렸다. 이 소리를 들은 사울은 자신의 갑옷을 다윗에게 입혀주려 했다. 다윗은 너무나 어려서, 사울이 준 병장기를 갖추고는 걸음조차 제대로 뗄 수 없었다. 다윗은 갑옷과 칼을 버리고 단지 돌팔매만으로 골리앗에게 갔고, 그 돌팔매로 골리앗을 때려 죽였다.

〈사무엘상〉 17장은 다윗이 골리앗을 죽였다는 사실을 다음과 같이 묘사하고 있다.

팔레스타인 진영에서 골리앗이라고 하는 장수 하나가 앞으로 나아왔다. 그는 갓 출신으로서 키가 2미터 74센티미터가 넘는 장신이었다. 머리에는 청동 투구를 썼고, 무게가 오천 세겔이나 나가는 청동 비늘갑옷을 입었으며, 정강이에는 청동 정강이받이를 찼고, 어깨에는 청동 투창을 메고 있었다. 그 창은 천을 짜는 베틀의 앞 기둥만큼 굵었고 창날은 무게가 육백 세겔이 넘는 철로 되어 있었다. (…) 다윗이 말하였다. "너는 칼, 창, 투창으로 나와 싸우지만, 나는 이스라엘 군대의 하느님, 전능하신 야훼의 이름으로 싸운다. 너는 우리의 하느님 야훼를 모독하지만, 오늘 하느님께서 너를 나에게 넘겨주실 것이다. 나는 너를 쓰러뜨려

너의 머리를 벨 것이다. (…) 팔레스타인 장수(골리앗)가 공격하기 위해 점점 가까이 다가오자, 다윗은 재빨리 달려 나갔다. 다윗은 차고 있던 자루에서 돌 하나를 꺼내어 팔매질을 하여 팔레스타인 장수의 이마를 정확하게 맞혔다. 이마에 돌이 박히자 골리앗은 땅바닥에 쓰러졌다. (…) 다윗은 그 팔레스타인 장수의 목을 쳐서 예루살렘으로 가져가고 그의 무기는 자기의 천막에 간직하였다.

사울은 다윗이 팔레스타인 장수와 싸우러 나가는 것을 지켜보고 있다가 사령관 아브넬에게 "아브넬, 저 소년은 누구의 아들이오?" 하고 물었다. 아브넬이 "황공하오나, 왕이시여, 저도 잘 모릅니다"라고 대답하자, 왕은 "그 청년이 누구의 아들인지 알아보시오" 하고 말하였다. 다윗이 그 팔레스타인 장수를 죽이고 돌아오자마자 아브넬이 그를 사울에게 데려갔다. 다윗은 팔레스타인 장수의 목을 손에 들고 있었다. 사울이 "젊은이, 너는 누구의 아들인가?" 하고 묻자 다윗이 "저는 베들레헴에 사는 당신의 종인 이새의 아들입니다" 하고 대답하였다.[9]

이 이야기를 읽다 보면 가슴속에서 무언가 뭉클한 게 솟아나는 것 같다. 소년 다윗이 용기 하나로 거대한 골리앗을 물리쳤다니! 그런데 그런 사건이 정말 있었을까? 먼저 짚고 넘어갈 게 두 가지 있다. 사울은 이미 다윗을 알고 있었고, 왕의 무기를 맡길 만큼 총애했다. 그런데 다윗이 골리앗과 싸우러 나갈 때 사울은 그를 전혀 모르는 사람, 처음 보는 사람으로 대한다. 사울이 갑자기 치매라도 걸린 걸까? 어떻게 이런 모순이 존재할 수 있을까? 구약을 전문적으로 연구하는 학자들은 이 사실을 잘 알고 있었다. 이 때문에 저명한 구약 학자 스미스는 "아무리 천재적인 조화론자라 할지라도 사울이 다윗을 몰랐다는 문맥과 그 전에 사울과 다윗이 친밀했다는 문맥을 결코 화해시킬 수 없다"[10]라고 평가했다. 사울 이야기에 여러 전승이 합치면서 이런 모순이 발생했다고 주장한 학자들도 있다.[11]

이러한 모순은 사울과 다윗의 이야기가 의도적으로 창작되었을 가능성을 암시한다.[12] 여러 가지 전설이나 민담, 신화가 두 인물의 사건에 겹쳐 투사되면서 그런 혼동이 일어났을 가능성이 높다. 작가의 창작력은 어린 양치기였던 다윗이 우연히 전장에 나가 돌팔매로 골리앗을 물리쳤다는 부분에서 강력하게 발휘된다. 이 이야기는 다윗에 대한 다른 이야기들과 전혀 조화되지 않는다. 또한 고대 근동, 특히 이스라엘에서는 왕을 양치기에 비유하는 전통이 있었다. 예

언자 미가도 이스라엘 왕의 도래를 예언하면서 '이스라엘을 다스릴 양치기'가 나타날 것이라고 말했다.[13]

물론 다윗이 골리앗을 죽인 사건이 역사적으로 실재했을 가능성 역시 얼마든지 있다. 이 사건은 동화작가들이 지어낸 전설적인 일로 생각하기 쉽지만, 고대 전투에서는 돌이 중요한 무기 가운데 하나였다. 예를 들어 서양 최초의 서사시로 알려진 《일리아스》는 그리스군과 트로이군이 싸운 이야기를 장황하게 다루는데, 돌을 무기로 썼던 사례가 10여 회나 등장한다. 150회 넘게 등장하는 창과는 비교가 안 되지만, 칼이 20여 회 등장하는 점을 고려하면 돌 역시 중요 무기였던 게 분명하다.[14] 실제로 그리스 장군 아이아스가 적장 헥토르를 커다란 돌로 쓰러뜨리기도 했다.

돌이 고대 전투에서 중요한 무기였다는 사실은 여러 지역에서 확인된다. 역사상 잔인하기로 이름난 아시리아 군대에도 투석병 부대가 있었다. 이는 아시리아 군대를 묘사한 벽화를 통해 확인된다.[15] 또한 고대 로마군은 보병을 다섯 등급으로 편성했는데, 이 중 가장 낮은 5등급 병사들은 투창과 투석기sling만으로 무장했다. 이 투석기는 돌을 던질 수 있는 간단한 장치를 기다란 줄에 설치한 무기다. 전투가 벌어지면 투석병들은 경무장병과 함께 군단 앞에 배치되어

싸우곤 했다.[16]

이런 점을 고려할 때, 병사로서 별다른 자질이 없었던 다윗이 돌을 던져 골리앗을 죽이는 일은 어찌 보면 가능할 것 같다.[17] 고대 양치기들은 산에서 늘 돌팔매로 짐승을 쫓아내곤 했으니 양치기 출신 다윗도 돌팔매에 능숙했을 것이다.[18]

그러나 앞에서 제시한 인용문에는 세 가지 이상한 점이 있다. 첫째, 이 장면에서 사울은 다윗을 처음 본 사람인 양 누구의 아들이냐고 묻는다. 다윗을 근위병으로 둔 사울이 그가 누구인지 모른다니 앞뒤가 맞지 않는다.

둘째, 작가는 다윗이 골리앗의 목을 예루살렘으로 가져갔다고 묘사했는데, 이는 다윗이 골리앗을 죽인 시점에서는 일어날 수 없는 일이다. 사울 집권기에는 예루살렘이 가나안 족속인 여부스인의 수중에 있었기 때문이다. 다윗은 즉위하고 나서 7년 뒤에야 여부스인을 물리치고 예루살렘 남서쪽 언덕에 시온이라는 새로운 성을 쌓았다.[19] 따라서 사울 집권기에 다윗이 골리앗의 목을 예루살렘으로 가져갔다는 진술은 시대착오다.[20]

셋째, 이 묘사에 따르면 골리앗은 두 개의 창과 하나의 검을 가지고 있고, 머리부터 발끝까지 온갖 청동(놋) 무기와 보호 장비를 갖추고 있었다. 그런데 골리앗과 다윗이 싸웠던 시기에 팔레스타인 장군들은 이런 복장이 아니었다. 깃 털로 만든 모자를 썼고, 하나의 창만을 사용했다. 청동으로 만든 온갖 장비를 사용하지도 않았다. 여기서 묘사된 무기 와 무장은 기원전 7~6세기 그리스 중갑보병의 것이다.[21] 호 플리테스라고 하는 그리스 중갑보병들은 머리부터 발끝까 지 중무장을 하고 팔랑크스라는 진영을 갖추어 싸웠다. 그 런데 왜 팔레스타인 장군 골리앗이 그리스의 호플리테스 복장을 하고 있을까? 기원전 7~6세기에 그리스 용병들이 이집트와 소아시아 일대에서 폭넓게 활동하고 있었고,[22] 이 시기 이집트가 유대 왕국과 대립하고 있었기 때문이다. 즉 기원전 7세기에 유대 왕국을 위협하고 있던 이집트인들이 그리스 용병을 고용하고 있었고, 다윗의 이야기를 기록에 남긴 작가가 그런 그리스 용병들의 복장을 보고 옛날 골리 앗의 모습이 저랬을 거라고 상상해서 묘사했던 것이다.[23]

다윗이 골리앗을 죽인 데 대한 의문은 성경을 좀 더 읽다 보면 극도의 혼란으로 치닫는다. 〈사무엘하〉 21장 19절은 다윗이 아니라 엘하난이 골리앗을 죽였다고 전한다. 이 구 절은 먼저 짚고 넘어가야 할 문제가 있다. 우리나라 기독교 신자들이 사용하는 구약성경에는 여러 번역본이 있는데 이 구절에 대한 내용이 제각각이다. 개신교 측에서 가장 많이 사용하는 개역한글본과 가톨릭에서 사용하는 공동번역본의 내용은 다음과 같다.

> 또다시 팔레스타인 사람과 곱에서 전쟁할 때에 베들레헴 사람 야레오르김의 아들 엘하난이 가드 골리앗의 아우 라흐미를 죽였는데 그자의 창 자루는 베틀채 같았더라. (개역한글본)

> 또 곱에서 팔레스타인 사람과 전쟁이 일어났다. 그때에는, 베들레헴 사람인 야레오르김의 아들 엘하난이 가드 사람 골리앗을 죽였는데, 골리앗의 창 자루는 베틀 앞다리같이 굵었다. (공동번역본)[24]

두 번역본의 내용은 대동소이한데 개역한글본에서는 엘하난이 죽인 사람이 골리앗의 아우 라흐미인 반면 공동번역본에서는 골리앗이다. 왜 이런 차이가 생겼고 어떤 번역이 옳은 것일까? 이런 오류는 후대의 성경 번역자들이 다윗에 관한 진술상의 혼란을 바로잡으려다가 생긴 것이다.

이 구절의 히브리어 원문에는 엘하난이 죽인 사람이 골

리앗으로 적혀 있다. 그런데 근대 초에 영국의 성경 번역자들이 다윗이 골리앗을 죽였으니 엘하난이 또 골리앗을 죽일 수 없다고 생각하고, 킹 제임스 번역본에 골리앗의 '동생'이라는 단어를 첨가했다.[25] 그 후 개역한글본 번역자가 〈역대기상〉 20장 5절에 골리앗의 동생이 라흐미라고 적혀 있는 것을 참고하여, 〈사무엘하〉 21장 19절을 번역할 때 엘하난이 죽인 사람을 골리앗의 동생 라흐미라고 적었다.

정리하면 〈사무엘하〉 21장 19절의 히브리어 원문에서 엘하난이 죽인 사람은 골리앗이었는데, 근대 초 영국의 영어 번역본에는 골리앗의 동생으로 되어 있고, 개역한글본은 이를 따르되 추가로 고쳐 골리앗의 동생, 라흐미라고 했다. 즉 후대 성경 번역자들이 사실을 왜곡한 것으로, 근래 이에 대한 지적과 각성이 일어났다. 공동번역본은 이 비판을 받아들여 엘하난이 죽인 사람을 히브리어 원문대로 다시 골리앗으로 바꾸었다.[26]

〈사무엘하〉 21장 19절의 원문을 따르면 다윗이 아니라 엘하난이 골리앗을 죽였다. 엘하난은 누구일까? 사울에 뒤이어 왕위에 오른 다윗은 팔레스타인 족속과 전면전을 벌였고, 이를 위해 용사 30명을 뽑았다. 그 가운데 한 명이 베들레헴 출신으로 도도의 아들인 엘하난이었다.[27] 이 엘하난이 정말 골리앗을 죽였다면 다윗이 골리앗을 죽였다는 통설은 어떻게 되는 걸까? 혹시 골리앗이 또 있었던 걸까? 그렇지는 않을 것 같다.

다윗이 죽인 골리앗도, 엘하난이 죽인 골리앗도 갓 사람이었다. 또한 다윗이 죽인 장수는 덩치가 거대한 사람이었는데, 엘하난이 죽인 사람 역시 그랬다. 따라서 두 골리앗을 동명이인으로 보기는 힘들다.

그렇다면 다윗과 엘하난이 이름은 다르지만 같은 사람 아닐까? 그렇게 생각하는 사람들도 있다. 그들에 따르면 다윗은 개인의 이름이 아니라 왕의 칭호다. 다시 말해 다윗의 원래 이름은 엘하난이고 그가 왕이 되면서 다윗이라고 불렸다는 것이다.[28] 그러나 이런 설명은 〈사무엘하〉 21장 19절을 제대로 설명할 수 없다. 이 구절은 다윗이 왕위에 오른 후 치렀던 여러 전투를 묘사한 것이지, 다윗이 왕위에 오르기 전을 묘사한 것이 아니기 때문이다.

두 골리앗이 동명이인이 아니라면 이스라엘의 장수가 골리앗을 죽인 것은 단 한 번 있었던 사건일 수밖에 없다. 그렇다면 다윗과 엘하난 가운데 누가 골리앗을 죽였을까? 단언하기는 힘들지만 후대의 역사가 누군가가 혼동했을 가능성이 높다. 〈사무엘하〉 21장 19절과 달리 〈사무엘하〉 23장

24절에는 엘하난의 아버지가 도도라고 적혀 있다. 도도는 히브리어로 DWDW이고 다윗은 DWD다. 또한 두 사람은 모두 베들레헴 출신이었다. 그렇다면 두 사람이 혼동되었을 가능성이 있다. 이 혼동이 도도의 아들 엘하난과 다윗의 혼동으로 이어졌을 수 있다.[29]

이렇게 복잡하게 꼬인 이름들을 수수께끼 풀듯 맞춰가는 일은 무의미한 일일 수도 있다. 만약 엘하난이 골리앗을 죽였다 해도 후대 역사가들이 골리앗을 다윗이 죽였다고 기록하는 일은 흔히 있을 수 있었다. 엘하난은 다윗의 부하 장수였고, 부하 장수의 공은 당연히 그를 부리는 왕의 공이기 때문이다.[30] 따라서 엘하난이 골리앗을 죽인 이야기가 후대에 다윗이 죽인 이야기로 바뀐 후, 여러 전투에서 활약을 펼쳤던 장수들의 이야기와 뒤섞이고,[31] 거기에 신화적인 요소가 가미되어 각색되었다고 보는 게 타당할 것이다.

성경 속 다윗 이야기는 어디까지 진실일까?

성경을 꼼꼼히 읽다 보면 다윗이라는 인물에 가공된 뭔가가 있음을 알 수 있다. 골리앗을 죽였는지 여부는 차치하더라도 다윗의 일생에는 해명하기 곤란한 점들이 있다. 〈사무엘상〉에 따르면 다윗은 골리앗을 죽인 후 사울 왕의 신망을 받으면서 계속 출정했고 전투에서 여러 번의 대승을 거뒀다. 이에 이스라엘 백성들이 "사울이 죽인 자는 천천이요, 다윗이 죽인 자는 만만이다"라고 노래하며 다윗의 공을 기렸다.[32] 이 소리를 들은 사울은 다윗을 시기하여 죽이려고 했다. 사울은 자기 손에 피를 묻히지 않고 다윗을 죽이기 위해 꾀를 궁리해냈다. 그는 다윗에게 팔레스타인 사람 포경 100개를 잘라 오면 자신의 딸 미갈을 주겠다고 약속했다. 다윗이 욕심을 부려 팔레스타인 사람들과 싸우다가 죽게 할 속셈이었다. 그러나 다윗은 팔레스타인 진영으로 나아가 200명을 죽이고 그들의 포경을 잘라 왔다.[33]

　사울은 다윗을 더욱 시기하여 죽이려 했고, 다윗은 쫓기는 신세가 되어 이곳저곳으로 피해 다녔다. 이 과정에서 다윗은 이상한 행동을 일삼는다. 망명 생활 초기에 다윗은 아돌람으로 피신했는데 그때 "억눌려 지내는 사람, 빚을 지고 허덕이는 사람, 그 밖의 불평을 품은 사람들이 다윗 주변에 몰려들었다. 다윗이 그들의 우두머리가 되었는데, 그 수는 400명가량이나 되었다".[34] 다윗이 이들을 부하로 받아들였다는 것은 그가 '산적 두목'이 되었음을 의미한다. 그는 이들을 이끌고 이스라엘 남부의 산악 지대를 돌아다니며 약탈과 도둑질, 그리고 때로는 살인을 일삼았다.

'아비가일 사건'에 나타난 다윗의 행적은 역사가 홉스봄이 조사한 산적의 전형적인 행태와 일치한다. 아비가일은 나발이라는 부자의 아내였다. 어느 날 나발이 가르멜에서 양털을 깎고 있었다. 다윗은 그 사실을 알고 사람을 보내어 '보호세'를 내라고 으름장을 놓았다. 이에 나발은 이렇게 대답했다.

> 도대체 다윗이 누구냐? 이새의 아들이란 자가 누구냐? 요즈음은 주인에게서 도망 나온 종놈들이 너무나 많다. 내가 어찌 털을 깎느라고 수고한 나의 일꾼들에게 주려고 마련한 빵과 물과 고기를 어디서 왔는지도 모르는 놈들에게 줄 수 있겠는가?[35]

나발은 다윗한테 빚진 게 전혀 없었으니 거칠게 대응할 수밖에 없었다. 나발이 보호세를 내지 않겠다고 하자, 다윗은 부하들을 무장시켜 나발을 치고 그의 아름다운 아내 아비가일을 차지했다. 이렇게 사회의 불순분자들을 모아 세력을 형성한 다음 이 지역 저 지역을 돌아다니면서 주변의 목동이나 상인에게 보호세를 요구하고, 남의 재산을 빼앗고, 남의 여자를 강탈했던 자가 바로 다윗이다. 분명 그런 짓은 산적이 하는 일이었고, 망명 초기에 다윗은 산적 대장으로 활동했음이 분명하다.[36]

이스라엘의 신 야훼는 그런 자를 사랑하여 이스라엘의 지도자로 삼았다. 또 유대인과 기독교 신자들이 믿고 있는 성경은 다윗의 그런 '산적질'을 영웅적인 행위로 묘사하고 있으며, 그런 산적 두목을 이스라엘의 건국자로 삼았다. 참으로 기이한 일이 아닐 수 없다. 후대 기독교 신자들은 이 이야기를 읽고 마음이 대단히 불편했다. 하느님이 사랑했던 다윗이 그토록 노골적으로 산적질과 강간을 했다는 사실을 어떻게 인정할 수 있었겠는가. 그래서 그들은 '사울에게 쫓기면서 곤궁에 처한 다윗이 정중하게 식량을 청했는데, 나발이 거부했다'는 등 여러 핑계를 만들어 다윗의 행위를 정당화하려 했다.[37]

다윗의 기이한 행동은 산적질에 그치지 않았다. 그는 산적질을 하고 다니다가 사울 왕이 계속 박해한다는 이유로 정말 놀랍게도 가족과 부하 600명을 이끌고 팔레스타인 진영으로 망명한다.[38] 골리앗을 죽인 이스라엘의 영웅이 적군에게 투항한 것이다. 다윗은 팔레스타인 도시의 왕 아기스에게 망명하면서 이렇게 말했다. "소인에게 은혜를 베풀어 소인이 가서 살 지방 도시 하나를 내어주십시오. 소인이 어찌 왕도에 감히 함께 머물러 있겠습니까?"[39] 아기스 왕은 다윗의 청을 들어주며 유대 산지의 남서부, 해안 평원의 끝자락에 있는 시글락을 봉지封地로 주었다. 이후 다윗은 아기스 왕의 봉신으로서 1년 4개월 동안 충실하게 살았고, 여러 종족의 거주지를 침범하여 닥치는 대로 죽이고 약탈해서는 아기스에게 갖다 바쳤다. 다윗이 눈이라도 빼줄 것처럼 충성을 다하자 아기스 왕은 다윗을 신뢰하며 자신의 오른팔로 여겼다.

이때 팔레스타인 연합군과 사울이 이끄는 이스라엘 연합군이 길보아에서 싸우게 되었다. 아기스 왕은 다윗을 출정군에 포함시켰지만, 팔레스타인의 다른 지도자들이 다윗에 대해 의문을 제기했다. 그들은 다윗이 얼마 전까지 유대인 편이었으므로 믿을 수 없다고 했다. 아기스 왕은 다윗에게 후방에 가서 쉬고 있으라고 권할 수밖에 없었다. 그러자 다윗이 이렇게 항의했다.

제가 무엇을 잘못했다는 말입니까? 제가 폐하께 온 날부터 오늘까지 폐하의 종인 제가 잘못한 일이 있습니까? 저의

상전이신 왕이시여, 왜 폐하의 적과 싸우러 나가지 못하게
하십니까?[40]

아기스 왕은 이런 항의를 받아들이지 않았다. 결국 다윗
은 후방으로 물러났고 팔레스타인군은 이스라엘로 진격했
다. 이스라엘 왕인 사울과 그의 세 아들은 부족한 전력에도
용감하게 싸우다가 모두 전사했고, 이스라엘은 팔레스타인
의 수중에 떨어질 위험에 처했다.

이렇게 다윗이 이스라엘을 등지고 팔레스타인 용병으로
활동했다는 이야기는 성경에 명확히 쓰여 있다. 상식을 가
진 사람이라면 다윗의 이런 '배반' 행위를 도저히 이해할 수
없다. 그런 배반 행위가 모두 다윗이 골리앗을 죽이고, 또
이스라엘 장수로 팔레스타인군을 여러 차례 물리쳐 사울
왕보다 더 이스라엘 백성들의 신망을 얻은 후에 일어났기
때문이다. 이미 이스라엘의 영웅으로 우뚝 선 사람이 어떻
게 팔레스타인 왕에게 망명할 수 있으며, 또 팔레스타인 왕
은 어떻게 철천지원수인 다윗을 봉신으로 받아들일 수 있
단 말인가. 더욱이 이스라엘의 피가 흐르는 다윗이 어떻게
이스라엘 사람들을 상대로 산적질을 하고, 이스라엘 군대를
물리치겠다고 말할 수 있단 말인가. 다윗이 이스라엘의 왕

이 되기 전에 팔레스타인 장수와 군대를 쳐부쉈다는 이야기 어딘가에 맹점이 있지 않고는 불가능한 일이다.

구약성경을 읽다 보면 다윗이 원래 이스라엘 족속의 애국심 강한 청년이 아니라 독자적으로 용병을 거느린 용병대장이었다는 느낌이 든다. 그는 팔레스타인이나 이스라엘 어느 편에도 속하지 않은 독자적인 군대를 거느리고 어느 편이든 돈을 많이 주는 쪽을 위해 싸웠다. 그는 처음에 이스라엘을 위해 싸웠으나 사울이 전승의 대가를 제대로 주지 않자 팔레스타인 쪽으로 전향했으며, 자신을 푸대접한 사울과 이스라엘 사람들에게 적대감을 갖게 되었다. 그래서 이스라엘 사람들을 약탈하고 다니다가 팔레스타인으로 망명했고, 이스라엘군을 격파하는 전쟁에 참가하겠다고 주장했을 것이다.

그런데 사울과 그의 아들들이 죽자 이스라엘 사람들은 다시 다윗에게 접근했다. 팔레스타인 사람들에게 대패하고 지도자를 잃은 이스라엘 사람들이 다급해져 사울 왕이 쫓아낸 다윗을 다시 모시려고 했던 것은 당연히 있을 수 있는 일이다. 다윗은 그들의 청을 받아들여 팔레스타인 군주인 아기스를 배반하고 다시 이스라엘 쪽으로 왔으며, 그 후 자신의 군사력을 이용해 이스라엘의 왕이 되었다.

다윗은 이스라엘의 왕이 된 후에도 자신의 용병부대를 해체하지 않고 오히려 가장 신임하는 군대로 삼았다. 그의 용병부대는 크렛인 외인부대와 펠렛인 외인부대라고 불렸다. 이들 부대가 외인부대라고 불린 것은 병사들이 이스라엘 사람이 아니었기 때문이다. 다윗의 장수들 중에도 이민족이 많았다. 예를 들어 다윗이 한눈에 반해 강탈한 여인이자 솔로몬의 어머니인 밧세바의 원래 남편은 우리야였는데, 우리야는 히타이트 사람이었다. 이는 크렛인과 펠렛인 외에도 다른 부족 출신의 용병들이 상당수 있었을 것임을 암시한다.[41] 아무튼 다윗의 용병부대는 다윗이 예루살렘을 정복할 때와 팔레스타인을 물리칠 때 거듭 큰 공을 세웠고, 다윗이 수차례 반란에 직면했을 때도 충성을 바쳤다.[42]

　다윗이 외국인 용병들을 심복으로 삼은 것을 생각하다 보면 다윗이 원래 이스라엘 사람이 아니라 이방인이 아니었을까 하는 의심이 든다. 어떤 학자는 이런 의심을 구체화해서 "다윗은 사울 아래서 힘을 기르거나 권력의 기초를 다진 인물이 아니라, 팔레스타인 족속 다시 말해서 고향 베들레헴에서 가장 가까운 갓의 아기스 왕의 수하에서 성장했고, 또 그들의 무기와 전략, 더 나아가 그들의 병력을 가까이 했다"고 추론한다.[43] 다윗의 군사력 가운데 용병부대가 중요한 위치를 차지하고 있었고 다윗의 출신이 의심스럽다는 사실은 다윗이 이스라엘의 영웅으로 이스라엘 사람들을 규합하여 팔레스타인을 물리쳤다는 이야기가 허구임을 암시한다. 이스라엘의 민족적 영웅 다윗의 상에 무언가 큰 문제가 있는 게 분명하다.

이런 사실을 파악하고 다윗을 연구하는 학자들 중에는 다윗이 후대에 만들어진 가공의 영웅이라고 주장하는 사람도 있다. 사실 다윗이라는 이름부터 수상하다. 문명의 고향인 메소포타미아에는 기원전 3000년경부터 마리 왕국이 발전하고 있었다. 이 왕국은 오늘날의 시리아 일대에 위치하고 있었으며, 기원전 1800년경 바빌로니아 왕국에 의해 멸망할 때까지 번성했다. 이 왕국의 수도 '마리'에서 발견된 문서들을 '마리 문서'라고 한다. 이 문서들에는 마리 왕국의 지배에 반기를 들었던 벤야민 부족 이야기가 나온다. 부족의 추장들은 '다윗'이라고 불렸는데, 그들은 유격전을 벌이며 마리 왕국의 지배에 맞섰다. 따라서 '다윗'은 원래 고유명사가 아니라 추장을 의미하는 '일반명사'였다.[44] 그리고 후대 벤야민 부족의 일부가 이스라엘 왕국에 편입되면서 이 '다윗'들이 벌였던 여러 모험과 전투담이 이스라엘의 역사 속으로 편입되었을 것이다.

이런 논란은 1993년 이스라엘 북부 지방 텔 단 유적지에서 비문이 발견되면서 잠잠해지는 듯했다. 이 비문에는 '…k k bytdwd'라는 명문이 새겨져 있었는데 다수의 학자들은 이를 '다윗 가문의 왕'으로 해석하고, 이 비문의 연대는 기원전 9세기라고 평가했다. 이런 의견에 따르면 이 비문은 기원전 850년대 유대 왕국의 왕 아하지아Ahaziah와 관련된 것으로 다윗 왕의 실존을 명백히 입증하고 있다. 최근에는 이 비문의 연대가 기원전 8세기나 그 이후이며 명문은 '야훼의 성전'으로 읽어야 한다는 회의론도 제기되고 있다.[45] 그러나 회의론자들도 대개 다윗이 실재의 인물이었음을 부정하지는 않는다. 다만 그의 왕국이 거대했다는 것을 부정할 뿐이다.

다윗이 건설했다는 거대한 제국의 실체

구약성경에 따르면 다윗과 그의 아들 솔로몬의 시대는 이스라엘의 최고 전성기였다. 후대 유대인들은 끊임없이 다윗 왕국의 시대를 그리워하며 그들의 신 야훼가 메시아를 보내 그때의 영광을 되살려줄 거라고 노래했다. 구약성경에 묘사된 다윗과 솔로몬 왕국의 영화를 그대로 믿는다면 유대인들이 다윗 왕국 시대를 그리워하는 것은 당연하다.

일단 구약성경의 진술을 그대로 믿고 그들이 창조해낸 영광이 얼마나 대단했는지 살펴보자. 기원전 1000년경 왕이 된 후 다윗은 팔레스타인 사람들을 잇따라 격파하고 주변 지역을 정복하기 시작했다. 다윗은 요르단강 너머에 있던 암몬·모압·에돔 왕국을 차례로 정복한 후 북쪽으로 진출하여 시리아를 정복했다. 그리하여 다윗의 왕국은 팔레스타인과 시리아 일대의 초강대국이 되었다. 그 영역은 남쪽으로는 이집트 하구의 지중해에 이르렀고, 북쪽으로는 오론테스강 유역의 카데시에 이르렀으며, 동쪽으로는 유프라테스강 유역에 살던 아람인들에게까지 영향을 끼쳤다.[46] 다윗의 아들 솔로몬 때(기원전 961~기원전 922년경) 이스라엘 왕국은 더욱 번성했다. 솔로몬은 강력한 군사력에 힘입어 홍해와 아라비아 무역을 주도했으며 이 무역을 통해 막대한 부를 축적했고, 예루살렘에 거대한 성전을 지었다.[47]

그런데 다윗과 솔로몬의 영광에 대한 이야기는 성경에만 전할 뿐, 이집트나 메소포타미아의 어느 기록에서도 찾아볼 수 없다. 다윗이 유프라테스강 유역에 살던 아람인들과 싸웠는데도 메소포타미아인의 기록에 다윗 왕국이 등장하지 않는 것은 이상한 일이다. 이런 '이상함'은 20세기 전반기까지 거의 문제 되지 않았다. 수많은 고고학 발굴 결과가 다윗과 솔로몬 제국의 실체를 입증하는 근거로 이용되었기 때문이다.

1867년 영국의 고고학자 워런Charles Warren은 기혼 연못Gihon Spring에서 예루살렘으로 흐르는 수갱을 발견하고는 그것이 〈사무엘하〉 5장 8절에 묘사되어 있는 수로, 즉 다윗이 예루살렘을 공격할 때 이용했던 수로라고 주장했다. 그의 주장은 많은 지지를 받았고 그 진실을 의심하는 사람은 한동안 드물었다. 그러나 1990년대 예루살렘 발굴을 광범위하게 주도했던 라이히Ronny Reich는 수갱이라고 파악되었던 그 유적은 인공적인 시설이 아니라 자연 현상으로 생긴 틈새들에 지나지 않고, 다윗의 예루살렘 공격과는 아무런 관련이 없다는 사실을 밝혔다.[48]

솔로몬의 제국을 잘못 해석한 사례도 있다. 1920~1930년대 시카고대학의 동양 연구소Oriental Institute of the University가 메기도를 발굴했다. '므깃도'라고도 불리는 이 도시는 이스라엘 북부 하이파에서 남동쪽으로 약 29킬로미터 떨어진 곳인데, 성경은 솔로몬이 그 도시를 군사 거점으로 건설했다고 전한다.[49] 발굴팀의 리더였던 가이Guy는 구유가 갖춰진

긴 방을 발굴하고는 그것이 솔로몬의 '마구간'이라고 주장했다. 가이의 주장은 널리 받아들여졌지만, 1960년대 이 지역에 대한 추가 발굴 결과 '마구간'을 포함하고 있는 토양의 아래층에서 시리아 왕실의 건물들이 발견되었다. 이 건물들의 연대는 빨라야 기원전 9세기 초로 밝혀졌다. 따라서 가이가 '솔로몬의 마구간'이라고 불렸던 유적은 그 연대를 기원전 9세기 초 이후로 잡아야 하고, 그렇다면 솔로몬이 살았던 때와 시대가 맞지 않는다. 결국 가이의 주장은 성경의 진술을 맹목적으로 자기 연구에 대입하려는 과욕이 부른 시대착오에 근거했다.

고고학자들은 다윗 왕국의 실체 자체에 의문을 던지고 있다. 1970년대 이후 이스라엘과 주변 지역에 대한 고고 발굴이 폭넓게 진행되었다. 최신의 고고 발굴 결과에 따르면 다윗은 고작해야 남쪽의 몇몇 지파의 영토와 예루살렘을 다스렸을 뿐이며[50] 기원전 10세기에 예루살렘의 중심 부분인 '다윗 도시'라는 유적지에는 거대한 건축물은커녕 사람이 살았다는 것을 입증하는 토기 조각도 발견되지 않았다. 따라서 다윗이 왕 노릇을 하고 있을 때 예루살렘은 그 인구를 대략 파악하는 것도 힘들다. 예루살렘의 기본적인 윤곽은 다윗과 솔로몬의 시대 이후인 기원전 9세기에야 드러나는데, 그때 인구는 8000명으로 파악된다. 상당히 후대인 기원전 700년경 히스기야 왕 때는 3만 명이었고, 기원전 6세기에는 4만 명이었던 것으로 파악된다.[51]

후대의 인구 변천을 고려하건대 다윗 시대에 예루살렘은 인구 수백 명, 많아야 2000~3000명을 거느린 작은 도시에 불과했을 것이다. 다윗이 그렇게 적은 인구를 거느리고 거대한 제국을 건설했다는 것은 상식적으로 있을 수 없는 일이다. 후대에 수없이 찬사를 받은 솔로몬 성전도 실제로 얼마나 컸는지 알 수 없다. 고고학자들은 이에 대해 회의적인데, 예루살렘을 발굴한 결과 기원전 10~9세기에 국가의 주요 시설로 이용되었던 건축물의 흔적이 발견되지 않았기 때문이다.[52]

다윗 왕국의 수도 예루살렘이 인구 2000~3000명의 소도시였다면 그의 왕국 전체 인구는 얼마나 되었을까? 유대 지역 전체에 대한 고고학 발굴 결과에 따르면 기원전 10세기에 이스라엘 사람들이 거대한 종족을 구성하고 번성했다는 증거는 전혀 없다. 원래 이스라엘 사람들은 팔레스타인의 평야 지대가 아니라 고원 지대에 살던 유목민들이었다. 이들이 기원전 12세기경부터 농사를 지으면서 정착하기 시작했고, 점차 거주지를 확대해나갔다. 기원전 1200년경 대략

250개의 거주지에 살았고, 인구는 약 4만 5000명으로 추산 된다.[53]

이들이 정착하면서 인구가 증가하고 마을도 늘어났다. 가나안의 북쪽 지역에서는 과수원과 포도밭이 집중적으로 개발되었다. 그러나 기원전 10세기경 팔레스타인 지역은 여전히 상주인구가 적은 고립된 땅이었고, 큰 도시는 하나도 없었으며, 도시와 농촌 간의 뚜렷한 위계질서도 없었다. 인구의 상당한 팽창과 그로 인한 도시화, 문명 발달은 다윗과 솔로몬 이후 시대에 이루어졌다. 기원전 10세기경 팔레스타인 인구는 약 15만 명이었지만, 기원전 750년경에는 약 400만 명까지 증가했다.[54]

이렇게 기원전 10세기 예루살렘이 작은 도시였고, 이스라엘 사람들이 고원 지대의 산간 마을에 점처럼 흩어져 살았는데 어떻게 다윗의 거대한 왕국이 존재할 수 있단 말인가. 아마 다윗은 예루살렘이라는 작은 도시에 근거지를 둔 부족장에 지나지 않았을 것이다.[55]

누가 다윗을 영웅으로 만들었나

고대 이스라엘의 두 왕국, 즉 북쪽의 이스라엘 왕국과 남
쪽의 유대 왕국은 출발선부터 달랐다. 우선 자연환경이 아
주 다르다. 북부 지방은 높지 않은 산 경사면 사이에 계곡이
많았는데 계곡 사이에 비옥한 토지가 있어 곡물 생산이 수
월했다. 또한 산간 지대는 포도와 올리브 재배에 적합했고,
북쪽 지역의 끝은 메소포타미아의 여러 지역과 교통하기
편리했다. 반면에 남쪽 지역은 지형적으로 고립되었고, 산
의 경사가 가팔라서 농사짓거나 포도, 올리브를 재배하기에
적합하지 않았다.

이 때문에 고원 지대에서 최초의 정착이 이루어진 초기
청동기 시대(기원전 3500~기원전 2200)부터 북쪽 지역은 인구
가 상대적으로 조밀했고, 위계 서열을 갖춘 도시들이 생겨
났다. 이 지역의 정착민들은 일찍부터 농경을 시작했고 더
북쪽의 페니키아와 접촉하면서 선진 문물을 활발히 받아들
였다. 반면에 남쪽 유대 지역은 인구가 희박했으며 거주지
의 규모도 작았고, 농경이 비교적 늦게 시작되었다. 그래서
기념 건축물과 같은 큰 건물을 짓지 못했고 큰 도시도 발달
하지 못했다.

초기 청동기 시대에 이 두 고원 지대로 수차례 유목민들이 몰려왔다. 기원전 12세기경 마지막으로 도착한 사람들이 바로 이스라엘인의 조상으로 생각된다. 이들이 정착에 성공하고 인구가 늘어나면서 북쪽의 이스라엘 왕국과 남쪽의 유대 왕국이 세워졌다. 고대 국가라고 부를 만한 수준의 나라는 북쪽 이스라엘 지역에서 기원전 9세기 초에, 남쪽 유대 지역에서는 기원전 8세기에 수립되었다. 북쪽 왕국의 수도 사마리아가 기원전 9세기 초에 건설되었고, 기원전 8세기 말에 예루살렘이 상당한 규모의 도시로 성장했다는 데서 이를 알 수 있다.

　구약성경에는 다윗과 솔로몬이 유대와 이스라엘을 통일하고 제국을 건설했다고 기록되어 있지만, 실제로 초기에 주도권을 확보한 나라는 북쪽의 이스라엘 왕국이었다. 북쪽 왕국은 오므리 왕에서 여호람 왕에 이르는 오므리 왕조 시대에 강력한 왕국을 건설했다. 수도 사마리아와 므깃도, 하솔을 비롯한 여러 도시의 건설이 이 왕국의 번영을 상징한다. 특히 수도 사마리아는 인공적으로 건설한 거대한 도시였다. 이스라엘 건축가들은 사마리아의 낮은 산 정상에 2만 제곱미터에 이르는 왕궁 터를 닦고, 그 위에 시리아의 어느 나라에도 뒤지지 않는 거대한 궁정과 관청을 지었다.[56]

사마리아를 비롯해 오므리 왕조가 세운 도시들은 튼튼한 외벽을 요새처럼 설치했다. 당시 동방의 최강대국이었던 아시리아의 압박이 거세졌기 때문에 요새 설치에 힘을 쏟아야 했다. 아시리아의 살마네세르 3세가 기원전 853년 군대를 이끌고 시리아 지역을 원정했다. 시리아의 중소 국가들은 연합해서 싸웠고, 이때 오므리의 후계자 아합이 대규모 전차 부대를 보내어 시리아 연합군을 도왔다. 시리아 연합군은 이 전투에서 아시리아의 진군을 일시적으로 막았으며, 아합은 향후 있을 아시리아의 침입에 대비하기 위해 군비 확충에 힘쓰고 요새 건설에 더욱 박차를 가했다.

　북쪽 왕국 이스라엘은 아시리아의 압박에 못 이겨 기원전 722년 끝내 멸망하고 말았다. 이후 남쪽 왕국 유대가 이스라엘 사람들의 중심지로 부상했다. 많은 주민이 북쪽에서 유대 지역으로 이주하여 기원전 8세기 말 유대 왕국의 인구는 갑자기 두 배로 늘어났고, 예루살렘의 인구는 열 배나 늘어났다.[57]

　유대 왕국은 인구 증가로 국력이 급격히 신장되었지만 정체성의 혼란을 겪게 되었다. 북쪽 왕국 이스라엘 출신이 인구의 절반 정도를 차지했는데, 그들은 고유한 전승과 관습을 간직하고 있었다. 그들은 패망해서 도망 온 신세였지만 북쪽 왕국의 문화가 남쪽 왕국의 문화보다 수준이 높고, 또한 북왕국이 오랫동안 이스라엘 민족의 중심지였다는 자부심을 드러냈다.

이런 정체성의 혼란 속에서 유대 왕 히스기야가 개혁을 추진한다. 그의 이름은 '야훼는 강하시다'라는 의미를 갖고 있는데, 이는 그가 야훼 신앙을 중심으로 개혁을 추진했다는 것을 여실히 보여준다. 그는 유대인 사이에 우상 숭배를 금하고, 예루살렘 성전을 신앙의 중심지로 정립하고자 노력했다. 아시리아는 히스기야가 이런 개혁을 추진하면서 아시리아에 저항하려 하자 대군을 보내 유대 왕국을 징벌하려 했다. 아시리아군은 예루살렘 북쪽 지역의 성들을 거의 모두 함락하고 예루살렘까지 포위 공격했다. 다행히 다른 지역에서 반란이 일어났기 때문에 아시리아군은 포위를 풀고 일시적으로 물러났지만 그 후에도 아시리아의 위협은 계속되었다.

이렇게 왕국이 위협에 처하자 유대의 지도자들은 백성들을 단결시키고 통합시키기 위해 혁신이 필요하다고 생각했다. 그리하여 요시야 왕은 통치 18년째 되던 해, 즉 기원전 622년에 대대적인 개혁을 단행했다. 그는 대제사장 힐기야가 예루살렘 성전 안에서 율법 책을 발견했다고 선언하고,

그 율법 책, 즉 〈신명기〉를 개혁의 지침으로 삼았다. 그는 〈신명기〉의 가르침에 어긋나는 모든 요소, 즉 온갖 우상들의 조각상과 각 지방의 성소를 폐지하고, 백성들 사이에서 난무하던 이방적 풍습을 없애버렸다. 그리고 예루살렘만이 진정한 신앙의 중심지라고 선언했다.

이런 개혁의 물결 속에서 이른바 '〈신명기〉 역사서'가 편찬되기 시작했다. 〈신명기〉 역사서는 〈신명기〉의 관점에서 쓰인 역사서, 즉 〈신명기〉, 〈여호수아서〉, 〈사사기〉, 〈사무엘서〉, 〈열왕기서〉 다섯 권을 말한다. 이 역사서들은 야훼만을 섬기며 순종한 자는 야훼의 보호를 받고 번영하지만 그렇지 않은 자는 벌을 받고 멸망한다는 관점을 취하고 있다.[58]

이렇게 남쪽 왕국 유대가 크나큰 위기에 부딪혔을 때 편찬된 〈신명기〉 역사서에는 유대 지도자들의 신학적 관점이 깊게 채색되어 있었다.[59] 〈신명기〉 역사서를 쓴 사람들은 남왕국 유대를 이스라엘 역사의 중심에 두었다. 이들은 북왕국 이스라엘은 비도덕적이고 패악하며 야훼를 숭배하지 않아서 멸망할 운명을 가진 것처럼 묘사한 반면, 유대 왕국은 야훼의 진정한 선택을 받은 왕국으로 아시리아를 물리치고 이스라엘 사람들을 번성시킬 것이라고 묘사했다.

남쪽 유대 왕국의 정체성을 확립하는 작업이 완수되고

나서는 또 다른 과제가 대두되었다. 이제 다윗을 신화적 인물로 격상해야만 했다. 유대 왕국이 하느님의 선택을 받은 정통 왕국이라면 그 왕국의 창립자 다윗은 야훼를 모범적으로 숭배한 위대한 신앙인이어야 했다. 따라서 다윗의 행적 가운데 신앙 또는 윤리 면에서 문제 되는 이야기들은 축소되었고, 그의 신앙심을 부각할 수 있는 이야기들은 부풀려지고 과장되었다.[60]

여기에 더해 다윗은 또 다른 업적을 가진 인물이 되어야 했다. 기원전 8세기 이래 유대 민족은 외적의 억압과 침입을 지속적으로 받아 왜소해졌고 민족 전체가 소멸할 위기를 겪고 있었다. 이런 위기 속에서 사람들에게 '희망'을 제시할 필요가 있었다. 즉 이스라엘 사람들에게 위대한 과거를 제시하고 하느님이 머지않아 그 '황금시대'를 복원해주실 거라는 선전이 필요했다. 이런 선전의 필요성을 절실하게 느낀 유대 왕국의 지도자들은 다윗과 솔로몬의 시대를 바로 그 '위대한 과거'로 설정했다.[61] 그리하여 다윗과 솔로몬의 시대를 위대한 제국의 시대로 가공하고 각색하는 작업이 수행되었다.

이렇게 〈신명기〉 역사서들은 특정한 의도에서 편집되었기 때문에 역사와 전설, 신화가 섞이게 되었다.[62] 이 때문에 다윗에 관한 글에 여러 모순이 존재하게 된 것이다. 결국 성경에 실린 다윗 이야기는 역사적 사실이 아니라 가공되고 창작된 '소설'이나 '신화'에 불과하다.[63]

II

소크라테스의 여스승,
아스파시아

Aspasia

아테네 최고의 전성기

먼저 소크라테스(기원전 469~기원전 399)가 어떤 시기에 아테네에서 활동했는지부터 살펴보자. 당시 아테네는 최고의 전성기였다. 아테네는 페르시아 전쟁(기원전 492~기원전 479)에서 승리한 후 그리스 지역과 에게해 일대의 주도권을 장악했다.[1]

페르시아는 언제든 다시 쳐들어올 수 있었다. 이에 대비해 그리스 도시국가(폴리스)들은 전쟁이 끝난 지 1년 만인 기원전 478년 델로스 동맹[2]을 맺었다. 동맹국들은 돈을 모아 군대를 유지하고, 해마다 델로스에 모여 회의를 열었다. 10여 년 후 페르시아의 위협이 주춤해지자 동맹에서 빠져나가려는 국가들이 나타났다. 이때 아테네는 동맹을 탈퇴하려던 타소스, 낙소스와 같은 도시국가들을 무력으로 진압했다. 몇 년 뒤에는 동맹의 금고를 델로스섬에서 아테네의 아크로폴리스로 옮겨버렸다.

아테네는 근대 제국주의 국가들처럼 여러 도시국가를 강제로 지배했고, 그들로부터 막대한 공납금을 받았다. 식민지에 관리를 파견하고, 식민지의 정치 체제와 여러 현안에 간섭하고, 아테네의 법률을 식민지에서 시행하도록 강요했다. 그리고 식민지들의 식민지를 빼앗고, 식민지 간에 직교역을 금했다.

이러한 정책을 주도한 사람들은 아테네 민중이었다. 그들은 델로스 동맹을 통해 큰 이득을 보고 있었다. 델로스 동맹을 통해 모인 돈으로 아테네는 300척의 전함을 유지했는데, 전함 한 대당 승선 인원이 170명이었다. 즉 5만 1000명의 군인이 필요했는데 아테네 시민이 5만 명 정도였다. 따라서 아테네 시민 거의 모두가 수군으로 복무하고 그 대가로 일당을 받았다. 그런데 델로스 동맹이 깨지면 군대를 유지할 수 없어 민중은 일자리를 잃게 된다. 이 때문에 민중은 델로스 동맹을 이탈하려는 도시국가들을 가만둘 수 없었다.

당시 정치는 '아테네 민주주의의 아버지'로 일컬어지는 페리클레스가 이끌었다. 그는 기원전 495년부터 기원전 429년까지 66년을 살았고 기원전 454년부터 기원전 429년까지 열두 번 이상 장군직을 역임하며 아테네를 거의 30년 간 지배했다. 민주주의가 가장 발달한 곳에서 게다가 중요 관직의 연임이 금지된 곳에서 그렇게 장기 집권한 것은 매우 이례적인 일이다.

페리클레스의 권력 기반은 민중이었다. 그는 귀족을 누르기 위해 민중이 장악한 민회의 권력을 키웠고, 그 민회를 통해 아테네를 지배했다. 페리클레스는 여느 정치가들과 달랐다. 그는 청렴결백했고, 사사로운 이익을 추구하지 않았다. 독단적으로 정치하거나 민중을 무시하지도 않았다. 사실상 아테네의 지배자는 민중이었고, 페리클레스는 그 대표일 뿐이었다고 할 수 있다.

이렇게 민중이 권력을 쥐고 있었기 때문에, 델로스 동맹 국들로부터 쥐어짜낸 돈은 아테네 민중에게 흘러 들어갔다. 민중은 극장에 가서 국가가 주최하는 연극을 보고 나올 때, 재판정에 배심원으로 참석할 때, 그리고 후대에는 민회에 출석할 때도 일당을 받았다.

소크라테스가 스승으로 모신 여인

이 시대 최고의 학문이자 화두는 수사학이었다. 민회와 재판정에서 탁월한 연설로 사람들을 설득해야만 명예와 부를 차지할 수 있었기 때문이다. 논리적이고 감동적으로 의사를 표현하여 상대방을 설득하려면 어떻게 해야 할까? 이 방법을 연구하고 가르치던 선생이 바로 소피스트들이다. 소피스트는 지혜로운 사람을 뜻한다. 플라톤은 그들을 궤변만 늘어놓는 사람으로 비방했지만, 사실 소피스트들은 당대의 가장 유식한 사람들이었다. 그들은 수학, 지리학, 생물학 등 자연에 대한 학문은 물론이고 법학, 윤리학과 같은 인간 관련 학문에도 매우 밝았다.

기원전 5세기의 철학자 프로타고라스를 비롯해 많은 소피스트들이 활동했고, 그들의 학원은 날로 번창했다. 뛰어난 소피스트의 수업료는 엄청 비쌌다. 프로타고라스의 한 과목 수업료는 2탈란트였는데, 그 돈이면 군함 두 척을 만들 수 있었다. 소피스트로 분류되지는 않지만 '지상에서 가장 현명한 자' 소크라테스도 이 시대에 활동했다. '지상에서 가장 현명한 자'는 소크라테스의 제자가 델포이 신전에 신탁을 물으러 갔을 때 사제가 그에게 해준 말이라고 한다.

소크라테스의 외모는 그리 좋은 편이 아니었다. 넓적한 코에 콧구멍이 컸고 눈은 툭 튀어나왔으며 배가 불룩했다. 성격은 매우 날카로웠고 논쟁을 좋아했다. 그는 당시 전문 가임을 자처하는 소피스트들을 찾아가 도전적인 질문으로 그들 논리의 허점을 파고들곤 했다.[3]

그중에는 당대 최고의 소피스트로 꼽히던 프로타고라스 도 있었다. 두 사람의 논쟁은 플라톤의 대화편 《프로타고라 스》에 잘 묘사되어 있다. 소크라테스는 '살아 있는 가장 현 명한 사람'인 프로타고라스가 아테네에 왔다는 소식을 듣 고 친구들과 함께 그의 이야기를 들으러 갔다고 한다.

> **소크라테스** 당신에게 배운다면 어떤 면에서 발전하고 훌륭 한 사람이 되겠습니까?
>
> **프로타고라스** 덕을 가르칠 수 있네.
>
> **소크라테스** 당신은 정의나 절제, 경건 같은 것을 통틀어 덕 이라고 말씀하셨습니다. 그런데 덕이라는 것이 오직 하나 이지만 이름이 여러 가지인지, 아니면 제각기 구분되는 다 른 것으로 구성되어 있는지 말씀해주십시오.
>
> **프로타고라스** 소크라테스, 어렵게 생각할 것 없네. 덕이란 본래 하나이며 자네가 말하는 여러 가지 덕은 그 부분을 이루고 있

다네.

소크라테스 부분이란 무엇입니까?

이런 식으로 계속된 소크라테스의 집요한 질문에 프로타고라스는 끝내 무릎을 꿇고 만다. 소피스트는 요즘 말로 하면 논객쯤 될 것이다. 수많은 논객이 지식과 논리를 총동원하여 진검승부를 펼치던 시대에 소크라테스는 최고의 스승이었다.

그런데 소크라테스는 한 여자를 진정한 스승으로 여기고 있었다. 그녀는 밀레토스 출신으로 기원전 445년경 아테네에 왔다. 그녀에 대한 가장 중요한 사료는 소크라테스의 제자 플라톤이 쓴 대화편 《메네크세누스》다. 메네크세누스는 소크라테스가 사형 판결을 받고 처형을 기다리고 있을 때 그를 찾아온 제자들 중 한 명이었다. 《메네크세누스》에서 소크라테스는 전투에서 죽은 자들을 기리는 연설을 하여 사람들의 마음을 사로잡고 싶었다. 메네크세누스는 이번 연설자로 선택된 사람은 즉시 연설해야 하므로 힘들 거라고 말한다. 이후 둘 사이에는 다음과 같은 대화가 오갔다.

소크라테스 당연히 나는 연설을 잘할 수 있을 것이다. 수사학에 뛰어난 선생을 모시고 있으니 말이다. 그녀는 탁월한 연설가를 수없이 배출했다. 그리스인 가운데 가장 뛰어난 연설가인 크산티푸스의 아들 페리클레스도 그녀가 배출한 사람이다.

메네크세누스 그녀가 누구입니까? 아스파시아를 말씀하시는 건가요?

소크라테스 맞다. 나는 메트로비우스의 아들 콘누스도 스승으로 모시고 있다. 아스파시아가 내게 수사학을 가르쳐주듯이 그는 음악을 가르쳐준다. 그런 교육을 받은 학생이 뛰어난 연설가가 되는 건 결코 놀라운 일이 아니다. 별로 실력 없는 선생의 (예컨대 람프루스에게 음악을, 안티폰에게 수사학을 배운) 학생이라도 그가 아테네인들 사이에서 아테네인을 칭찬하려 한다면 주목받을 것이다.

메네크세누스 만약 당신이 연설하게 된다면 무엇을 말하겠습니까?

소크라테스 나 자신의 힘으로는 거의 아무것도 못 할 것이다. 그러나 나는 어제 아스파시아가 이번에 죽은 자들을 위해 장례 연설을 쓰고 읽는 것을 들었다. 네가 말한 대로 아테네인들이 장례 연설 할 사람을 뽑을 거라는 소식을 그녀도 들었기 때문이다. 그녀는 연설자가 말해야 할 내용을 나에게 말해주었다. (…)

메네크세누스 아스파시아가 말한 것을 기억할 수 있습니까?

소크라테스 그녀가 가르쳤기 때문에 할 수 있을 것이다. 더욱이 내가 늘 잊어버리기 때문에 그녀는 언제나 나를 회초리로 때릴 준비가 되어 있다.

메네크세누스 그녀가 말한 것을 한번 들려주십시오.

소크라테스 함부로 누설하면 그녀가 화를 낼까 두렵구나.[4]

메네크세누스가 계속 조르자 소크라테스는 아스파시아가 했던 긴 연설을 들려주었다. 정말 소크라테스의 수사학 스승이 아스파시아였고, 소크라테스가 그녀에게 매를 맞아가며 수사학을 배웠을까? 소크라테스의 제자 플라톤이 전하는 얘기니 사실임에 틀림없다. 고대에 플라톤의 이름으로 쓴 작품 중에는 위작이 많다. 그러나 《메네크세누스》는 플라톤이 직접 쓴 게 분명하다. 플라톤의 제자 아리스토텔레스가 이 작품을 여러 번 인용했기 때문이다.[5]

아스파시아가 소크라테스의 스승이었음을 확인해주는 자료는 하나둘이 아니다. 소크라테스의 또 다른 제자로, 플라톤에 버금가는 크세노폰은 그의 작품 《가정 경제》에서 소크라테스가 아스파시아에게 배웠다는 사실을 명확히 밝혔다. 이 작품에서 소크라테스는 "나보다 더 많은 지식을 가진 아스파시아가 모든 문제를 설명해줄 것이다"라고 말했다.[6] 로마의 지식인 아테나이우스도 "현명한 여자 아스파시아가 소크라테스의 수사학 스승이었다"라고 말했다.[7] 고대 그리스·로마 영웅들의 일대기를 전한 플루타르코스는 아스파시아가 아테네는 물론 멀리 페르시아까지 명성을 날렸으며, 소크라테스를 비롯한 그리스의 많은 지식인들이 그녀에게 자주 찾아가 배웠고, 플라톤의 《메네크세누스》에 나오는 이야기는 사실에 기반하고 있음에 틀림없다고 말했다.[8] 이런 진술을 종합해보건대 아스파시아가 소크라테스의 스승이었고, 그를 가르칠 때 회초리를 들기도 했다는 플라톤의 진술은 사실임에 틀림없다. 그렇다면 아스파시아는 소크라테스의 철학에 큰 영향을 끼친 게 분명하고, 인류의 4대 성자 중 한 자리는 소크라테스가 아니라 아스파시아가 차지해야 할지도 모르겠다.[9]

아스파시아는 어떤 사람이었을까? 그녀의 행적을 소상히 알려주는 자료는 없다. 그녀는 밀레토스 태생이고 직업은 기생이었다. 당시 희극 작품들에서도 전형적인 창녀로 묘사되어 있다. 기원전 5세기 후반의 작가 크라티누스는 자신의 희극에서 아스파시아를 이렇게 묘사했다.

그에게 헤라만 한 욕정의 여신을 선물하려고

수치도 모르는 창녀를 내리셨으니

그 이름이 아스파시아였도다.[10]

그러나 이는 어디까지나 희극에 나오는 것으로 이를 뒷받침하는 증거는 없다.

정치가 페리클레스의 숨겨진 조력자

아스파시아는 아테네에서 가장 권세 있는 사람들을 주로 상대했다. 그녀의 정부 중 가장 유명한 사람은 페리클레스다. 기원전 445년경 스무 살 안팎의 아스파시아는 오십 줄의 페리클레스를 처음 만나 대략 16년간(기원전 445~기원전 429) 함께 살았다.

페리클레스는 본처가 있었고 자식도 여럿이었지만, 아내와 합의 이혼하고 아스파시아와 살림을 차렸다. 페리클레스는 아스파시아를 끔찍이 사랑하여 집을 나설 때나 밖에서 돌아올 때면 어김없이 키스를 했다.

페리클레스는 그리스 최고의 웅변가로 알려져 있다. 전하는 이야기에 따르면 스파르타의 아르키다모스 왕이 투키디데스에게 물었다. "당신과 페리클레스가 레슬링 시합을 하면 누가 이기겠습니까?" 이 물음에 투키디데스는 이렇게 대답했다. "당연히 페리클레스가 이깁니다. 설혹 내가 이긴다고 해도 페리클레스는 자신이 이겼다고 주장할 테고, 그러면 경기를 관람했던 사람들조차 자신들이 목격한 사실보다 페리클레스의 언변을 믿을 것이기 때문입니다."[11]

페리클레스에게는 연설을 잘하는 비결이 있었다. 새 아내로 삼은 아스파시아가 스승으로서 그를 조련했던 것이다. 페리클레스의 연설 가운데 가장 유명한 것은 기원전 431년에 행한 '추도 연설'이다. 페리클레스의 추도 연설은 그 전문이 투키디데스의《펠로폰네소스 전쟁사》에 전한다. 이 연설은 기원전 5세기 아테네 사회에 대한 아테네인들의 자긍심을 대변하고 있다. 이 연설의 대강을 살펴보자.

우리의 정체는 이웃 나라의 제도를 모방한 것이 아닙니다. 우리는 남에게 본보기가 되고 있습니다. 소수자가 아니라 다수자의 이익을 위해 나라가 통치되기에 우리 정체를 민주정치라고 부릅니다. 시민들 사이에 사적인 분쟁을 해결할 때는 법 앞에 만인이 평등합니다. 그러나 주요 공직 취임에는 개인의 탁월성이 우선시되며 추첨이 아니라 개인적인 능력이 중요합니다. 마찬가지로 누가 가난이라는 불리한 조건에도 불구하고 나라를 위해서 좋은 일을 할 능력이 있다면 가난 때문에 공직에서 배제되는 일도 없습니다. 우리는 정치 생활에서 자유롭고 개방적인데 일상생활에서도 그 점은 마찬가지입니다. (…) 우리는 고상한 것을 사랑하면서도 비용을 많이 들이지 않으며, 지혜를 사랑하면서도 문약하지 않습니다. 우리에게 재산은 행동을 위한 수단이지 자랑거리가 아닙니다. 가난을 시인하는 것이 부끄러운 일이 아니라 가난을 면하기 위해서 실천적인 조치를 취하지 않은 것이 진정으로 부끄러운 일입니다.[12]

역사상 명연설이 많았지만 그중 가장 훌륭한 것을 꼽으라면 단연 이 추도 연설을 꼽고 싶다. 민주주의, 이상적인 사회의 모습, 사회와 개인의 관계, 인간 삶의 기본 태도 등에 대해 이보다 더 깊은 성찰을 보여주는 연설은 흔치 않다. 기원전 5세기에 모든 인간은 평등하고, 능력에 따라 대접받아야 하며, 가난이 부끄러운 게 아니라 그것을 면하기 위해 노력하지 않는 게 부끄러운 것이라고 생각했다니 놀라울 뿐이다. 페리클레스는 이 연설 하나만으로도 세계사에 불멸의 이름을 남겼다.

그런데 정말 페리클레스가 이 연설문을 썼을까? 이미 로마 시대부터 이에 대한 많은 의문이 제기되었다. 키케로를 비롯한 로마 지식인들은 페리클레스의 연설을 박식함과 능변에서 '가장 완벽한 것'으로 칭송하며 그의 연설을 모방하면서 연설 연습을 하곤 했다. 이 과정에서 페리클레스의 연설을 단어 하나하나까지 세밀하게 분석했다. 그 결과 여러 학자들이 페리클레스의 연설은 여러 사람이 작성한 것이라는 결론을 내렸다. 당시 페리클레스가 아테네의 최고 지도자였고 많은 지식인이 그를 보좌했으니 그의 연설에 여러 사람의 흔적이 감지되는 것은 자연스러운 일이다. 이 보좌진의 핵심 멤버는 아스파시아였고, 페리클레스의 연설 가운데 중요한 내용은 그녀가 써주었음에 틀림없다. 이는 무엇보다 플라톤이 《메네크세누스》에서 명확히 인정한 사실이다. 그 글에서 소크라테스는 "아스파시아가 페리클레스의 추도 연설을 재검토하고 있었는데, 내 생각에, 그것은 원래 아스파시아가 작성한 것이다"라고 말했다.[13] 이는 필로스트라투스를 비롯한 고대 여러 작가의 글에서도 확인된다.[14] 즉 아스파시아는 페리클레스의 고문이자 연설 작성자였고, 그 유명한 '추도 연설'의 실질적인 작자였다.

고대 그리스에도 황진이 같은 기생이 있었다

고대 그리스에서 여성의 지위는 낮았다. 지체 높은 집에서 태어나도 여성은 남편을 뒷바라지하고 자녀를 키우며 집안일을 도맡았다. 대부분의 그리스 철학자들은 여성을 머리가 빈 존재로 여겼으며, 설령 생각할 능력이 있더라도 남성과는 비교할 수 없는 열등한 존재라고 생각했다. 따라서 여성은 대부분 초등교육도 받지 못했다. 더욱이 여성은 시민이 아니어서 참정권을 갖지 못했고 공공 행사에도 제한적으로만 참가할 수 있었다. 그러니까 여성들은 교육을 받지 못했을 뿐 아니라 세상 돌아가는 일을 제대로 알 수가 없었다.

이처럼 고대 여성이 일반적으로 교육도 제대로 못 받았는데 아스파시아는 어떻게 뛰어난 지성을 갖추게 되었을까? 먼저 그녀가 기원전 465년경 소아시아의 서해안 지방, 밀레토스에서 태어났다는 점이 주목된다. 밀레토스는 그리스 철학이 탄생한 곳이자, 철학의 아버지들이 활동한 곳이다. 탈레스, 데모크리토스, 피타고라스가 모두 그 근방에서 활동했다. 밀레토스 지역은 당시 선진 문명이었던 메소포타미아·이집트와 활발하게 교역했기에 그곳에서 그리스 철학이 탄생할 수 있었다. 밀레토스인들은 이집트로부터 천체 관측법과 토지 측량법을 배웠고, 메소포타미아로부터 우주의 탄생과 점성술, 그리고 인도의 철학을 배웠다. 아마 아스파시아는 어린 시절 어깨너머로 밀레토스의 선진적인 학문을 배워 자기 철학의 뼈대를 형성할 수 있었을 것이다.

아스파시아의 출신 배경보다 더욱 중요한 것은 그녀가 기생이었다는 사실이다. 고대 그리스에서 몸을 파는 여자는 두 종류가 있었다. 하나는 기생으로 헤타이라이 hetairai 라고 불렸다. 다른 하나는 창녀로 포르네 porne 라고 불렸는데, 이 단어에서 포르노그래피 pornography 라는 말이 유래했다. 고대 아테네에서 이들은 합법적인 직업인이었고 국가에 세금도 바쳤다. 포르네들이 거리에서 단순히 육체를 파는 데 비해, 헤타이라이들은 남자들의 연회나 모임에 가서 시를 읊고 노래를 하고, 때로는 고담준론을 즐겼다.

헤타이라이라는 말은 '동료'라는 뜻으로, 교양 있고 매력적인 고급 창녀였다. 헤타이라이는 정치와 경제를 주무르는 아테네의 고위 인사들과 더불어 정치와 인생에 대해 대화를 나눠야 했다. 따라서 그들은 외모적인 매력만인 아니라 반드시 지적이어야 했다. 우리나라의 황진이와 같았을 것이다. 우리나라 기생들이 기방에서 음악과 교양을 배웠듯이,

헤타이라이를 교육하는 기관도 있었을 테고 아스파시아도 그곳에서 교육을 받았을 것이다.

플루타르코스에 따르면 기원전 429년 페리클레스가 전염병으로 죽은 후 아스파시아는 곧 리시클레스라는 사람을 새로운 정부로 맞아들였다. 그때까지 리시클레스는 잘 알려지지 않은 사람이었지만, 단지 아스파시아의 애인이 되었다는 사실만으로 곧 아테네의 저명인사가 되었다. 새 정부를 맞아들인 아스파시아는 페리클레스보다 19년을 더 살다가 기원전 410년경 생을 마감했다.

그런데 페리클레스가 죽은 후 아스파시아는 갑자기 역사에서 사라져버린다. 그녀가 어떤 활동을 했는지 전하는 기록이 거의 없다. 아스파시아의 영향력은 페리클레스를 남편으로 두었기 때문에 가능했던 것일까. 페리클레스와의 결혼이 아스파시아의 명성을 높여준 것은 사실이지만, 페리클레스가 없었다고 해도 소크라테스를 제자로 줄 정도였으니 그녀의 지성은 빛났을 것이다. 문제는 시대가 바뀌었다는 것이다.

기원전 431년부터 기원전 404년까지 아테네는 스파르타를 상대로 전쟁을 치렀다. 아테네는 내내 불리한 형세였다가 기원전 404년 패하고 말았다. 국가의 존망이 걸린 전쟁을 치르는 동안 아테네인들에게 아스파시아의 지성이 무슨 매력이 있었겠는가. 전쟁에 지고 난 지 5년 뒤에 아테네인들이 소크라테스를 처형한 것을 보면, 전쟁을 치르는 동안 그리고 전쟁이 끝난 후 몇 년간 아테네인들이 지성인들을 얼마나 무시했는가를 알 수 있다.

만약 타임머신을 탈 수 있다면 아스파시아를 꼭 만나보고 싶다. 그녀의 조각상은 바티칸 박물관에서 볼 수 있다. 이 조각상은 로마 시대의 복제품이다. 로마인들은 그리스의 예술 작품을 그대로 모방하기를 즐겼는데, 어찌나 똑같이 만들었던지 진품과 거의 차이가 없다. 조각상의 모습은 전체적으로 소박하고 수수한 인상을 풍긴다. 화려하고 매혹적일 것 같은 그녀의 이미지와는 잘 맞지 않는다. 조각상이 실물을 재현한 것이 맞다면 아스파시아는 차분하고 이지적인 외모를 지녔던 것 같다. 조각상에는 아랫입술이 조금 튀어나와 있는데, 이는 문헌에 전하는 원래 모습을 반영한 것으로 추정된다.

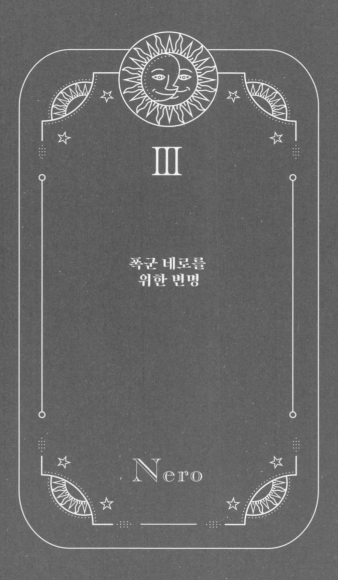

III

폭군 네로를
위한 변명

Nero

폭군의 대명사 네로 황제

세계사에는 백성을 괴롭히고 못된 짓을 일삼아 이름을
남긴 통치자들이 있다. 독일의 히틀러, 소련의 스탈린, 한국
의 연산군 등인데, 그중 네로는 단연 최고로 꼽힌다. 지금도
사람들은 누군가가 폭군 같으면 네로 황제에 빗대어 말하
곤 한다.[1]

네로의 악행을 살펴보면 이런 평가는 지당해 보인다. 그
는 배다른 형제 브리타니쿠스와 어머니 아그리피나 등 수
십 명의 친인척과 수백 명의 귀족을 죽였다. 역사를 보면 브

리타니쿠스를 죽인 일은 큰 논란거리가 아니다. 브리타니쿠스는 친형제가 아닌 데다가 제위를 다투는 경쟁자였다. 황제가 잠재적인 제위 경쟁자를 죽이는 일은 동서양에 두루 흔했다. 로마의 경우에도 아우구스투스가 양아버지 카이사르의 친아들 카이사리온을 죽였고, 칼리굴라는 선왕 티베리우스의 친손자 게멜루스를 죽였다. 하지만 이 문제로 아우구스투스나 칼리굴라를 비난하는 사람은 거의 없다. 왕이 왕위를 위협하는 잠재적인 후계자를 죽이는 것은 으레 있을 수 있는 일이다.

하지만 친어머니를 죽인 일은 변명의 여지가 없다. 아무리 폭군이라도 친어머니를 죽인 사례는 드물다. 더욱이 네로가 어머니 아그리피나를 죽인 방식은 매우 잔인했다. 네로는 아그리피나를 죽이기로 결심한 후 음식에 여러 번 독을 넣었고, 천장에 무거운 물체를 두었다가 잠든 후에 떨어지게 만들기도 했다. 아그리피나는 아들의 음모를 미리 알고 있었기 때문인지 아니면 단순히 운이 좋아서인지 매번 위기를 모면했다. 그러자 네로는 어머니를 잔치에 초대해 화해의 제스처를 취하고는 그녀가 타고 갈 배에 구멍을 내놓았다. 아그리피나는 바다를 건너 바울리 Bauli로 가야 했는데, 물이 들어와 배가 가라앉았지만 용케도 헤엄쳐 육지로 올라왔다. 모든 계획이 수포로 돌아가자 네로는 몰래 죽이기를 포기하고 병사들에게 그녀를 죽이라고 명령했다. 이렇게 네로는 공개적으로 어머니를 죽였다.

어머니를 죽였으니 다른 누군들 죽이지 못하겠는가. 네로는 몇 년 후 아내를 죽였다. 바람이 나서 다른 여자와 결혼하기 위해 아내를 죽였으니 정말 사악한 짓이다. 네로는 어린 나이에 양아버지 클라우디우스의 딸인 옥타비아와 결혼했었다. 정략결혼이었지만 옥타비아와 사이가 그리 나쁘지는 않았다. 하지만 바람기가 심해서 한 여자에 만족할 수 없었다. 네로는 여러 여자와 남자를 편력하다가 포파이아라는 여자가 마음에 들었다. 네로는 이 여인과 결혼하기 위해 옥타비아를 죽이려고 몇 번 시도했지만 여의치 않자 이혼했다. 사람들이 죄 없는 옥타비아를 내쳤다고 비난하고 수군거리자, 그녀를 죽여버렸다. 네로는 그토록 열렬히 사랑해서 결혼한 포파이아조차 임신해서 배가 불렀을 때 발로 차 죽였다. 네로가 전차 경기에 빠져 소홀하다고 그녀가 불평했기 때문이다.

네로는 또한 수많은 귀족과 정치가를 여러 이유로 죽였다. 가정교사 파이투스 트라세아는 단지 무뚝뚝하고 얼굴이 마음에 들지 않는다는 이유로 처형했다. 네로는 사람들을 처형할 때 자주 자살을 명했고, 그 판결을 받은 자에게는 한 시간 이상 여유를 주지 않았다. 1초라도 늦으면 빨리 '치료 해주라'고 의사를 보냈다. 네로는 죽어야 하는 사람을 위해 혈관을 잘라주는 사람을 의사라고 불렀다.[2] 네로가 서슴지 않고 심한 악행을 범하고, 너무나 사소한 이유로 귀족들을 죽이자 여러 귀족이 반란을 기도했다. 네로 통치기에 일어난 대표적인 반란이 피소의 반란이다. 네로는 이 반란을 진압하면서 귀족 수십 명을 죽였는데, 그 가운데는 스승이자 정치 고문이었던 세네카도 포함되어 있었다. 사람들은 위대한 스토아 철학자 세네카를 죽인 후 네로가 완전히 미치광이가 되었다고 말하곤 한다.

　네로는 양아버지이자 전임 황제 클라우디우스를 죽일 수는 없었다. 어머니 아그리피나가 먼저 죽여버렸기 때문이다. 그렇다고 네로가 양아버지 살해의 혐의에서 완전히 벗어날 수는 없다. 네로는 어머니의 계획을 전부 알고 있었고, 클라우디우스를 모욕하는 말을 서슴지 않았다. 네로는 클라우디우스를 아무짝에도 쓸모없는 늙은이라고 불렀고, 어머니가 그를 죽이기 위해 사용한 독버섯을 신들의 음식이라고 불렀다.

　네로는 무고한 시민들까지 죽였다. 그에게 죽임을 당한

사람들 가운데 기독교 신자들이 있었다. 64년에 발생한 대화재로 로마의 14구역 가운데 10구역이 크게 훼손되었다. 그런데 화재가 진압된 후 이상한 소문이 돌기 시작했다. '네로가 도시를 쓸어버리고 새로운 건물들을 짓기 위해 불을 질렀다', '로마시가 불타고 있을 때 네로는 악기를 연주하며 불꽃이 아름답다고 노래했다'와 같은 소문이었다. 민심이 극도로 악화되자 네로는 진범을 찾아 누명을 벗고 싶었지만, 진범을 찾을 길이 없었다. 네로는 할 수 없이 기독교 신자들을 희생양으로 삼기로 결심했다. 네로는 기독교 신자들이 불을 질렀다고 공포한 후 그들을 잡아들여 처형했는데, 그 잔혹함은 차마 눈 뜨고 볼 수 없을 지경이었다. 2세기 로마 역사가 타키투스는 그 장면을 이렇게 전한다.

인간의 모든 노력도, 황제의 모든 희사도, 신들에게 바친 희생물도 화재가 네로의 명령에 의한 것이라는 불길한 소문을 잠재우는 데 충분하지 않았다. 네로는 소문을 잠재우기 위하여 자신들의 악행 때문에 대중의 미움을 받고 있던 그리스도 교도Chrestianos에게 죄를 뒤집어씌우고 특별히 고안된 고문을 가하였다. (…) 그들은 방화 때문이라기보다는 인간에 대한 증오 때문에 유죄 판결을 받았다. 그들의 죽음은 오락의 대상이 되었다. 그들은 야수의 가죽에 씌워져서 개들에게 갈가리 찢기거나, 십자가에 매달리거나, 산 채로 태워져서 해가 저물었을 때 횃불로 이용되었다. 네로는 자신의 정원을 그 광경들을 위한 장소로 제공하였고, 전차 경주 선수로 옷을 입은 채 인민들과 함께 섞여서 전차 경주장에 나타났으며 전차 위에 오르기도 하였다. 그 결과 희생자들은 비록 죄를 범하였고 처벌을 받아 마땅하긴 하였지만, 공공의 선이 아니라 한 사람의 잔악함을 만족시키기 위해 가혹하게 처벌되었기에 사람들의 동정을 받았다.[3]

이렇게 네로는 무고한 기독교 신자들을 잔인하게 죽였다. 통치자가 죄 없는 백성을 죽이는 것보다 더 사악한 일이 무엇이 있겠는가. 네로는 어머니, 형제, 부인 두 명, 스승, 무고한 백성을 죽였기에 어떤 이유로도 폭군이라는 오명을 벗을 수 없다.

네로를 위한 변명

어린 시절 네로는 음악과 시를 좋아하고, 마음이 무척 여

린 소년이었다. 열일곱 살에 황제가 된 그는 죄인들을 사형
에 처할 때면 황제가 서명해야 한다는 사실을 알게 되었다.
그는 설령 죄인이라 하더라도 사람을 죽이는 게 몹시 안타
까워 "아, 차라리 글 쓰는 법을 배우지 않았다면 좋았을걸!"
이라고 말하곤 했다. 중죄인의 사형에도 안타까워했던 네로
가 왜 그렇게 많은 사람을, 그토록 잔인하게 죽였을까? 그
의 살인에는 나름의 이유가 있었다.

　네로가 가장 먼저 죽인 사람은 형제인 브리타니쿠스였다.
브리타니쿠스는 네로의 양아버지 클라우디우스의 친아들
이다. 네로의 어머니 아그리피나가 황제 클라우디우스와 재
혼하면서 두 사람은 형제가 되었다. 54년 클라우디우스가
죽었을 때 강력한 황제 후보였던 두 사람 중 네로가 어머니
아그리피나의 후견을 받고 황제가 되었다. 아그리피나는 황
후로서 막강한 권력을 행사하고 있었을 뿐 아니라 로마 초
대 황제 아우구스투스의 증손녀라 혈통이 매우 좋았다. 네
로는 어머니의 후광 덕분에 브리타니쿠스에게 승리할 수
있었지만, 브리타니쿠스는 전임 황제의 친아들이었다. 네로
의 통치에 반대하는 사람들은 언제든 그를 황제로 내세울
수 있었다.

　놀랍게도 이런 생각을 가장 먼저 내비친 사람은 어머니

아그리피나였다. 아그리피나는 네로가 조금이라도 말을 안 들으면 황제를 바꿔버리겠다고 엄포를 놓곤 했다. 이에 공포를 느낀 네로는 브리타니쿠스를 독살했다.

집권 초기 네로에게는 두 명의 고문이 있었다. 한 명은 어머니 아그리피나였고, 다른 한 명은 황태자 시절 스승이었던 철학자 세네카였다. 아그리피나는 브리타니쿠스를 네로를 견제할 목적으로 살려두고 있었기 때문에 브리타니쿠스의 암살에 관여했던 것 같지는 않다.

세네카는 어떤 태도를 취했을까? 널리 알려진 것과 달리 세네카는 권력과 돈을 광적으로 추구하는 인물이었다. 심약한 네로가 단독으로 브리타니쿠스를 죽일 수는 없었을 테고, 아마 세네카의 자문이나 동의를 받았을 것이다. 그렇다면 브리타니쿠스 살해의 책임을 네로가 혼자 짊어지는 것은 부당하다. 심지어 세네카는 브리타니쿠스가 살해된 지 얼마 안 되어 《관용론》이라는 책을 써서 네로가 아무런 죄가 없으며, 자비로운 인물임을 부각시키기 위해 노력했다.[4]

한편 아그리피나는 아우구스투스의 증손녀로 일찍부터 권력욕이 대단한 사람이었다. 그녀는 오빠인 칼리굴라가 황제였을 때인 39년에 반란을 기도했다. 여동생 리빌라 Julia Livilla와 공모하여 외사촌 레피두스 Marcus Aemilius Lepidus를 새로운 황제로 옹립하려고 시도한 것이다. 그러나 그들의 음모가 발각되어 레피두스는 처형되고, 아그리피나는 전 재산을 몰수당하고 섬으로 유배되었다. 그녀는 이때 첫 남편과 이혼하고 두 번째 남편과 살고 있었는데, 두 번째 남편 도미티우스가 네로의 아버지다. 도미티우스가 많지 않은 나이인 43세에 죽자, 아그리피나가 남편이 쓸모없다고 생각하여 죽였다는 소문이 돌았다.

칼리굴라가 살해된 후 황제가 된 클라우디우스가 아그리피나의 유배를 풀어주었다. 로마로 돌아온 아그리피나는 다시 권력을 차지하기 위해 클라우디우스 황제를 유혹했다. 클라우디우스가 삼촌이어서 두 사람의 결혼은 쉽지 않았지만, 아그리피나의 유혹에 넘어간 클라우디우스가 원로원의 특별 허가를 받아내어 결혼이 성립되었다. 클라우디우스는 아그리피나를 몹시 사랑했지만, 아그리피나는 이내 실망하고 만다. 아그리피나는 클라우디우스가 59세로 병약해서 곧 죽을 거라고 생각했지만, 몇 년이 지나도 클라우디우스는 죽지 않았다. 참을성이 한계에 달한 아그리피나는 남편을 독살하고 네로를 새로운 황제로 만들었다.

아그리피나는 드디어 자기 세상이 온 데 만족했다. 어린 네로는 그녀가 시키는 대로 했다. 아그리피나는 네로와 자신의 초상을 나란히 새긴 동전을 발행하여 사실상 자신이 로마의 통치자임을 널리 알렸다. 그녀는 인사를 좌우하고 원로원을 배후 조종하면서 정치를 주도했다.

하지만 네로는 어머니의 지나친 간섭이 싫었다. 특히 어머니가 자유로운 연애를 방해하고, 아내와의 이혼도 말리는 데 화가 났다. 네로는 점점 아그리피나를 멀리했다. 화가 난 아그리피나는 브리타니쿠스를 새로운 황제로 삼겠다고 으름장을 놓았다. 네로가 브리타니쿠스를 죽인 후에는 새로운 후보자를 물색했는데 루벨리우스 플라우투스가 제격이었다. 어머니 쪽 혈통으로 볼 때 아우구스투스와의 관계가 네로와 동등했기 때문이다. 아그리피나는 그를 부추겨 정변을 일으키고 그와 결혼한 뒤 그에게 통치권을 맡기려고 했다.[5] 이 음모가 들통 나 실패한 후 아그리피나는 입지가 더욱 좁아졌지만 아들을 끝없이 구속하려 들었다. 앞에서 이야기한 것처럼 네로는 부인 옥타비아가 있는데도 여러 여인과 사귀다가 포파이아에게 푹 빠졌다. 네로는 옥타비아와 이혼하고 포파이아와 결혼하려 했지만, 아그리피나는 한사코 반대했다. 인내심이 바닥난 네로는 결국 어머니를 죽이고 말았다.

이때 네로의 스승으로 큰 권력을 휘두르고 있던 세네카

가 네로를 부추겼거나, 아니면 적극 도왔음에 틀림없다. 네로는 아그리피나를 살해한 직후 원로원에 편지를 썼다. 아그리피나가 지나치게 권력을 탐했고, 자신과 원로원의 권위를 인정하지 않았으며, 시민들에게도 많은 모욕을 주었으니 "그녀의 죽음은 국가에 다행한 일이다"라고. 그런데 역사가 타키투스는 이 편지를 네로가 아니라 세네카가 썼다고 전한다.[6] 당시 정치 상황을 봐도 네로가 단독으로 아그리피나를 죽였다고 판단할 수 없다. 59년 네로는 집권 4년차로 스물한 살밖에 안 되었고, 아그리피나와 세네카가 정치를 좌우하고 있었다. 만약 세네카가 동의하지 않은 상황에서 어머니를 죽인다면, 네로는 정권을 유지할 수 없었을 것이다. 네로가 아무리 연륜이 부족했어도 어머니 살해가 몰고 올 엄청난 후폭풍을 모르지 않았을 것이다. 따라서 세네카가 아그리피나와 권력 투쟁을 벌였고, 네로를 부추겨 어머니를 죽이게 했다고 추론할 수 있다.

책임이 누구에게 있든 적어도 아그리피나가 죽은 직후에는 아무도 네로가 어머니를 죽였다고 책임을 묻거나 뒤에서 수군거리지 않았다. 네로는 바울리의 별장에서 로마로 돌아가면서 원로원이나 시민들이 자신을 비난할까 봐 크게 걱정했지만, 그가 로마시에 나타나자 모두들 환영했다. 타키투스에 따르면 "로마 시민들이 네로를 열광적으로 환영했다. 원로원 의원들은 예복을 입었고, 그들의 아내와 자식들은 성별과 연령별로 열을 지어 늘어서 있었다. 네로가 지나가는 길 양쪽에는 개선식 때 볼 수 있는 계단식 관람석이 설치되어 있었다. 네로는 오만한 태도로 카피톨리움으로 가서 감사의 기도를 올렸다".[7] 타키투스가 네로를 혐오한 인물이었다는 사실을 생각해보면 이 묘사를 거짓으로 볼 수 없다. 그렇다면 당시 로마 시민이라면 누구나 아그리피나의 온갖 악행을 알고 있었고, 그녀가 죽은 게 로마로서는 다행이라고 생각했음에 틀림없다.

네로가 첫 번째 부인 옥타비아와 두 번째 부인 포파이아를 죽인 일은 변명할 여지가 없다. 특히 포파이아가 임신했을 때 그녀를 발로 차 죽인 것은 네로가 심성이 삐뚤어진 사람임을 보여준다. 그래도 굳이 변명해보자면 예전 왕들 가운데 이 정도 악행을 범한 사람은 흔했다. 근대 초 영국의 바람둥이 왕 헨리 8세는 자기에게 반대하거나 마음에 안 드는 985명을 처형했는데, 그 가운데 왕비 두 명도 포함되어 있었다.

네로는 스승 세네카도 죽였다. 일반적으로 세네카는 스토아 철학자로 인생을 깊이 통찰한 성인, 특히 윤리에 대해 명언을 많이 남긴 '명언 제조기'로 이야기된다. 세네카는 인생, 행복, 지혜 등에 대해 수준 높은 글을 썼고, 근대 이후 서양 지식인들은 그의 라틴어 수준을 본받아야 한다고 칭송해왔다. 심지어 기독교 신자들은 세네카가 몰래 기독교를 믿었기에, 감춰진 순교자라고 숭배했다. 사람들은 그렇게 고결한 성인이 선생이자 고문 노릇을 하고 있었기에 네로가 그나마 더 나쁜 통치를 하지 않았다고 이야기하곤 한다.

세네카가 라틴 작가 가운데 매우 뛰어나고, 그의 라틴어가 고급스러우며, 그가 쓴 글에서 인생에 대한 깊은 통찰이 느껴지는 것은 분명하다. 그러나 고결한 철학자, 뛰어난 산문 작가, 통찰력 있는 사색가는 세네카의 겉모습일 뿐이었다. 그는 도덕적이고 이타적이며 세상사에 초연한 척했지만, 속으로는 권력과 돈을 광적으로 탐했고, 결혼한 상태에서 불륜을 저질렀다.

세네카는 에스파냐의 코르도바 출신으로 기원전 4년에 태어나, 칼리굴라 황제 집권기인 31년에 재무관이 되면서 공직을 시작했다. 세네카는 뛰어난 연설 능력으로 곧 명성을 얻었고, 유력한 인사들과 사귀게 되었다. 그가 사귄 사람 가운데 아그리피나와 그 여동생 리빌라 등이 반역을 도모했다. 세네카가 이들의 반역에 연루되었는지는 확실하지 않지만, 그들과 친분이 깊어서 칼리굴라의 미움을 샀던 것은 분명하다.[8] 칼리굴라는 세네카를 죽이려고 했지만, 황제의 측근 가운데 한 명이 세네카는 폐병이 심해서 곧 죽을 거라고 말한 덕분에 겨우 처벌을 면했다.

칼리굴라가 살해된 후 황제가 된 클라우디우스는 온건한 인물이었고, 전임 황제에 맞섰던 인사들을 사면해주어 통치를 안정시키려 했다. 그리하여 추방당했던 아그리피나와 리빌라가 로마로 돌아왔다. 리빌라는 귀환한 지 얼마 되지 않아 문제를 일으켰다. 클라우디우스의 부인 메살리나와 권력 투쟁을 벌였던 것이다. 메살리나는 리빌라를 제거하기 위해 그녀가 세네카와 불륜을 저지르고 있다고 고소했다. 원로원에서 구성한 재판정에서 재판이 벌어졌다. 배심원들은 유부남인 세네카가 역시 유부녀이고 황제의 조카인 리빌라와 불륜을 저질렀다는 사실을 확인하고 사형을 판결했다. 세네카가 불륜을 저지른 게 확실했으므로 이 판결은 정당했다.[9] 그렇지만 클라우디우스 황제가 은총을 베풀어 세네카는 사형은 면하고 코르시카로 유배를 떠나게 되었다.

8년의 세월이 흐른 54년, 아그리피나가 클라우디우스의 새로운 황후가 되었다. 아그리피나는 아들 네로에게 최고의 스승을 붙여주고 싶었다. 그녀는 예전부터 세네카와 교분이 있었고, 세네카가 로마에서 가장 말을 잘하고 글을 잘 쓴다는 것은 누구나 인정하는 사실이었다. 아그리피나는 클라우디우스에게 그를 로마로 돌아오게 해달라고 간청했다. 그리하여 세네카는 유배 생활을 청산하고 로마로 귀환할 수 있었다.[10] 세네카는 네로의 스승이 되었고, 5년 후 네로는 황제가 되었다.

그런데 세네카는 네로가 황제가 된 후 3년 만에 실질적인 통치자였던 아그리피나를 제거하고, 사실상 로마의 1인자가 되었다. 네로는 예술과 체육 활동에 관심이 많아서 세네카에게 통치의 많은 부분을 맡겼다. 로마의 실질적 통치자로서 세네카는 통치를 잘했을까? 평가가 엇갈리기는 하지만 그가 지혜롭게 그리고 공평무사하게 제국을 통치하지는 않았다. 이는 그가 상상할 수도 없는 거대한 부를 축적했다는 사실에서 확인된다. 역사가 타키투스는 그의 재산 축적에 대해 다음과 같이 말했다.

세네카는 도대체 얼마나 지혜로웠으며, 얼마나 철학에 뛰어났으면, 황실의 총애를 받게 된 지 4년 만에 3억 세스테르티우스를 모았단 말인가?[11]

세네카가 모았다는 3억 세스테르티우스는 어느 정도의 돈일까? 당시 원로원 의원의 평균 재산이 500만 세스테르티우스였으니, 세네카가 모은 돈은 원로원 의원 60명의 재산을 합한 정도다. 당시 일반 노동자의 일당은 4세스테르티우스였다. 세네카가 4년 동안 모은 재산은 한 노동자가 20만 년 이상 일해야 벌 수 있는 거금이었다.

　세네카는 어떻게 이런 거금을 모을 수 있었을까? 그는 직위를 이용해서 상속자가 없는 재산을 그물로 사냥감을 끌어들이듯 자기 재산으로 만들었고, 터무니없이 높은 이자로 이탈리아와 여러 속주에서 고리대금을 했다. 특히 그가 영국에서 행한 고리대금은 너무나 지나쳤다. 역사가 디오 카시우스에 따르면 세네카가 영국 사람들에게 거금을 빌려주고 가혹한 이자를 받아 반란이 일어났다.[12] 철학자 세네카는 부와 돈을 경멸하면서, 재산은 사람을 돈의 노예로 만들고 진정한 행복을 가져다주지 않는다고 거듭 강조했지만, 정작 자신은 돈을 모으기 위해 가혹한 고리대금을 한 위선적인 인물이었다.[13]

　물론 세네카가 위선자라고 해서 죽여도 된다는 것은 아니다. 네로도 그런 이유로 스승을 죽이지는 않았다. 일반적으로 세네카는 사실상의 1인자로 군림한 지 8년 만에 네로의 폭정을 더는 제어할 수 없다고 판단하여 스스로 물러나 은거의 삶을 산 것으로 이야기된다. 그가 은퇴한 지 3년 후에 피소가 여러 원로원 의원을 규합하여 반란을 기도했는데, 세네카도 이 음모에 연루되었다. 세네카가 적극적인 역할을 했는지, 아니면 단순히 알고만 있었는지는 확실하지 않다. 아무튼 네로는 이 사실을 확인하고 세네카에게 자살형을 선고했다. 세네카는 이때 왜 반란에 가담하거나 묵인했을까? 폭정을 일삼는 네로를 더는 방조할 수 없다고 생각했기 때문이었을까? 과연 정치가로서 네로는 어떤 인물이었을까?

무대에 올라 시민들과 하나 된 황제

네로의 통치에 대한 주요 사료로는 타키투스의 《연대기》, 수에토니우스의 《열두 황제 열전》, 디오 카시우스의 《로마사》가 있다. 셋 다 네로의 통치를 극단적으로 사악한 것으로 묘사했다. 이들은 그 근거로 네로가 연극배우, 전차 경주자로 활동하면서 황제의 권위를 떨어뜨렸다는 것, 황금 궁전을 비롯하여 많은 건축물을 지으면서 국고를 낭비했다는 것, 그리고 과도하게 세금을 올려 백성을 괴롭혔다는 것을 내세웠다. 세 가지 지적이 얼마나 타당한지 살펴보자.

네로가 전차 경주자로 활동했던 것은 확실하다. 수에토니우스에 따르면 "네로는 전차 경기 관람을 극도로 좋아했다. 네로는 곧 전차를 운전하여 대중에게 보여주고 싶은 충동에 사로잡혔다. 그는 노예와 비천한 신분의 사람들을 관객으로 삼아 궁의 정원에서 미리 연습해본 다음 대전차 경기장에서 대중에 모습을 드러냈다. 이때는 행정관 대신 해방 노예가 손수건을 떨어뜨려 출발을 알렸다".[14]

전차 경주자로서 네로의 경력은 화려했다. 그는 전차 경기에서 수십 번 우승했는데, 특히 그리스에서 열리는 4대 경기, 즉 올림피아 게임, 피티아 게임, 이스티미아 게임, 네메아 게임에서 모두 우승했다. 요즘 말로 하면 그랜드슬램을 달성한 것이다. 이는 네로가 실력이 뛰어나서가 아니라 황제였기에 가능한 일이었다. 하지만 네로는 우승하고서 "로마 인민과 전 세계 주민의 머리에 왕관을 씌웠다". 즉 우승의 영광을 자신이 차지하지 않고 로마 인민에 돌렸다. 더욱이 전차 경주자로서 네로의 활동은 크게 문제 될 게 없었다. 황제가 정무를 등한시하며 전차 경기 연습에 매진하고 위험한 경주에 참여한다는 점이 우려되기는 했지만, 로마 귀족들과 병사들도 체력 단련의 일환으로 전차 경기에 참전하곤 했기 때문이다.

네로는 배우로서도 활동했다. 수에토니우스의 다음 글을 보자.

> 네로는 어릴 적부터 여러 학문을 배우면서 예술과 음악을 특히 좋아했다. 그는 즉위하고 얼마 지나지 않아 당대 최고의 리라 연주자인 테르프누스를 궁으로 불러 며칠 동안 저녁 식사가 끝난 후 밤늦도록 연주하게 했다. 그 뒤 스스로 조금씩 연습하더니 목소리를 키우고 성량을 풍부하게 하는 훈련에 본격적으로 뛰어들었다. (…) 그는 처음으로 네아폴리스에서 무대 위에 섰다. 그는 지진이 나서 극장이 흔들리는데도 아랑곳하지 않고 노래를 끝까지 불렀다. 그는 종종 며칠 동안 연속으로 네아폴리스에서 공연을 했다. 휴식을 취하는 동안에도 그는 혼자 있지 못하고 목욕을 한 뒤에는 극장 앞좌석에 앉아 시민들과 어울려 식사를 하곤 했다.[15]

그는 또한 행정관들이 주최하는 대중 행사에서 전문 배우들과 함께 공연을 했다. 한 법무관이 그에게 금화 1만 냥을

준 적도 있었다. 그는 비극에서 영웅, 신, 여주인공, 여신의 역할을 하며 노래를 불렀다. 그가 쓴 가면은 그의 얼굴이나 그때그때 그가 반한 여인의 얼굴을 본떠 만들어졌다. 그가 공연한 작품으로는 〈출산하는 카나케〉, 〈어머니를 죽인 오레스테스〉, 〈스스로 눈을 찌른 오이디푸스〉, 〈미쳐버린 헤라클레스〉가 있었다. 〈미쳐버린 헤라클레스〉를 공연할 때는 한 신병이 황제가 초라한 형색에다 쇠사슬에 묶여 있는 것을 보고 연극인 줄 모른 채 그를 구하러 달려왔다는 이야기도 전한다.[16]

네로는 이렇듯 배우 활동을 좋아했고, 자신이 새롭게 기획한 '네로 축제'를 비롯한 여러 행사에서 수만 명의 관중이 바라보는 무대에 섰다. 로마인이라면 누구나 황제가 배우로서 무대에 섰다는 것을 알게 되었고, 그가 무대에 오를 때면 환호를 보내며 응원했다.

그러나 네로가 배우로 활동했던 것은 그의 몰락을 초래한 주요 원인 가운데 하나였다. 그게 왜 문제 되었을까? 네로가 배우로서 전혀 자질이 없었다거나 연습도 안 한 채 무대에 서서 형편없이 노래를 불러 사람들의 눈살을 찌푸리게 했던 것은 아니다. 그는 어릴 때부터 노래에 소질이 있었고, 배우로 데뷔하려고 열심히 노력했다. 또 공연할 때면 항상 최선을 다했다.

그런데 당시의 배우는 현대의 연예인이 아니었다. 로마 세계에서 배우는 노예나 시민권이 없는 천한 자들이 하는 가장 미천한 직업이었다. 로마법에 따르면 배우는 검투사, 창녀처럼 '수치스러운 자들'이었고, 만약 로마 시민이 배우로 활동한다면 시민으로서 법적 권리를 상실했다. 그는 선거에 나갈 수 없었으며, 법정에서 시민으로서 보호받지 못했고, 투표를 할 수도 없었다. 로마법이 시민의 배우 활동을 금했던 이유는 배우가 창녀나 검투사처럼 남을 즐겁게 하기 위해 일하고, 생계를 유지하려고 계속 거짓말하는 자들이라고 판단했기 때문이다. 로마의 시민은 항상 정직해야 하는데, 배우들은 무대에서 자신의 감정을 속이고 다른 사람 행세를 함으로써 박수갈채를 받는다. 이렇게 로마인은 배우를 '거짓말을 파는 사람', '자신의 감정을 숨기고 다른 사람 행세를 하는 사람'이라고 규정하고 천시했다. 이처럼 일반 시민도 배우로 활동해서는 안 되는데, 하물며 국가의 최고 지도자인 황제가 배우가 된다는 것은 상상하기도 힘든 일이었다. 따라서 타키투스는 네로가 공공 극장에서 배우로 활동하면서 "몸을 더럽혔다"라고 거듭 묘사했다.[17]

물론 네로도 로마인의 이런 관념을 잘 알고 있었다. 그럼에도 네로는 왜 배우로서 활동했을까? 노래를 좋아한다면 몇몇 친구나 친족을 모아놓고 노래하면 됐을 테고, 연극배우가 되고 싶다면 궁정 안에 소극장을 설치하고 궁전 내의 인물들과 작은 공연을 해도 되었을 텐데, 굳이 수십 차례 공공 공연장에 서야 할 이유가 있었을까?

　네로는 연극 무대에 서서 시민들과 어울려 하나가 되려고 했다. 이런 생각에서 네로가 배우로 나서자 일반 시민들은 네로를 비난하기는커녕 구름같이 모여들어 환호하고 박수를 쳐댔다. 그들은 네로를 '천상의 목소리'라고 칭송하면서 거듭 노래를 청했고, 근위병들조차 박수 치면서 노래를 더 들려달라고 호소했다.[18] 시민들은 귀족들이 권위를 내세우면서 고고하게 구는 반면 황제가 시민들에게 친근하게 다가서는 모습에 감동했다. 그러나 대다수 귀족들은 황제가 수치스러운 일을 하고 있다고 비난했다. 결국 네로의 배우 활동은 일반 시민들에게 다가가 그들과 소통하려는 몸짓이었지만, 귀족들에게는 로마의 전통을 파괴하는 사악한 행동이었다.

잔인한 검투 경기를 바꾸다

네로가 배우로 활동했던 데에는 또 다른 이유가 있었다. 네로는 마음이 모질지 못해 죄인을 처형하는 것조차 꺼렸는데, 로마인이 열광하는 검투 경기는 잔인하기 짝이 없었다. 로마의 검투 경기는 기원전 264년 명문 귀족 유니우스 브루투스 페라Junius Brutus Pera의 장례식에서 시작되었다. 그의 자식인 마르쿠스와 데키무스가 아버지의 장례식을 빛나게 하고자 포룸 보아리움에 경기장을 설치하고 세 쌍의 검투사로 하여금 싸우게 한 것이다. 이후 명문 귀족의 자제들이 앞다퉈 조상들의 장례식 때 검투 경기를 열었다. 그 비용을 전적으로 개인들이 부담했기에 검투 경기는 철저하게 사적인 행사였는데, 그 규모는 점점 더 커졌다. 기원전 3세기 후반기까지만 해도 몇 쌍의 검투사들이 싸웠지만 기원전 2세기부터는 수십 쌍의 검투사와 동물 수십 마리가 동원되었다.

로마 귀족들이 막대한 비용을 들여가면서 그렇게 했던 이유는 검투 경기가 가문의 위엄을 세우고 자신의 출세를 도왔기 때문이다. 로마 공화정 시절 대부분의 관직이 선출직이어서 관직을 차지하려면 자신의 명망을 높이고 인민들의 인기를 끌어야 했다. 검투 경기를 성대하게 열어 인민에게 오락거리를 제공하는 것은 더없이 좋은 수단이었다. 카이사르는 기원전 65년 조영관(아이딜리스)에 당선된 후 유권자들에게 최고의 검투 경기를 약속했다. 인민들의 인기를 독차지하여 자신의 힘을 키우고 더 높은 관직을 얻으려는 정략이었다. 원로원은 놀라서 검투 경기의 규모를 법으로 제한했다. 이는 귀족들이 검투 경기를 세력을 키우는 수단으로 이용했음을 말해준다.[19]

아우구스투스가 초대 황제가 되고 로마 제정이 시작되면서 검투 경기는 사적인 영역에서 공적인 영역으로 옮겨졌다. 로마 황제들은 검투 경기를 여는 사람의 인기와 세력이 강해진다는 사실을 알고 있었기 때문에 귀족들이 사적으로 검투 경기를 여는 것을 금했다. 이는 귀족들이 인민의 인기를 얻어 황제권에 도전하는 것을 막으려는 조처였다. 황제와 황제를 대신하는 관리들만이 검투 경기를 열 수 있게 되자 검투 경기는 로마 국가가 주재하는 공적인 행사가 되었고, 검투 경기가 열리는 날은 로마 국가가 인정하는 휴일이 되었다.[20]

검투 경기는 세 가지 행사로 구성되어 있었다. 대규모 동물 도살이 가장 먼저 치러졌다. 각지에서 잡아 온 갖가지 동물을 전시하고 공개적으로 도살하는 것은 로마가 제국이 되면서, 그러니까 기원전 2세기 이후 등장한 풍습이었다. 대규모 동물 도살은 기원전 55년 폼페이우스가 행한 것이 가장 유명하다. 그는 자신의 두 번째 콘술직 때 사자와 표범, 북유럽의 스라소니, 인도의 코뿔소 등을 1000마리 넘게 도살했다. 폼페이우스의 라이벌 카이사르는 여러 마리의 코끼리와 400마리의 사자를 공개적으로 도살했다. 아우구스투스가 검투 경기를 국가 행사로 정한 후 동물 도살의 규모는 더욱 커졌다. 아우구스투스는 420마리의 표범, 수십 마리의 코끼리, 400마리의 곰을 도살했다.

푸줏간에 걸린 짐승들의 사체를 보고 섬뜩함을 느끼는 현대인들이 로마의 도살 의식에 참가했다면 어떤 느낌을 받을까. 차마 눈을 뜨지 못하고 동물들의 피비린내가 역겨워 구토하는 사람들도 있을 것이다. 그러나 로마인들은 동물들이 전차에 묶여 끌려 다니다가 칼에 찔려 죽는 장면을 보고 환호성을 질렀다.[21]

짐승을 도살하고 나서는 반역범, 방화범, 살인범 등 죄수들을 잔인하게 처형했다. 십자가형, 화형, 맹수형이 대표적인 처형 방법이었다. 십자가형은 죄수를 십자가에 묶은 후 손발에 못을 박아 매달아놓는 방법이다. 십자가에 매달린 죄수는 살이 찢어지는 고통을 겪으면서 서서히 죽어갔다.

몇 시간 만에 죽는 자는 드물었고 며칠이 지나도 죽지 않으면 창으로 찔러 죽였다. 화형은 죄수를 나무에 묶어놓고 장작불을 태워 죽이는 방법인데 이때 죄수는 불태워지는 게 아니라 그을려서 죽었다. 즉 죄수가 매달릴 높이를 잘 조절해서 죄수가 서서히 불에 그을려 죽도록 했다. 맹수형은 말 그대로 죄수를 굶주린 맹수에게 던져 잡아먹히게 하는 형벌이다. 때때로 맹수형과 십자가형이 결합되었다. 즉 죄수를 십자가에 못 박은 후 맹수에게 던져주었다. 많은 기독교 신자들이 맹수형에 처해졌다는 것은 널리 알려진 사실이다. 십자가형과 맹수형은 카르타고에서 도입되었으니 기원전 2세기부터 행해졌을 것이다.

짐승 도살과 죄수 처형이 끝나면 점심시간이 된다. 관중들이 점심을 먹고 온 후에 메인이벤트인 검투 경기가 치러진다. 검투사들은 대부분 전쟁 포로나 노예, 혹은 범죄자 중에서 선발되었다. 고대 세계에서 전쟁에 진 자들을 죽이는 것은 일상적으로 행해지던 관습이었다. 라틴어로 노예를 세르부스servus라고 하는데 이 단어는 '살려준다servo'는 단어에서 나왔다. 즉 원래 죽어야 하는 존재인데 살려주었다는 말이다. 로마인들은 피정복자들을 관대하게 다루었지만 로마에 강력하게 저항하거나 반란을 일으킨 종족은 매우 엄격하게 다루었다. 예컨대 티투스 황제는 기원후 66년에 대규모 반란을 일으켰던 유대인 수만 명을 공개적으로 학살했다. 그런데 죽이지 않고 검투사로 삼는다는 것은 그들에게 소생할 기회를 준다는 것을 의미했다. 그들이 검투사로 성공하면 자유를 얻을 수도 있었기 때문이다.

검투 경기는 유죄 판결을 받은 죄수들끼리 싸우는 경우를 제외하면 죽을 때까지 싸우는 일은 거의 없었다. 죽을 때까지 싸우게 되어 있는 경우에도 패배자가 잘 싸웠다고 판단되면 검투 경기의 주최자인 황제나 고위 관리가 관중의 뜻을 살펴 패배자의 생사를 결정했다.[22] 흔히 황제가 엄지손가락을 위로 쳐들면 살려주고 아래로 내리면 죽었다고 알려져 있지만 어느 방향이 살려주는 결정인지, 심지어 정말로 엄지손가락이 그 기능을 했는지조차 확실하지 않다. 검투 경기를 알리는 전단에는 시합에 참가할 검투사들의 프로필이 실리기도 했는데 그 기록에 따르면 수십 번 지고 살아남은 검투사들도 있었다. 즉 시합에 진다고 해서 반드시 죽지는 않았다. 용감하게 싸웠을 경우에는 관중들이 검투사를 살려줘야 한다고 고함쳤다고 전해진다.

실력 있는 검투사들은 인기와 부를 누렸다. 로마인들은 어린아이부터 노인에 이르기까지 유명한 검투사들의 이름을 외웠고 검투 기술도 알고 있었다. 검투사들은 인기가 매우 높았고 때로는 성적 매력의 대상이 되기도 했다. 몇몇 검투사들이 10만 세스테르티우스가 넘는 거대한 재산을 축적했다는 이야기가 전하고, 돈뿐만 아니라 좋은 저택이 부상으로 주어지기도 했다. 그러나 로마인들이 검투사를 존경했던 것은 결코 아니다. 검투에 대한 로마인들의 태도는 상당히 이중적이었다. 로마인들은 검투 관람을 즐기고 훌륭한 검투사를 좋아하면서도 검투사라는 직업 자체는 경멸했다. 검투사들은 대부분 신분이 낮은 사람이나 범죄자 출신이었고, 시민이 검투사가 되기를 원한다면 그의 시민권은 박탈당하거나 제한을 받았다.

로마의 검투 경기는 아침 일찍부터 오후 늦도록 동물, 죄수, 검투사의 피가 잔뜩 흐르는 광란의 잔치였다. 네로도 검투 경기를 좋아하기는 했지만, 사람들의 이런 잔인함이 마음에 들지 않았고, 검투 경기에서 동물과 사람이 죽어가는 모습에 마음이 아팠다. 그래서 네로는 검투 경기 횟수를 줄이고 기존 방식을 근본적으로 바꾸려고 했다.

먼저 네로는 로마시 외의 지역에서 로마의 관리나 그에 준하는 사람들이 검투 경기와 야수들을 죽이는 행사를 여는 것을 완전히 금지했다. 속주에 파견된 관리들이 그런 행사를 열면 근본적으로 속주민에게 많은 부담을 줄 뿐이라고 생각했기 때문이다.[23] 네로의 이 명령으로 속주에서 검투 경기가 크게 줄었다.

네로는 로마시에서 열리는 검투 경기의 방식도 바꿨다. 이에 대해 수에토니우스는 다음과 같이 전한다.

> 네로는 무대 정면의 맨 위층에서 공연을 관람했다. 검투사 시합은 지은 지 1년도 안 된 캄푸스 마르티우스 인근의 목조 극장에서 열렸다. 시합 중에는 살인이 허락되지 않았다. 범죄자의 경우라도 마찬가지였다. 하지만 그는 존경받는 명문가의 인사를 포함한 400명의 원로원 의원과 600명의 기사를 경기장에서 싸우게 했다.[24]

이 자료에 따르면 네로는 검투사 시합에서 대규모 동물 도살과 죄수의 집단 처형을 없앴고, 죄수나 전쟁 포로가 아니라 지배층인 원로원 의원이나 기사 계급 인사 들을 검투사로 싸우게 했다. 물론 이들의 싸움은 죽을 때까지 치르는 결투가 아니라 시합이었다. 지배층 인사들이 목숨 걸고 검투 시합을 하지도 않았을 테고, 마음 약한 네로가 그들을 죽을 때까지 싸우게 하지도 않았을 것이다.

네로가 원로원 의원과 기사 들을 검투사로 싸우게 했던 것에 대해서는 여러 가지 해석이 가능하다. 로마인이 검투사를 천한 직업으로 여겼으므로, 이들 지배층을 검투사로 삼은 것은 그들을 욕보이려는 일이라고 볼 수 있다. 그렇다면 원로원 의원과 기사 들은 검투 경기에 강제로 동원되었다고 생각할 수 있다. 그러나 네로의 검투 경기 조정은 집권 초기에 이루어졌고, 이 시기에 네로가 폭압적으로 귀족들을 다루었다는 사료는 없다. 즉 네로가 그들을 강압적으로 검투사 시합에 나서게 했다는 근거는 없다.

네로가 그들을 검투사로 나서게 했던 것은 자신이 검투사 시합의 성격을 근본적으로 바꾸려는 의지가 있음을 널리 알린 것이다. 예전에도 노예나 포로가 아니라 명망 있는 장군이나 유명 인사가 검투사로 나서 검투 경기를 품위 있는 것으로 만들려는 시도가 있었다. 기원전 206년 스키피오 아프리카누스가 에스파냐 지역에서 검투 경기를 열었는데, 그때 노예나 직업 검투사가 아니라 장군들이 직접 검투사로 나섰다. 장군들이 경기 개최자인 스키피오 아프리카누스의 명예를 높이려고 했기 때문이다.[25] 네로는 이런 선례를 귀족들에게 이야기하면서 검투 경기에 나서도록 했을 테고, 물론 시합에 나서는 귀족들에게는 돈과 관직을 약속했을 것이다.

그러나 이후 귀족들만 검투사로 나선 것은 아니었다. 네로는 검투 경기 방식을 다양하게 하여 쇼로서의 성격을 강화하려 했다. 그는 63년 개최한 검투사 경기에서는 원로원 의원들뿐만 아니라 신분이 높은 여성들도 검투사로 싸우게 했고, 66년 개최한 검투 경기에서는 아프리카 흑인들로만 검투 경기를 열었는데, 이때 흑인 여성 검투사들도 참가했다.[26] 이 때문에 네로는 최초의 여성 검투사를 만든 사람으로 기록되었다. 이후에도 몇몇 여성들이 검투사로서 이름을 날렸다는 기록이 있는 것을 보건대 여성 검투사들이 제법 있었을 것이다.

그런데 이렇게 검투 경기의 내용이나 방식을 재조정하고 나면, 기존 검투 경기에 익숙한 로마 시민들이 재미없어할 수도 있었다. 네로는 이 점을 보완하기 위해 모의 해전을 기획했다. 그는 물을 공급하는 시설을 만들어 경기장을 거대한 인공 호수로 만든 후 거기에서 모의 해전을 열도록 했다. 그리고 전차 경기를 비롯한 여러 체육 행사와 연극 공연의 횟수를 늘렸다. 네로가 직접 연극배우, 전차 경주자로 나섰던 것은 자신이 기획한 이런 행사들이 잘 진행되도록 하려는 조처였다.

건축광 네로가 단행한 조세 개혁

로마의 초대 황제 아우구스투스는 "나는 벽돌로 만들어진 로마를 물려받아 대리석으로 만들어진 로마를 남겼다"는 말로 자신의 업적을 자랑했다. 이는 그가 공공 공사를 매우 많이 벌였음을 의미한다. 네로도 아우구스투스 못지않았다. 로마에 물을 공급하는 여러 수로를 보수하거나 연장했고, 로마의 외항이었던 오스티아 항구 건설을 마무리 지었다. 식료품 시장이 들어선 대형 건물인 마르켈룸 마그눔, 마르스 광장 목욕탕, 목욕탕 옆 체육관, 원형 격투장, 전차 경주장, 베스타 신전, 개선문을 세웠다. 마지막으로 64년 로마시에 대화재가 발생하여 도시의 절반 이상이 무너져 내리자, 도시 재건을 위한 건축 활동을 펼쳤다. 그중에는 자신이 거주할 황금 궁전도 포함되어 있었다. 수에토니우스와 타키투스는 네로가 병적으로 건축 활동에 집착했고, "건축 분야에서 가장 파괴적으로 돈을 낭비했다"고 비난했다.

네로가 건물을 많이 지었음은 틀림없다. 그런데 대대적인 건축 활동이 폭정의 증거가 될 수 있을까? 당시 로마 인구는 100만 명이 넘었고 도시에는 실업자가 넘쳐났다. 농촌에서 도시로 이주한 평민들은 도시 빈민이 되어 국가에서 제공하는 여러 부조와 귀족들이 베푸는 시혜에 의지하여 살아가고 있었다. 도시 빈민들에게는 일자리가 절실히 필요했다. 이 때문에 네로뿐만 아니라 로마 황제들이 로마시에서 늘 대규모 공공 공사를 수행했다. 다시 말해서 제정 초 로마의 공공 공사는 요즘으로 보면 공공 일거리 제공 사업이었다. 따라서 네로가 공공 공사를 많이 펼친 것은 평민들에게는 전혀 문제 될 게 없었다. 동양의 황제들이 임금도 주지 않고 요역을 통해 대규모 토목 공사를 벌인 반면, 로마는 자유로운 시민들로 구성된 국가여서 시민들을 강제로 데려다가 노역을 시킨다는 것은 상상도 할 수 없는 일이었다. 평민들은 네로가 대규모 공사를 발표할 때마다 크게 환영했다. 그러나 귀족들은 이에 반대했다. 그들은 네로가 공공 공사를 통해 국고를 탕진하고 있으며, 그것이 나라를 망하게 할 정도로 위험한 일이라고 비난하곤 했다.

부자들의 이런 비난은 고대의 몇몇 사료에서 확인된다. 3세기 역사가 디오 카시우스는 네로가 집권 초기 무거운 세금을 부과했고, 64년 대화재 이후에는 막대한 돈을 개인과 공동체들로부터 강제 모금하여 큰 원성을 샀다고 전한다.[27] 과연 네로는 가렴주구를 일삼는 폭군이었을까?

먼저 세금 문제와 관련하여 로마 시민에 대해 살펴보자.

공화정 말기 이후 로마 시민권자는 직접세를 한 푼도 내지 않았는데, 초대 황제 아우구스투스가 군대 유지를 위해 상속세 5퍼센트를 신설했다. 이는 속주민의 부담을 덜어주고, 로마 시민들이 국가 운영에 기여해야 한다는 생각에 따른 것이었다.[28] 그런데 평민들은 가난해서 상속세 부담이 거의 없었다. 네로가 국고를 아무리 탕진한다고 해도 평민들은 크게 문제 될 게 없었다. 반면 부자들은 자신들이 세금을 내야 한다는 사실에 큰 불만을 드러냈고, 국고가 텅 비면 자신들에게 또 어떤 부담이 부과될까 걱정했다. 따라서 귀족들은 최고 지배자가 돈을 많이 쓰는 것을 비난하곤 했다.

속주민은 어땠을까? 로마는 속주민에게 10퍼센트의 소득세를 부과하고, 조세 징수 청부업자로 하여금 세금을 거두게 했다. 이들은 각자 맡은 지역의 세금을 미리 국가에 낸 다음, 그 지역으로 가서 세금을 징수했다. 이때 합법적으로 2.5퍼센트를 가산 징수하여 이익을 보았다. 그런데 실제로는 이들이 조세 징수 과정에서 여러 가지 부정을 저질러 속주민을 괴롭히는 일이 허다했다.

이런 사정을 알고 있었던 네로는 속주 조세 징수를 개혁했다. 타키투스는 네로의 속주세 개편을 다음과 같이 전하고 있다.

먼저 그때까지 공개되지 않았던 조세 징수에 관한 각종 규정을 공시해야 한다. 우연히 간과되어온 세금은 1년이 지나면 징수할 수 없다. 조세 징수 청부업자를 상대로 한 소송은 우선적으로 이루어져야 한다. (…) 2.5퍼센트(어떤 곳은 2퍼센트)의 부가세 부과, 그리고 징세 청부업자가 불법적인 착취를 목적으로 제멋대로 만들어냈던 그 밖의 특권들이 네로 때 폐지된 채 오늘날에 이르고 있다.[29]

이 자료에서 타키투스는 네로가 세금을 지극히 공평하게 징수하고자 노력했고, 그가 살던 2세기 초까지도 네로가 시행한 조처가 지속되고 있다고 전한다. 타키투스는 공화정을 추구했던 인물로 로마의 모든 황제를 부정적으로 파악했고, 특히 네로를 사악한 황제로 거듭 묘사했다. 그런 와중에 네로가 상당히 공정했으며 그의 개혁이 효과가 있었다는 서술은 매우 이례적인 일이다. 이는 네로의 조세 행정이 그만큼 공정하고 효율적이었음을 입증한다. 따라서 네로가 속주에 과도한 조세를 부과했고 그 때문에 속주민들이 반발했다는 주장은 설득력이 전혀 없다.[30]

그렇다면 네로는 공공 건축과 공공 행사에 드는 막대한 비용을 어떻게 조달했을까? 비밀은 그의 화폐 정책에 있다.

로마는 금은을 본위로 하는 금속 화폐를 사용했다. 아우구스투스 때, 로마의 금화인 아우레우스와 은화인 데나리우스의 순도는 거의 100퍼센트였다. 즉 금화나 은화는 화폐로서의 가치나, 그것을 녹여 금이나 은으로 팔았을 때의 가치가 거의 차이가 없었다. 덕분에 로마 화폐는 국제적으로 명성을 얻어 멀리 인도와 중국에서까지 로마의 은화인 데나리우스화가 사용되었다. 그런데 네로는 64년에 금 1파운드로 주조하는 금화의 개수를 40개에서 45개로, 은 1파운드로 주조하는 은화의 개수를 84개에서 96개로 늘렸다. 이는 금화와 은화의 순도를 약 10퍼센트 떨어뜨림으로써 국가가 화폐 발행을 통해 이익을 보는 방식이다. 얼른 생각하기에 금화와 은화의 순도를 떨어뜨렸으면, 화폐 질서가 크게 문제 되어 경제 부작용이 일어날 수 있다. 그러나 이 방식은 네로가 처음 시도했고, 순도를 떨어뜨리는 정도가 크지 않았기 때문에 당시에는 거의 부작용을 일으키지 않았다. 이후 로마 황제들은 금화와 은화의 순도를 점점 더 떨어뜨렸고, 그 결과 3세기 중엽이 되면 사람들이 국가가 발행한 금화와 은화를 사용하지 않으려고 했다. 그러나 적어도 네로 통치하에서는 거의 문제가 발생하지 않았다. 네로가 발행한 화폐는 이후 150년 동안 아무런 문제 없이 유통되었다.

따라서 로마 역사가들이 네로가 폭군이라고 내세운 증거, 즉 네로가 연극배우, 전차 경주자로 활동하여 황제의 권위를 떨어뜨렸다거나, 황금 궁전을 비롯해 많은 건축물을 지어 국고를 낭비했다거나, 과도하게 세금을 올려 백성들을 괴롭혔다는 이야기는 근거와 논리가 부족하다.

왜 폭군으로 역사에 기록되었을까?

네로는 54년에 즉위해서 68년 쫓겨날 때까지 약 14년 동안 통치했다. 그는 여러 기행을 일삼았고 어머니와 부인, 스승 등을 죽였지만, 통치 시기 내내 높은 지지를 받았다. 심지어 그가 죽은 후에도 오랫동안 그를 기념하는 사람들이 많았다. 68년 빈덱스와 오토가 반란을 일으키고, 원로원이 네로를 황제 자리에서 쫓아내기로 결정하자 네로는 자살했다. 그 후 여러 장군이 황제 자리를 차지하려고 싸웠는데, 그 가운데 한 명이 비텔리우스였다. 네로를 비난했던 다른 장군들과 달리 비텔리우스는 69년 로마에 입성하여 다음과 같이 행동했다.

비텔리우스는 사람들에게 자신이 앞으로 어떤 통치를 할지 분명하게 보여주기 위해, 군신 마르스의 광장 중앙에 있는 네로의 무덤에 수많은 사제들을 거느리고 가서 참배하고 제물을 바쳤다. 그리고 이후 만찬에서 한 플루트 연주자가 사람들의 박수갈채를 받자, 비텔리우스는 공개적으로 네로의 작품을 한 곡 연주할 것을 청하였다. 연주자가 네로의 노래를 부르기 시작하자 비텔리우스는 가장 먼저 그에게 박수갈채를 보냈다.[31]

비텔리우스가 이렇게 네로 계승 의지를 뚜렷하게 표방했던 것은 네로를 지지하는 세력이 매우 강력했음을 의미한다. 물론 네로를 지지했던 사람들은 평민이었다. 로마의 평민들은 네로가 죽은 후에도 오랫동안 그가 훌륭한 통치자였음을 기념했다. 그들은 네로를 추억하며 그의 무덤에 꽃을 갖다놓곤 했다. 네로가 언젠가 돌아와 평민들의 고통을 해결해줄 거라고 믿는 사람도 있었다.[32]

그런데 왜 네로는 후대에 사악한 황제라는 오명을 쓰게 되었을까? 네로가 로마의 전통을 무시하고 배우로 활동했던 것은 원로원을 비롯한 로마 지배층에게 상상할 수도 없이 사악한 것이었다. 타키투스, 수에토니우스를 비롯해 네로에 대해 기록을 남긴 사람들은 모두 로마의 최고 지배층이었다. 그들은 네로가 끊임없이 로마의 전통을 무시하는 데 화가 났다. 전통을 무시하는 것은 곧 귀족이 누려온 특권을 무시하는 것이었기 때문이다. 타키투스, 수에토니우스, 디오 카시우스를 비롯한 로마 역사가들은 네로가 여느 황제와 똑같은 일을 했더라도 다른 황제들은 훌륭한 일을 했다고 적고, 네로는 사악한 일을 했다고 적었다. 예를 들어 로마 황제들은 각종 기념일이나 행사 때면 여러 계층의 사람들을 궁전으로 불러 주연을 베풀곤 했다. 로마 역사가들은 황제들이 주연을 베풀면 성정이 착하고 베풀기를 좋아하는 증거라고 묘사하곤 했다. 그러나 네로가 주연을 베풀면 혹독하게 비난했다. 그들은 네로가 낭비가 심했다고 비난했지만, 사실은 그렇지 않았다.

그들이 네로를 비판했던 이유는 주연을 베풀 때조차 네로가 관습을 무시했기 때문이다. 네로는 지배층이 받아왔던 합당한 대접을 부정하고, 무명의 시민들을 환대했다. 좋은 자리는 상층 엘리트가 아니라 노예, 검투사와 같은 하층민에게 내주었다. 예전에 귀족들은 좋은 자리에서 자기들끼리 좋은 음식을 먹었지만, 네로가 베푼 주연에서는 구석에서 하층민과 어울려 식사해야 했다. 황제가 보통 시민들과 함께 식사하고 있으니 그 자리에서 싫은 소리는 못 냈지만 속은 부글부글 끓었다. 그런 식사를 하고 나온 귀족들은 네로를 천하의 나쁜 놈으로 규정하고, 언젠가 기회가 온다면 없애버려야 한다고 생각했다. 기회를 엿보고 있던 그들은 64년 로마의 대화재로 민심이 흉흉해지자 네로가 불을 질렀다는 소문을 냈고, 그것을 기회로 네로를 몰아냈다. 그리고 지배층 출신이었던 로마 역사가들은 네로의 모든 행동을 사악한 것으로 기록했다. 이후 역사가들은 이 사료들을 무비판적으로 이용하여 네로를 폭군으로 규정해버렸다.

그러나 로마 역사가들이 네로를 폭군으로 규정했더라도 후대에 누군가 그 사실을 널리 알리지 않았다면 네로가 세계적으로 유명한 인물이 되지는 못했을 것이다. 로마제국이 멸망할 때까지 로마인 가운데 가장 유명한 사람은 율리우스 카이사르나 아우구스투스 황제였다. 네로가 최고 유명 인물로 부상한 것은 근대에 와서다. 네로를 폭군으로 널리 알리는 데 앞장선 것은 기독교 신자들이었다. 64~65년경 네로가 그들을 박해한 후 기독교 신자들은 네로를 세상에서 가장 사악한 통치자이자 하느님에 맞서는 '적그리스도'로 규정했다. 신약성경의 마지막 권인 〈요한계시록〉에 따르면 종말의 날에 신자들을 박해하면서 악마의 권한을 행사할 짐승의 이름이 666으로 상징된다. 숫자로 이름을 표시하는 것은 고대 유대인이 널리 쓰던 방식이었다. 네로 황제의 이름, 즉 '네로 카이사르Nero Kaisar'를 히브리어로 번역하면 'nrun qsr'이 되고 이를 고대 유대인의 숫자 풀이법gematria으로 해석하면 666이 된다. 이런 해석에 근거해서 오랫동안 네로가 '적그리스도'라는 인식이 널리 퍼져 있었던 것이다.[33]

　　19~20세기에 기독교 신앙을 주제로 한 소설과 영화 들이 이런 인식을 대중에게 퍼뜨렸다. 19세기 말 폴란드 작가 시엔키에비치가 베드로의 순교를 다룬 소설 《쿠오바디스》를 썼는데, 이 소설은 여러 나라 언어로 번역되어 베스트셀러가 되었고 노벨 문학상까지 탔다. 1951년 할리우드에서 활동하던 피터 유스티노프 감독은 이 소설을 영화로 만들어 상업적으로 크게 성공했다. 이 소설에서 네로는 인류 역사상 가장 잔인하고 무도한 폭군으로 묘사되어 있다.[34] 이 소설과 영화가 흥행에 성공하면서 네로는 폭군의 대명사가 되었다. 심지어 우리나라 개그 프로그램에까지 등장할 정도였다. 그렇게 네로는 20세기에 세계 최고의 폭군으로 자리매김하고 말았다.

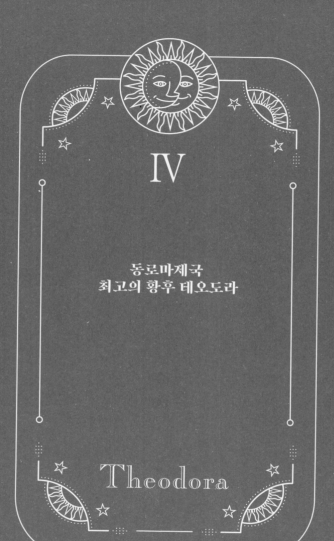

IV

동로마제국
최고의 황후 테오도라

Theodora

고대 로마의 영광을 계승한 동로마제국

유스티니아누스 황제와 그의 아내 테오도라는 서양사에서 중요한 역할을 했지만 우리나라에는 자세히 알려져 있지 않다. 그들이 통치했던 동로마제국이 오랫동안 주목받지 못했으니 그럴 수밖에 없을 것이다.

먼저 동로마제국의 역사부터 간략히 살펴보자. 동로마제국은 로마제국의 전통과 법통을 이어받은 나라였다. 동로마제국 사람들은 1453년 제국이 멸망할 때까지 자신들을 로마인이라 생각했고, 자신들의 나라를 로마제국이라 부르면서 로마의 전통과 제도를 지켜나갔다.

동로마제국이 멀쩡히 있었는데, 사람들은 왜 476년에 로마제국이 멸망했다고 할까? 그 이유는 서유럽인들이 세계사 연구를 주도했기 때문이다. 서유럽인들은 476년 게르만족이 서로마제국을 멸망시킨 사건을 중시한 반면 동로마제국의 의의는 평가절하하고 싶어 했다. 동로마제국이 로마제국의 법통을 이어받았고 오랫동안 융성했다는 사실이 서유럽인들의 역사를 위대하게 만드는 데 도움이 안 되었기 때문이다.

서유럽인들은 이런 생각에서 16세기에 동로마제국을 '비잔티움제국'이라 부르기로 결정했다. 동로마제국의 수도 콘스탄티노폴리스는 그리스인이 세운 식민 도시 '비잔티온'에서 출발했다. 이 비잔티온을 라틴어로 옮긴 이름이 '비잔티움'이다. 이렇게 근대 서유럽인이 만들어낸 '비잔티움제국'이라는 용어에는 서구 중심주의가 강하게 채색되어 있다.[1]

476년 멸망한 나라는 서로마제국일 뿐, 로마제국은 아니었다. 395년 테오도시우스가 죽으면서 동로마제국과 서로마제국이라는 개념이 어렴풋이 등장했지만, 동로마제국과 서로마제국 사이에는 긴밀한 융화와 협조가 유지되었다. 로마 문화를 이어받은 교황이든 로마 지역에 정착한 게르만족 지배자든 누구도 동로마제국 황제가 자신들의 우두머리임을 의심치 않았다.

752년까지는 교황이 새로 선출되면 동로마 황제의 승인을 받아야 했고, 교황들은 중요 행사나 안건에 대해 동로마 황제의 감독을 받았다. 그러나 게르만족의 일파인 롬바르드족이 교황이 살고 있는 로마를 포위 공격하면서 교황과 동로마 황제는 갈라서게 되었다. 8세기 후반 그레고리우스 3세를 비롯한 여러 교황이 동로마 황제에게 파병을 요청했지만, 동로마 황제는 군대를 보내지 못했다. 교황들은 어쩔 수 없이 당시 서로마 지역의 새로운 실력자, 프랑크 왕국의 피핀에게 도움을 청했다. 피핀은 교황 스테파누스 2세의 부탁을 받아들여 롬바르드족을 격파했다. 이후 피핀은 카롤루스 왕조를 세웠고, 교황과 카롤루스 왕조의 유대 관계가 돈독해졌다.[2]

교황뿐 아니라 게르만족 지배자들도 자신들이 동로마 황제의 승인을 받은 지배자임을 과시하고 싶어 했다. 그들은 동로마 황제로부터 '로마의 집정관', '로마의 귀족'과 같은 칭호를 받기를 열망했다. 예컨대 서로마제국을 멸망시킨 오도아케르는 동로마 황제 제노(재위 474~491)에게 편지를 보내 "콘스탄티노폴리스에 계신 폐하께서 진정한 황제"라며 잘 섬기겠다고 말했다.[3] 오도아케르 이후에도 여러 게르만 지배자들이 로마제국의 임페리움(절대적인 통치권)을 분할할 수 없으므로 동로마 황제를 수장首長으로 모시겠다고 주장했다. 이런 인식하에 메로베우스 왕조를 개창한 클로비스가 동로마 황제 아나스타시우스로부터 콘술 칭호를 받았다.[4] 콘술은 로마 공화정 시기 최고 관직으로 집정관이라고도 한다. 클로비스는 동로마 황제로부터 통치의 정당성을 인정받은 것이다. 동고트족의 추장으로 이탈리아를 점령했던 테오도릭은 동로마 황제 다음가는 왕으로 행세했다. 이렇게 로마제국의 법통은 동로마제국을 통해 면면히 이어지고 있었다.

신분의 벽을 뛰어넘은 유스티니아누스의 사랑

동로마제국에 유스티니아누스(482~565)라는 걸출한 황제가 있었다. 그가 다스린 38년간 동로마제국은 군사, 정치, 문화 등 모든 면에서 융성했다. 유스티니아누스는 동쪽의 강력한 제국 사산조 페르시아의 침입을 막아냈고, 북아프리카의 반달 왕국을 공략하는 한편 이탈리아의 동고트족을 정복하여 서로마제국의 몰락 후 게르만족의 수중에 들어갔던 북아프리카와 이탈리아를 되찾았다. 그리고 서양 문명의 위대한 유산 《로마법 대전》을 편찬했다. 현존하는 최고의 성당이라 할 수 있는 성 소피아 성당Santa Sophia('거룩한 지혜'라는 뜻)도 지었다.

이렇게 유스티니아누스는 위대한 업적으로 기억되지만 그가 테오도라(497~548)와 나눈 불멸의 사랑은 잘 이야기되지 않는다. 유스티니아누스는 마케도니아 지방의 도시 타우레시움Tauresium에서 가난한 시골 농부의 아들로 태어났다. 그는 외삼촌 유스티누스가 군인으로 출세하지 않았다면 평생 시골에서 땅을 갈다가 죽었을 것이다. 외삼촌 유스티누스는 군인으로 승승장구해서 황실 경비대 사령관이 되었지만 아들이 없었다. 유스티누스는 유스티니아누스를 불러 양자로 삼고 그의 가업을 물려주려 했다.

그런데 예기치 않은 상황이 발생했다. 518년 아나스타시우스 황제가 후계자를 정하지 못하고 죽었다. 유력한 후보자들이 서로 견제하는 통에 유스티누스가 근위대를 조정하여 황제가 되었다. 유스티누스는 전쟁터에서 특별한 공을 세우지도 않았고, 좋은 교육도 못 받은 데다가, 뒤를 봐줄 가문도 없어서 정통성이 약했다. 하지만 유스티누스는 황제로서 보통은 된다는 평가를 받는데, 양아들로 황태자가 된 유스티니아누스가 잘 보좌했기 때문이다.

유스티니아누스의 어린 시절에 대해서는 거의 전해지는 것이 없다. 삼촌 덕분에 수도에 와서 살았지만, 군인이나 관리가 되어 활동했다는 기록은 없다. 근위대장이었던 삼촌의 양아들로서 좋은 교육을 받았을 테고, 막후에서 삼촌을 도왔을 거라고 추론할 수 있을 뿐이다.

통치 능력이 부족했던 유스티누스는 유스티니아누스를 전적으로 신뢰했고, 집권 후반기에는 거의 모든 국정을 유스티니아누스에게 맡겼다. 유스티니아누스는 신중하고 적절한 판단으로 국정을 이끌었다. 유스티니아누스가 출신이 미천한데도 학식이 뛰어나고 제국을 적절하게 운영하는 모습을 보고 원로원과 관리들이 그를 높이 평가했다. 유스티누스가 죽자 그들은 주저 없이 유스티니아누스를 황제로 추대했다.

그러나 유스티니아누스가 황제가 되는 과정, 그리고 집권 초기 통치를 안정시키는 데 문제가 없었던 것은 아니다. 유스티니아누스는 황태자 시절이던 522년에 테오도라라는 여인을 만났다. 그때 유스티니아누스는 마흔 살, 테오도라는 스물다섯 살이었다. 유스티니아누스가 그때까지 결혼하지 않았던 이유는 밝혀져 있지 않다. 결혼 후 테오도라가 임신했지만 사산했다는 사실을 보건대 유스티니아누스가 육체적으로 문제가 있지는 않았다. 아무튼 유스티니아누스는 한눈에 그녀와 사랑에 빠져 결혼하겠다고 정식으로 발표했다. 황실을 비롯한 전 로마 사람들은 충격에 빠졌다. 그가 결혼하겠다고 밝힌 테오도라는 서커스 극단의 배우였기 때문이다.

테오도라는 콘스탄티노폴리스에서 꽤 유명한 배우였다. 지금은 연예인의 사회적 지위가 높지만 앞서 〈네로〉 편에서 보았듯 로마에서 배우는 천하디천한 직업이었다. 배우는 '거짓말을 파는 사람들'이라고 무시되었기 때문에 노예 또는 몹시 가난한 사람이나 하는 일이었다. 특히 여배우는 남자들에게 몸을 파는 일을 겸하곤 했다.

유스티니아누스의 통치를 전하는 가장 중요한 사료는 프로코피우스의 저술이다. 그는 벨리사리우스의 고문이자 비서관으로 사산조 페르시아와의 전쟁, 반달 왕국 정복전쟁, 동고트 왕국 정복전쟁에 참전했고 이 경험을 여덟 권의《전쟁사》로 정리했다. 그리고 유스티니아누스와 테오도라 통치의 이면을 후대에 전하고자《비사 Secret History》를 썼다. 프로코피우스는 558년경에 쓴 이 책에서 테오도라의 어릴 적 행실에 대해 이렇게 전하고 있다.

> 테오도라는 나이가 너무 어려 남자와 동침하거나 교접할 수 없었을 때 마치 남창처럼 행동했다. 매음굴에서 어슬렁거리는 인간쓰레기들에게 신체의 부자연스러운 통로(항문)를 내준 것이다. (…) 나이가 들자 그녀는 창녀가 되었다. 그렇듯 철저하게 쾌락에 자기 몸을 내맡긴 여인도 없을 것이다. 그녀는 혈기 왕성하고 성적 욕망에 가득 찬 십수 명의 젊은 남자들과 함께 여러 차례 연회에 참석해서 밤새도록 뒹굴며 즐겼다.[5]

이 기록을 액면 그대로 믿을 수 있을까? 세 가지 측면에서 의심해볼 수 있다. 첫째, 프로코피우스는 비천한 출신의 테오도라가 황후가 되어 권력을 행사하는 것을 몹시 불쾌하게 여겼다. 이 때문에 그는 여러 면에서 테오도라를 비방했다. 예를 들어 그는 황후가 된 후 테오도라가 모든 여자의 도덕을 파괴했다고 하면서 "그때 거의 모든 여자가 도덕적으로 타락했다. 그들이 남편에게 거짓말해도 아무런 처벌도 받지 않았으며 (…) 간통으로 유죄가 입증된 부인들도 황후에게 가기만 하면 처벌을 면죄받을 수 있었기 때문이다"
라고 말했다. 이렇듯 프로코피우스는 테오도라를 세상 모든
악의 근원으로 규정했지만, 다른 사료들을 보면 테오도라는
"전에는 수치스러웠지만, 후에는 정숙하게 살았다"[6]고 기
록되어 있다. 황후가 된 후 삶은 정숙했다는 것이다. 따라서
테오도라에 대한 프로코피우스의 진술은 대단히 악의적이
다.

둘째, 프로코피우스는 유스티니아누스를 매우 부정적으
로 보았다. 유스티니아누스 통치 초기에 프로코피우스는 유
스티니아누스가 야만족과 페르시아를 격파하여 제국을 안
정시켰고, 훌륭한 건축 활동을 통해 문화를 발전시켰다고
찬양했다. 유스티니아누스는 그를 우호적인 인물로 보고 원
로원 의원에 임명했다.[7] 그런데 테오도라가 죽고 난 후인
558년경에 쓴 《비사》에서는 유스티니아누스를 "아내와 함
께 사회의 모든 악에 책임이 있는 적그리스도", "피에 굶주
린 악마로서 모든 인류를 멸망시키는 사탄"으로 규정했다.[8]

프로코피우스의 태도 변화에 대해서는 여러 의견이 있다.
프로코피우스가 플라톤 철학을 이어받았기 때문에 플라톤
의 아카데미아를 폐쇄한 유스티니아누스를 싫어하게 되었
다는 설, 게르마누스Germanus라는 인물을 새로운 황제로 추

대하려는 무리에 가담했다는 설 등이다. 확실한 것은 《비사》에서 유스티니아누스를 매우 부정적으로 묘사했다는 사실이다. 프로코피우스는 테오도라가 마법을 사용하여 남편 유스티니아누스를 사악한 인물로 만들었다고 주장했다. 이 측면에서 본다면 프로코피우스는 유스티니아누스를 부정적으로 평가하기 위해 테오도라를 더욱 부정적 인물로 만들어야 했다. 따라서 프로코피우스의 테오도라 진술은 신빙성이 없다.

셋째, 프로코피우스는 종교적 이유에서 테오도라를 악녀로 규정했다. 원래 단성론單性論을 신봉했던 테오도라는 황후가 되고 나서도 단성론에 우호적이었다. 단성론은 5세기 전반에 등장한 이론이다. 정통 교회의 가르침에 따르면 예수는 완전한 인간이라 인성을 갖고 있고, 또 완전한 신이라 신성을 갖고 있다. 이 두 속성은 서로 섞이지 않고 분리되지도 않는다.[9] 그런데 섞이지 않고 분리되지도 않는다는 말은 너무 난해하다. 이런 생각을 가진 단성론자들은 예수의 신성과 인성이 신성이라는 하나의 속성으로 결합되었다고 주장했다. 이 이론은 451년 칼케돈 공의회에서 이단으로 정죄되었지만 알렉산드리아, 콘스탄티노폴리스를 비롯한 동방에서 많은 지지자를 확보했다.

테오도라는 단성론을 제국의 신앙으로 만들려고 시도하지는 않지만, 제국 정부가 단성론을 박해하는 데 반대했다. 테오도라의 후원 아래 단성론자들이 복권되었고, 수도 콘스탄티노폴리스에 단성론자들의 수도원과 교회가 다시 지어졌다.[10] 정통 교회의 교리를 신봉했던 프로코피우스는 테오도라의 신앙이 마음에 들지 않았다.[11] 프로코피우스는 테오도라를 악마로 규정함으로써 그녀의 이단 성향을 부각하려 했다. 그래서 테오도라가 욕망에 이끌려 기꺼이 창녀 행각을 펼쳤다고 진술했다.

이 사실들을 고려하면 테오도라의 창녀 행각에 대한 프로코피우스의 진술은 믿기 힘들다. 테오도라가 결혼하기 전 배우 시절에 몸을 팔기도 했던 것은 분명하다. 테오도라가 황후가 된 후 그녀의 후원으로 에페소스의 주교가 되었고, 테오도라를 열렬히 찬양한 요한이 테오도라가 '매음굴'에서 컸다고 전하고 있기 때문이다.[12] 에페소스의 요한이 테오도라의 어두운 과거를 지어낼 필요는 없었으므로, 테오도라가 미천한 출신이었고 아마도 먹고살기 위해 몸을 팔았다는 사실은 당시 널리 알려졌던 것 같다.

여러 자료를 종합해보면 테오도라의 아버지는 원래 서커스단의 곰 조련사였는데, 그녀가 세 살 때 세상을 떴다. 그녀의 어머니는 생계를 꾸려가느라 딸들을 서커스단 배우로 키웠고, 테오도라도 먹고살기 위해 여러 남자를 상대해야 했다. 테오도라는 서커스단의 배우로 활동하다가 어느 고관의 눈에 들어 그의 정부가 되었다. 그 고관이 북아프리카로 발령이 나자 테오도라는 그곳에 가서 살았고 딸을 낳았다. 테오도라는 사생아로 태어난 이 딸을 지체 높은 집에 시집보낼 때까지 보살폈다. 이유는 밝혀지지 않았지만 그 고관이 변심하는 바람에 테오도라는 버림받고 고향 콘스탄티노폴리스로 돌아왔다.

바로 이때 유스티니아누스가 그녀를 만나 첫눈에 반해 결혼하겠다고 밝혔다. 콘스탄티노폴리스에서 웬만한 사람은 다 그녀가 배우에 창녀였고, 어떤 관리의 첩으로 살다가 사생아로 딸을 두었다는 사실을 알고 있었다. 곧 황제가 될 사람이 이런 여자와 결혼하겠다니 모두 놀라지 않을 수 없었다.

당시 로마의 사회적 관습은 물론 법적으로도 두 사람은 결혼할 수 없었다. 로마법은 원로원 의원 신분의 사람이 여배우와 결혼하는 것을 금하고 있었다. 거의 모든 사람이 반대했는데, 특히 황후이자 외숙모인 유페미아Euphemia가 두 사람의 결혼을 절대 허락할 수 없다고 고집을 피웠다. 유페미아는 변변치 못한 가문 출신인 유스티니아누스가 제대로 통치하려면 신분이 높고 세력 있는 집안의 딸과 결혼해야 한다고 주장했다. 두 사람에게는 다행스럽게도 황후 유페미아는 524년에 죽었다. 곧 유스티니아누스는 여배우라도 은퇴한 경우 고위직 인사와 결혼할 수 있도록 법을 개정하고 525년에 테오도라와 결혼했다. 이때 유스티니아누스는 마흔세 살이었고 테오도라는 스물여덟 살이었다.

왜 유스티니아누스는 가문의 반대를 무릅쓰고 법을 바꿔가면서까지 테오도라와 결혼했을까? 유스티니아누스가 테오도라와 즐길 생각이었다면 첩으로 삼아도 충분했다. 첩을 여럿 둔 지배층이 흔할 때였으니 말이다. 신분을 뛰어넘어 사랑을 이룬 유스티니아누스는 위대해 보인다. 그러나 그의 마음을 사로잡은 테오도라가 더 위대할 수도 있지 않을까?

동로마제국의 공동 통치자 테오도라

유스티니아누스는 테오도라와 결혼한 지 4년 만에 황제가 되었다. 이때 유스티니아누스는 테오도라를 아우구스타로 임명했다. 아우구스타Augusta는 황제 아우구스투스의 여성형이다. 이 칭호는 로마 초대 황제 아우구스투스 이래 황후들에게 수여되었으니, 테오도라가 황제는 아니었다. 그러나 테오도라는 궁정 살림을 챙기는 수준을 넘어 사실상 공동 통치자로서 활약했다.[13] 그녀는 유스티니아누스 대제가 만든 여러 법에 서명했고, 외교 사절을 접견했으며, 군대와 관리들을 통솔하기도 했다.[14] 특히 유스티니아누스가 위기에 처할 때마다 테오도라는 결단력을 발휘해 그를 구해주었다.

그녀가 유스티니아누스를 구한 첫 번째 사건은 니카 폭동 때였다. 니카 폭동은 532년 콘스탄티노폴리스에서 일어난 '시민 폭동'이었다. 로마의 전통에 따르면 국가는 공공의 것이다. 따라서 개인이 제멋대로 국가를 운영할 수 없고, 주권은 근본적으로 인민에게서 나온다. 이 원칙은 1453년 동로마제국이 멸망할 때까지 지켜졌다.

로마제국의 정치와 국가 운영에서 시민들은 어떤 역할을 했을까? 기원전 27년 아우구스투스가 로마 제정을 수립하기 전에는 민회가 로마의 핵심 권력 기관이었다. 민회는 법을 제정하고, 집정관을 비롯한 관리를 선출하고, 국정의 중요 사항을 결정했다. 공화정 후기 민회의 주인은 평민들이었지만, 제정이 성립되면서 입법권이 원로원으로 넘어갔다.

국정의 중요 사항 결정권과 관리 임명권은 황제에게 넘어 갔다. 그렇다고 평민들의 정치적인 권리가 완전히 사라지지는 않았다. 일반적으로 로마 황제들은 정치적인 권리를 상실한 평민들을 달래기 위해 '빵과 서커스' 정책을 폈고, 평민들은 거기에 만족하며 '배부른 돼지'가 되었다고 이야기된다. 그러나 이 주장은 약간 문제가 있다. 만약 평민들이 정치적 권리를 완전히 상실했다면, 굳이 '빵과 서커스'를 주어 달랠 필요가 있었을까?

제정기에 로마 민중은 일상적으로 서커스와 전차 경기를 열어줄 것을 요구했다. 그리고 서커스 경기가 열리면 집단으로 황제에게 몰려들어 요구 사항을 외치곤 했다. 평민들은 빵을 무상으로 배급받았고, 흉년이 들거나 폭풍우가 일어 곡물 공급이 부족해지면 폭동과 소요를 일으켰다. 그들은 떼를 지어 돌아다니며 귀족과 부자의 집을 약탈·방화했고 심지어 황제에게 빵 부스러기를 던지기도 했다. 이렇게 먹여주고 돌봐주지 않으면 폭동을 일으키는 사람들이 로마 시민이었다. 근본적으로 그들은 자유로운 시민이었고, 로마의 권력이 자신들에게서 나온다고 생각했다.

이런 전통이 동로마제국에서도 유지되었다. 수도 콘스탄티노폴리스의 시민들은 황제와 국가가 제공하는 '빵과 서커스'를 즐겼고, 전차 경기장에서 때로는 정치적 의견을 강력하게 피력하기도 했다. 512년에는 콘스탄티노폴리스 시민들이 대전차 경기장에서 폭동을 일으켜 아나스타시우스 황제의 퇴위를 요구했다. 사태의 심각성을 깨달은 아나스타시우스는 허름한 옷에 왕관도 안 쓰고 성경을 팔에 낀 채 대전차 경기장에 나타나 자신의 잘못을 사과했다. 늙은 황제가 너무나 불쌍한 태도로 반성하자 그제야 시민들은 황제를 용서했다.

532년 콘스탄티노폴리스에서 이보다 더 심각한 '니카 폭동'이 일어났다. 니카는 그리스어로 '이기자' 혹은 '정복하자'를 뜻한다. 서커스와 전차 경기를 보며 관중이 외치던 응원 구호가 반란의 명칭이 되었다. 이 반란은 청색당과 녹색당이 주도했다. 당시 콘스탄티노폴리스에서 가장 인기 있는 대중 스포츠가 대전차 경기였다. 시민들은 일종의 팬클럽을 결성하여 응원하곤 했다. 두 팬클럽의 이름은 전차 경기에 참가한 기수의 옷 색깔에서 유래했다. 청색당과 녹색당은 정치색이 달랐다. 청색당은 원로원을 비롯한 상류층 인사들이 선호했고, 녹색당은 상공업자나 중간 등급 관리들의 지지를 받았다. 종교적 지향도 달라서 청색당은 정통 교회의 교리를 옹호했고 녹색당은 단성론을 옹호했다는 주장도 있

었지만, 이 주장은 최근에는 인정되지 않는다.[15]

어떤 당파든 콘스탄티노폴리스 시민들은 전차 경기가 열릴 때면 편을 갈라 격렬하게 응원했다. 응원전은 경기 종료 후 거리에서 계속되기도 했다. 같은 당파끼리 거리를 누비며 술에 취해 고함을 질렀고 때로는 패싸움도 벌어졌다. 황태자 시절 유스티니아누스도 이런 문화를 즐겼고, 청색당 모임에 자주 참가했다. 테오도라도 청색당이었으니 두 사람은 아마 청색당 모임에서 처음 만났을 것이다.[16]

그런데 532년 1월 미묘한 상황이 전개되었다. 청색당원과 녹색당원이 거리에서 싸웠고, 치안 책임자가 폭력 사태를 진압하면서 여러 명을 체포했다. 치안 책임자는 폭력 사태의 책임을 물어 일곱 명에게 사형 판결을 내렸는데, 사형 집행 도중 사형 집행대가 넘어지면서 두 명이 살아남았다. 청색당과 녹색당은 이들의 석방을 요구했는데, 유스티니아누스가 그들의 요구를 들어주지 않았다. 유스티니아누스는 이번 기회에 당파들 사이의 분쟁과 소요 사태를 종식시키기 위해 단호한 조처를 취했다.[17] 두 당은 유스티니아누스의 탄압 조처에 항의했고, 떼를 지어 "자비로운 녹색당과 청색당이여, 부디 영속하라"고 외치며 콘스탄티노폴리스 시내를 장악했다.

유스티니아누스의 통치에 불만을 품은 세력도 이 폭동에 가세했다. 이들은 원로원 의원들을 비롯한 지배층이었는데, 유스티니아누스가 왕권 강화 정책을 강력히 추진하는데 불만을 품었다. 예를 들어 유스티니아누스는 집권 초기에 황제를 알현하는 의식을 정비했다. 원래 로마에서는 원로원 의원들이 황제를 알현할 때 한쪽 무릎을 꿇기만 하면되었다. 그런데 유스티니아누스는 신하들에게 두 무릎을 꿇고 머리를 숙인 후 황제의 신발에 키스하도록 명령했고, 황후 테오도라에게도 같은 예의를 갖추라고 요구했다.

테오도라는 지배층에게 유독 까다롭게 굴기까지 했다. 그녀는 원로원 의원들에게 자신을 만나려면 긴 통로에 줄 서 있다가 환관이 이름을 부르면 접견실에 들어서서 먼저 발에 키스하라고 명령했다. 원로원 의원을 비롯한 고위 관료들은 황제에게 그런 예의를 갖추는 것도 비굴하다고 여겼는데, 비천한 출신의 여자에게까지 그런 예의를 갖춰야 한다는 데 말로 표현할 수 없는 굴욕감을 느꼈다. 마치 원로원 의원에서 하루아침에 노예로 신분이 강등되는 듯한 느낌이었을 것이다.

원로원 의원들이 가세하자 폭도들은 더욱 대담해졌다. 그들은 유스티니아누스의 심복이었던 요한네스와 트리부니아누스의 해임을 요구하면서, 시내를 활보하며 닥치는 대로 부수고 불을 질렀다. 그들은 관리들을 보는 족족 죽였고, 치안대장과 원로원 의원들은 집은 물론 성 소피아 성당에까지 불을 질렀다. 군중의 소요가 심각한 상황으로 치닫자, 유스티니아누스는 서둘러 요한네스와 트리부니아누스를 면직시켰다.

그러나 소요는 가라앉지 않았다. 성난 군중은 전 황제의 조카 히파니우스를 황제로 옹립하고 유스티니아누스를 황제 자리에서 몰아내려 했다. 군중이 시내를 장악하고 황궁으로 몰려드는 사태로 치닫자 유스티니아누스는 이제 모든 것을 잃었다고 생각하며 도망칠 준비를 했다. 성난 민중의 고함이 궁정을 에워싼 가운데 유스티니아누스와 대신들은 공포에 휩싸여 우왕좌왕하고 있었다. 그 순간 어디선가 단호하고 날카로운 목소리가 흘러나왔다. 바로 황후 테오도라의 목소리였다.

여자가 감히 남자들 사이에 끼어, 그것도 겁에 질려 움츠려 있는 사람들 가운데서 대담하게 의견을 말하는 게 주제넘은 것 같지만, 한 말씀 드리겠습니다. 현재의 위기는 너무나 심각하기 때문에 어떻게 해야 할지 설왕설래할 여유가 없습니다. (…) 도망간다면 안전해질 수 있다고 해도 우리는 절대로 도망가서는 안 됩니다. 상황을 제대로 파악한 자는 절대로 죽지 않을 것입니다. 더욱이 황제가 도망하는 것은 견딜 수 없는 수치입니다. 나는 절대로 이 자줏빛 어의[18]를 벗지 않을 것이고, 황후직을 잃는다면 단 하루도 살지 않겠습니다. 황제시여, 당신이 살아남기를 원하신다면, 우리는 돈이 많고, 바다가 있고, 배가 있으니 도망치기는 쉽습니다. 그러나 당신이 안전해진 후, 목숨을 걸고라도 황제직을 지켰어야 했다고 생각할 날이 오지 않겠습니까? 저는 '왕위는 곧 훌륭한 수의'라는 옛말을 따르렵니다.[19]

테오도라의 태도는 침착했고 목소리는 힘이 넘쳐흘렀다. 황제와 대신들, 근위병들은 이 연설에 감동했다. 유스티니아누스 황제는 도망가느니 차라리 싸우다 죽는 게 명예로울 거라고 마음을 고쳐먹었다. 그의 명령에 따라 근위대는 용감히 진군하여 폭도들을 진압했다. 프로코피우스는 테오도라가 위기의 순간 위대한 연설로 유스티니아누스를 구했다고 전한다. 테오도라는 군대의 상황을 꿰뚫고 있었기에 그런 연설을 할 수 있었다. 유스티니아누스가 명령만 내리면 근위병은 물론이고 콘스탄티노폴리스 근처에 주둔한 군대가 명령을 수행할 것임을 알고 있었던 것이다. 니카 반란의 진압은 테오도라가 사실상 공동 통치자였음을 보여준다.

542년 테오도라는 다시 한 번 위기에 처한 유스티니아누스를 구한다. 그해 봄 동로마제국 전역에서 선페스트가 창궐했다. 수도 콘스탄티노폴리스에도 전염병이 돌아 많은 관료와 시민이 죽었다. 재무관 트리보니아누스를 비롯해 23만 명의 시민이 죽었고 황제마저 감염되었다. 황제가 중병에 걸려 사경을 헤맨다는 소식이 제국에 퍼져나가자 군대와 관리들이 크게 동요했다.

당시 군대는 물론 동로마제국에서 유스티니아누스와 테오도라 다음으로 명망이 높았던 인물은 벨리사리우스였다. 그는 페르시아와의 전쟁에서 여러 번 승리했고, 북아프리카에서 반달족을 격파했고, 이탈리아에서는 동고트족을 격파했다. 그의 전승으로 동로마제국은 군사적으로 동서방 모두에서 우위를 차지하고 서지중해를 다시 장악할 수 있었다. 전쟁사 전문가들은 그를 알렉산드로스에 버금가는 장군으로 평가하기도 한다. 만약 황제가 후계자 없이 죽는다면 벨리사리우스가 차기 황제가 될 가능성이 매우 높았다. 당시 벨리사리우스는 메소포타미아의 전선에 출정하여 페르시아와 싸우고 있었다. 그는 마음만 먹는다면 군대를 이끌고 수도로 진격하여 황제가 될 수도 있었다.

벨리사리우스는 유스티니아누스를 몰아낼 생각은 없었지만, 만약 황제가 죽는다면 자신이 황제가 될 수도 있다고 생각했다. 그는 자신의 마음을 감추지 않고, 부제스Buzes를 비롯한 몇 명의 장군을 규합하여 자신들의 동의 없이 황제가 선출될 경우 그 황제를 인정할 수 없다고 결의했다. 테오도라가 마음대로 후계자를 지명하지 못하게 하려는 속셈이었다.

이 소식을 들은 테오도라는 수도의 군대와 관료에 대한 통제를 강화한 후 두 장군을 즉각 소환했다. 테오도라가 단호한 조처를 취했고 아직 황제가 살아 있었으므로 두 장군은 소환에 응할 수밖에 없었다. 테오도라는 부제스를 황궁의 지하 감옥에 28개월이나 가두었고 벨리사리우스에게서는 지휘권을 박탈하고 재산을 몰수했다.[20] 그녀는 수도의 관료와 군대를 확고하게 장악하고 있었기에 두 장군을 능히 제어할 수 있었다. 만약 유스티니아누스가 사경을 헤매는 동안 테오도라가 이렇게 강력한 조처를 취하지 않았다면, 군대가 동요하고 반란이 일어났을 것이다.

유스티니아누스와 함께 위대한 업적을 남기다

니카 폭동은 성 소피아 성당마저 무너뜨렸다. 폭동 진압 후 유스티니아누스는 바로 성당 재건축에 착수했다. 그는 안테미우스와 이시도루스에게 책임을 맡기고 제국의 역량을 총동원하여 그들을 지원했다. 성당은 5년 만인 537년에 완공되었다.

성당의 규모는 가로 77미터, 세로 79미터이고, 가운데에 지름 32미터 높이 62미터의 돔 천장이 있었다. 돔의 테두리에 있는 얇은 접시 모양 받침에는 40개의 창문이 있었다. 돔과 벽은 모자이크 성화들로 장식되었다. 돔과 창으로 들어오는 빛은 마치 천국에 온 듯한 느낌을 불러일으켰다. 완공식을 마치고 성당에 들어간 유스티니아누스는 성당의 장대함과 아름다움에 매료되어 이렇게 말했다고 한다. "솔로몬이여, 제가 당신을 이겼습니다."

이 말처럼 성 소피아 성당은 유스티니아누스 황제의 공로로 흔히 이야기된다. 그러나 공동 통치자 테오도라도 이 업적에 똑같이 공헌했다. 이는 유스티니아누스는 물론 당대 콘스탄티노폴리스 사람들이 다 인정하는 바였다. 유스티니아누스는 이 사실을 명확히 하고자 성 소피아 성당의 주요 기둥, 제단 등 수십 곳에 두 사람이 세웠다는 사실을 기록하게 했다. 오스만 제국이 이 사원을 모스크로 개축하면서 두 사람의 이름이 지워졌지만, 학자들의 복원 작업을 통해 성당 여러 군데에 두 사람 이름이 함께 새겨졌다는 사실이 확인되었다.[21] 또한 530년대에 작성된 기도서는 성 소피아 성당의 건축에 대해 다음과 같이 말하고 있다.

> 오늘 예전부터 그들의 임무를 경건하게 수행해오셨던 황제와 황후께서,
> 정말 장대하고, 아름답고, 경이로운 일을 완수하셨다.
> 이전의 어떤 황제도 그들보다 위대한 업적을 이루지 못하였다.
> 그들은 매우 짧은 시간에 도시를 새로 세우고, (…)
> 우리 교회의 고향이라 할 수 있는 성 소피아 성당을
> 마치 천국과 하느님의 보좌를 닮은 것처럼 훌륭하게 세우셨다.[22]

오랫동안 암송되었던 이 기도가 말해주듯 성 소피아 성당 건축은 유스티니아누스와 테오도라 공동의 업적이다. 성 소피아 성당은 지금은 박물관으로 사용되고 있지만,[23] 여전

히 그 안에 들어서면 누구나 "솔로몬이여, 제가 당신을 이
겼습니다"라고 했던 유스티니아누스의 말이 허언이 아님을
느낄 수 있다.

　유스티니아누스의 《로마법 대전》 편찬은 성 소피아 성당
의 건축보다 더 위대한 업적으로 평가된다. 로마법에 대해
서라면 늘 19세기 독일 법사학자 예링의 다음 주장이 언급
된다.

　　　로마는 세계를 세 번 지배했고, 수많은 민족을 세 번 결합
　　하여 통일했다. 첫째, 로마가 가장 강성했을 때 여러 국가
　　를 통일했다. 둘째, 로마제국이 몰락한 후 교회들을 통일
　　했다. 셋째, 중세에 계승되어 서양 법의 근간을 제공할 로
　　마법 체계를 발전시켰다. 첫 번째는 무력을 이용해서 강제
　　로 한 통일이었지만, 두 번째와 세 번째 통일은 정신의 힘
　　에 의한 것이었다. 로마가 세계사에서 갖는 의미와 사명을
　　한마디로 요약하면, 민족적 원리를 보편성의 사상에 의해
　　극복하는 것이다.[24]

　예링이 지적한 세 업적 가운데, 칼로 세상을 통일한 것
은 여러 제국이 있었기에 로마제국의 고유한 업적은 아니

다. 두 번째 업적인 기독교는 로마제국의 업적으로 보기에는 애매한 측면이 있다. 로마인이 기독교를 창시하지도 않았고, 기독교는 초기에 로마제국의 박해를 받았기 때문이다. 예링이 지적한 세 번째 업적, 즉 로마법이야말로 로마제국이 인류에 남긴 가장 위대한 업적이다.

로마법에 대해 이야기하면 우리나라 사람들은 '로마제국이 고대에 있었으니 몇백 개의 조항이 있었겠지' 하고 생각한다. 이런 사람들이 유스티니아누스가 편찬한 《로마법 대전》을 읽어보면 깜짝 놀랄 것이다. 사회에서 일어날 수 있는 거의 모든 분쟁 상황이 법으로 규정되어 있기 때문이다. 예를 들어 로마법은 어떤 집에서 자란 나무의 가지가 옆집으로 뻗었을 경우, 가지에 달린 열매는 누구의 소유가 되는지 정확하게 규정하고 있다. 로마법은 이렇게 세세한 내용까지 담고 있어서 무척 방대했다.

로마제국이 최초로 성문법을 만든 기원전 450년부터 유스티니아누스 통치기까지 너무나 많은 법이 만들어졌다. 유스티니아누스는 모호하거나 모순적인 규정들을 정비하고 법전을 편찬하는 작업이 절실하다고 생각했다. 법치의 원칙을 세우고 법을 공평히 집행하기 위해서였다. 그는 취임 직후인 527년에 로마법 편찬위원회를 구성하여 로마법을 정리하게 했다. 이 위원회는 529년부터 세 차례에 걸쳐 《칙법휘찬》,《학설휘찬》,《법학제요》를 발표했고, 그 후 만들어진 법들은 《신칙법》으로 정리되었다. 이 네 가지 법전을 통틀어 《로마법 대전》 혹은 《유스티니아누스 법전》이라고 한다.

서로마제국이 멸망한 후 오늘날 유럽 지역은 게르만족이 차지했는데 그들은 문자도 사용하지 않는 미개한 민족이었다. 로마의 유산은 중세에 거의 잊히고 희미하게 그림자만 남아 있었다. 12세기에 이르러 법학자 이르네리우스가 볼로냐대학에서 《유스티니아누스 법전》을 편집하여 가르치기 시작했고, 이때 독일, 프랑스를 비롯한 유럽 각지에서 학생들이 몰려와 로마법을 배웠다. 이들이 고향에 돌아가 로마법을 전한 덕분에 근대 유럽의 거의 모든 나라가 로마법에 근간을 두고 법체계를 정비했다.

유스티니아누스가 로마법을 체계적으로 정리해놓은 덕분에 유럽은 로마법을 계승하여 법치의 전통을 확립할 수 있었다. 유스티니아누스가 이룬 이 업적은 당연히 테오도라의 업적이기도 하다. 유스티니아누스가 법전을 정비하던 530년대에 테오도라가 공동 황제로 있었고, 그녀가 유스티니아누스의 입법에 지대한 영향을 끼쳤기 때문이다.

여성과 사회적 약자를 위한 정책

테오도라의 입법 활동 가운데 대표적인 것은 여성 관련 입법이다. 그녀의 영향을 받아 유스티니아누스는 여성과 가족 문제에 깊은 관심을 가지고 많은 법을 만들었다.

먼저 결혼에 관한 주요 입법을 살펴보자. 당시 가장 고귀한 신분이었던 로마의 원로원은 가장 천한 신분으로 여겨졌던 여배우와 결혼하는 것이 금지되어 있었다. 유스티니아누스는 테오도라와 결혼하기 위해 이 법을 철폐한 후 여배우에 대한 여러 법을 만들었다. 새로 제정된 법은 자유인 남자가 노예에서 해방된 여인과 결혼했을 경우, 자유인이 원로원 의원이 되더라도 결혼이 유효하도록 규정했다.[25] 또한 여자가 빚을 졌다고 해도 무대에 서도록 강제하지 못하게 했다. 여배우들은 자신의 선택에 따라 직업을 계속하거나 떠날 수 있게 되었고, 다른 신분의 남자들과 자유롭게 결혼할 수 있게 되었다.[26]

결혼에 있어서는 남자와 여자가 최대한 동등해지도록 배려하는 법이 제정되었다. 먼저 남녀의 신분이 다르다는 이유로 결혼을 못 하게 하는 법을 철폐했고, 결혼은 자유로운 사랑의 결합이므로 여성에게 지참금을 강요하지 못하게 했으며, 지참금을 가져오지 않았다고 해서 이혼하지 못하게 했다.[27] 이혼에 있어서는 남자와 여자가 서로 같은 권리를 갖게 했고, 배우자의 부정에 대해서는 동일한 처벌을 내리도록 했다. 간통으로 이혼을 하게 되는 절차도 바뀌었다. 그전에 남편은 부인이 간통했다고 의심되면 먼저 이혼을 하고 간통 혐의를 입증하는 재판을 할 수 있었다. 유스티니아누스는 남자들이 이 법률을 악용하고 있다고 판단하고, 아내의 간통이 의심된다면 먼저 고발하고 간통이 입증된 후에 비로소 이혼할 수 있게 했다.[28] 당시로서는 혁신적인 입법이 아닐 수 없었다.

유스티니아누스는 성범죄 처벌도 강화했다. 그는 성범죄를 강간, 납치, 유혹으로 나누고 처벌을 이전보다 강화했는데, 특히 여성을 납치하면 신분에 상관없이 사형에 처하도록 했다. 신분과 지위를 이용하여 여성을 성적으로 착취하는 일도 금지했다. 그 결과 여성은 노예라고 하더라도 성관계를 강요받지 않게 되었다.[29] 이렇게 유스티니아누스가 여성의 권리를 강화하자 남성들은 분통을 터뜨렸다.[30] 유스티니아누스가 이런 법을 제정하는 데 테오도라가 크게 영향을 끼쳤음은 확실하다. 유스티니아누스 본인이 이런 법을 만들면서 "하느님이 나에게 주신 가장 경건한 배우자 테오

도라와 상의했다"라고 말했기 때문이다.[31]

　테오도라는 사회적 약자인 고아, 노인, 병자를 돕는 데도 힘썼다. 그녀는 이 사업을 일회적인 자선에 그치지 않고 지속적으로 수행하기 위해 재단을 만들었다. 그녀의 구호 활동은 매우 활발했고, 진심에서 우러나오는 것이어서 많은 사람들의 칭송을 받았다. 그녀를 극히 부정적으로 평가했던 프로코피우스조차 "테오도라는 곤경에 처한 사람들을 돕는 성품을 가지고 있었다"라고 말했다. 한마디로 테오도라는 여성과 사회적 약자에게 '성녀'였다.

성당의 모자이크로 남은 두 사람

　548년 테오도라는 쉰한 살의 나이로 유스티니아누스보다 17년 먼저 죽었다. 그녀가 유스티니아누스와 공동으로 통치한 기간은 약 20년이었다. 테오도라가 죽은 뒤에도 유스티니아누스는 그녀를 기념하고, 그녀의 뜻을 실천하고자 노력했다. 그는 맹세할 때면 '테오도라의 이름'을 걸었고, 중요한 일이 있을 때면 테오도라가 추구했던 이상을 떠올리곤 했다. 559년 유스티니아누스는 훈족에게 거둔 승리를 기념하여 콘스탄티노폴리스에서 거리 행진을 했는데, 그때 테오도라가 묻혀 있는 성 사도 교회를 지나가게 되었다. 유스티니아누스는 행진을 멈추고 교회 안으로 들어가 기도를 드리고, 테오도라의 무덤 앞에서 촛불을 피웠다. 4년 뒤 유스티니아누스는 83세의 나이로 세상을 떠났다.

이탈리아 라벤나에 있는 산비탈레 성당에는 두 사람을 기억하게 해주는 모자이크가 남아 있다. 산비탈레 성당은 어떻게 조성되었을까?

유스티니아누스는 533년부터 서방 원정에 착수하여 북아프리카와 이탈리아, 그리고 이베리아 반도의 일부를 회복했다. 유스티니아누스는 정복지에 도시를 세우거나 건물을 세울 때면 테오도라의 이름을 붙이게 했다. 이 때문에 북아프리카는 물론이고 트라키아, 다뉴브 강변 등에 테오도라의 이름을 딴 도시, 즉 '테오도폴리스Theodopolis'가 수십 개 건설되었다. 그런데 540년에 정복한 라벤나에는 이미 도시가 있었다. 유스티니아누스는 이곳에 새 도시를 건설하지 않는 대신 자신과 아내 테오도라가 이 도시를 정복했음을 기념하는 성당을 지었다. 이 성당은 그녀가 죽기 1년 전인 547년 완공되어 오늘날까지도 원형을 잃지 않고 서 있다.

산비탈레 성당 벽은 비잔티움 양식의 모자이크로 장식되

어 있는데, 성당 안쪽의 모자이크가 가장 유명하다. 바로 유스티니아누스와 테오도라의 모자이크다. 원래 두 모자이크는 예수의 모자이크 양 옆에 배치된 하나의 작품이어서 두 개를 나란히 펼쳐놓고 보아야만 그 의미를 제대로 알 수 있다. 유스티니아누스 머리의 후광은 그가 평범한 인간이 아니라 신의 선택을 받은 특별한 사람임을 의미한다. 그는 양 옆에 장군들과 사제들을 대동하고 있는데, 이는 그가 세속을 통치하는 최고 권력자이면서 동시에 종교를 주관하는 수장임을 의미한다. 특히 그는 미사에 사용하는 빵을 담은 성반을 들고 있다. 이는 그가 그리스도에게 제사 지내는 사제의 역할을 수행하고 있음을 의미한다.

테오도라도 머리에 후광이 있고, 왕관을 쓰고 있다. 이는 그녀가 신성한 존재이며 유스티니아누스와 동급의 권위를 가지고 있음을 상징한다. 그녀는 손에 포도주를 들고 있다. 빵과 포도주는 기독교 미사의 중심 재료다. 예수가 최후의 만찬에서 제자들과 함께 빵을 떼고 포도주를 마시면서, 빵은 자신의 살이고 포도주는 자신의 피라고 가르쳤기 때문이다. 따라서 테오도라가 들고 있는 포도주는 유스티니아누스가 들고 있는 성반 위의 빵과 짝을 이루어야 완벽해진다. 이렇게 두 사람은 지상의 인간을 대표하여 빵과 포도주를 들고 예수에게 미사를 드릴 준비를 하고 있다.

　이 모자이크는 유스티니아누스와 테오도라가 권력의 정상에 있을 때, 그리고 그들이 라벤나를 정복하여 로마제국의 영광을 복원했을 때 제작되었다. 인생의 절정기에 있던 두 사람을 묘사하고 있는 이 모자이크는 예술성과 역사성이 매우 뛰어나다. 이 모자이크는 앞으로도 오랫동안 두 사람의 사랑과 동로마제국의 번영을 증언해줄 것이다.

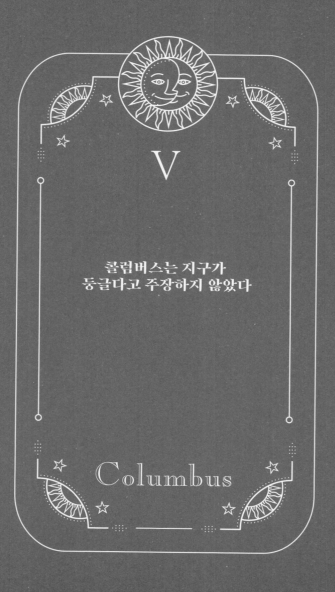

V

콜럼버스는 지구가
둥글다고 주장하지 않았다

Columbus

극적인 삶의 주인공, 콜럼버스

역사상 크리스토퍼 콜럼버스만큼 삶이 극적이었던 사람은 몇 되지 않는다. 콜럼버스는 1451년경 이탈리아 제노바시에서 평범한 직조공의 아들로 태어났다. 어린 시절에는 가난에 찌들어 있었고, 청년 시절에는 탐험과 바다를 좋아해서 지중해, 아프리카, 유럽 일대를 항해했다. 30대 시절에는 대서양을 건너 서쪽으로 갈 수 있다며 사람들을 설득하고 다니다가, 마흔 살에 드디어 자신을 알아주는 사람을 만나 꿈을 이뤘다. 그의 장대한 꿈은 세계 역사를 통째로 바꿔놓았다. 꿈을 이룬 40대 콜럼버스는 부와 명예를 손에 쥐고 세계사를 바꾼 인물로 추앙받았다. 그러나 그의 꿈은 일장춘몽이었다. 그가 발견한 곳은 인도가 아니라 아메리카였고, 황금이 그득한 곳도 아니었다. 이 사실을 알게 된 사람들은 콜럼버스를 경멸했고 그는 끝내 헛된 꿈에서 깨어나지 못한 채 고통 속에서 죽었다.

콜럼버스는 사후 200여 년 만에 명예를 되찾았다. 미국의 지도자들이 이 과업에 앞장섰다. 18세기 이래 미국의 지도자들은 악습으로 물든 구세계(유럽)를 종식시키고 평화와 정의가 넘치는 신세계를 건설하겠다고 선전했다. 콜럼버스는 그들이 건설하고 있는 파라다이스의 상징적 인물로 내세워졌다. 그들은 자신들이 콜럼버스의 후계자임을 알리기 위해 도시·대학·단체에 콜럼버스 이름을 넣었다. 심지어 미국을 상징하는 여신에게도 콜럼비아라는 이름을 붙였다. 그녀는 미국의 국기를 걸치고, 자유를 상징하는 모자를 쓴 모습으로 미국의 정신이나 정책을 선전하는 여러 매체에 등장했다. 이 여신은 1920년대에 자유의 여신상이 새로운 아이콘으로 등장하고 나서야 잘 쓰이지 않게 되었다. 콜럼버스가 미국의 대의를 상징한다는 사실은 '콜럼버스의 날'에서 잘 나타난다. 18세기 말부터 미국인들은 콜럼버스

가 아메리카 대륙에 도착한 10월 12일을 콜럼버스의 날로 기념하고 국가 공휴일로 준수하고 있다.[1]

18세기 이래 미국의 지식인들도 콜럼버스를 우상화하는 작업에 힘을 쏟았다. 그들이 발표한 많은 글을 통해 콜럼버스는 무지와 미신에 사로잡힌 중세를 끝내고, 합리적·과학적 세계관을 통해 근대를 연 인물, 하느님으로부터 세계 도처에 문명을 전파하라는 신성한 사명을 받은 인물로 자리매김했다. 워싱턴 어빙 Washington Irving 을 비롯해 많은 서구인들이 콜럼버스를 신성하고 위대한 인물로 묘사하는 전기를 썼고, 콜럼버스를 기념하고 찬양하는 많은 행사를 개최했다. 1892년, 콜럼버스가 아메리카에 도착한 지 400년 만에 열린 시카고 만국 박람회는 이런 흐름의 정점이었다. 이 박람회의 명칭은 '콜럼버스 세계 박람회'로 정해졌으며, 콜럼버스의 일생을 보여주는 많은 자료가 전시되었고, 그의 업적을 찬양하는 여러 행사가 열렸다.

그러나 콜럼버스의 영광은 20세기 중반에 이르러 다시 흔들리게 된다. 아시아, 아프리카의 많은 나라들이 서구의 제국주의 지배에서 벗어나고, 세계사를 현지 주민들의 눈으로 보게 되면서 콜럼버스에 대한 새로운 시각이 대두되었다. 콜럼버스가 다녀간 후 유럽인의 지배를 받게 된 아메리카의 여러 국가들은 콜럼버스가 압제와 재앙을 가져온 악당이라고 비판했다. 이런 주장에 따르면 콜럼버스의 날은 기념해야 하는 날이 아니라 참회해야 하는 날이다.[2] 아울러 실증적인 연구가 진척되면서 콜럼버스가 주술적이고 미신적인 사고에 집착했으며, 사악하고 잔인한 약탈자였다는 의견이 점차 널리 수용되었다. 이렇게 콜럼버스는 갈수록 나락으로 떨어지고 있다.

미국 주류 사회가 만들어낸 전설적 인물

영화 〈델마와 루이스〉, 〈글래디에이터〉로 유명한 리들리 스콧 감독은 미국의 주류 사회를 대변하는 인물이다. 1992년 그는 〈1492, 콜럼버스〉를 만들었다. 이 영화는 18세기 이후 서구 사회가 만들어온 콜럼버스의 두 가지 허상을 전형적으로 보여준다. 이 영화를 통해 그 허상을 파헤쳐보자.

첫째, 이 영화에서 콜럼버스는 평화와 정의를 사랑하는 '참된 기독교 신자'로 그려졌다. 콜럼버스는 36일간의 항해를 통해 산살바도르 해안 과나하니섬에 도착했다. 그 섬에는 순박하게 살아가는 원주민들이 있었다. 콜럼버스의 부하들은 낯선 사람들과 마주치자 총으로 제압하려 했다. 콜럼버스는 부하들을 제지하고, 평화를 통한 친선 관계를 구축한다. 콜럼버스는 그가 도착한 곳을 에덴동산이라 여겼고, 그곳에 살고 있는 인디언들을 태초의 인간으로 순진무구한 자들이라고 부른다. 그리고 그들을 가족으로 대하고 그들의 신념과 제도를 존중하겠다고 말한다. 부하들에게는 약탈과 강간을 엄하게 처벌하겠다고 경고한다. 콜럼버스의 엄격한 통제 덕분에 콜럼버스와 원주민의 첫 만남은 매우 평화로 웠고, 콜럼버스 일행과 원주민은 진정한 친구가 되었다. 콜럼버스는 항해 결과를 보고하기 위해 에스파냐로 돌아갔고, 다시 돌아오기 위해 39명의 선원을 남겨둔다.

콜럼버스의 평화와 정의에 대한 확고한 신념은 2차 항해에서 더욱 빛을 발한다. 콜럼버스는 새로 발견한 땅에 새로운 낙원을 건설하기로 결심하고 많은 에스파냐 사람들을 데려왔다. 그런데 상륙 첫날부터 문제가 발생했다. 그가 남기고 간 병사들이 모두 살해된 것이다. 콜럼버스의 부하들은 피의 복수를 해야 한다고 주장한다. 귀족 출신 목시카[3]의 선동으로 부하들이 원주민들에게 잔인한 복수를 하려 했지만, 콜럼버스는 부하들을 강력하게 제어한다. 콜럼버스는 "우리는 정착하러 온 것이지 전쟁하러 온 것이 아니다"라고 선언하고 원주민들에게 평화를 제안한다.

콜럼버스는 교회를 세우며 새로운 세계를 건설하기 시작한다. 교회의 종을 설치하는 작업은 매우 힘들었지만 콜럼버스는 종이 기독교 신앙에 근거한 새로운 세계의 상징이라 이 일에 전념했다. 더욱이 이때 콜럼버스는 구세계의 잘못된 제도, 즉 신분제를 없애버리려고 했다. 콜럼버스의 부하들 가운데 귀족 출신은 힘든 일을 하려 들지 않았다. 콜럼버스는 그들의 말을 징발하고, 그들에게 일을 강제함으로써 누구나 평등한 새로운 세상을 건설하려 했다.

새로운 정착촌에서 콜럼버스는 농사를 통해 항구적인 사회를 만들려고 한다. 그러나 목시카를 비롯한 부하들은 황금을 찾는 데 열중한다. 강에서 사금을 채취하고 광산에서 금을 캤는데, 원주민들에게 과중한 노동을 강제했다. 원주민들이 저항하거나 목표를 채우지 못하면 잔인하게 처벌했다. 평화를 강조하는 콜럼버스와 '사악한' 부하들의 관계는 날로 나빠졌다. 부하들은 끝내 반란을 일으켰고, 콜럼버스는 원주민과의 평화가 더욱 중요하다고 생각했기 때문에 반란군을 엄격하게 토벌하고 처벌했다.

콜럼버스의 선하고 정의로운 시도는 부하들의 끊임없는 탐욕에 의해 저지되었다. 이런 상황에서 자연재해가 덮치자 새로운 세계를 건설하려던 콜럼버스의 꿈은 좌절되었다. 그와 부하들의 갈등이 본국에 보고되었고, 콜럼버스는 부하들이 지은 온갖 죄를 뒤집어쓰게 된다. 더욱이 신분을 초월하려고 했던 콜럼버스의 시도가 봉건적인 에스파냐 사회의 저항에 부딪힌다. 결국 콜럼버스는 감옥에 갇히는 신세가 되었다. 불우한 세월이 계속되었지만 콜럼버스는 새로운 항해, 그리고 새로운 세계의 건설에 대한 꿈을 버리지 않고 희망 속에서 삶을 마감한다.

둘째, 이 영화는 "500년 전 에스파냐는 공포와 미신이 지배하는, 인간의 꿈은 말살된 시대였다"라는 자막으로 시작한다. 이는 영웅 콜럼버스가 등장하여 공포와 미신을 극복하고 새로운 사회를 열 것이라는 메시지를 분명하게 드러낸다. 영화의 첫 장면에서 콜럼버스는 해안가에 앉아 어린 아들과 대화를 나눈다. 콜럼버스는 수평선 너머로 배가 일시에 사라지지 않고 점차 가라앉는 것처럼 보이는 이유는 지구가 둥글기 때문이라고 설명한다. 이 장면은 콜럼버스가 과학적이고 이성적인 학습을 통해 지구가 둥글다는 사실을 선각적으로 깨달았음을 암시한다.

콜럼버스가 아들을 데리고 수도원으로 돌아왔을 때 수도원장이[4] 살라망카대학위원회와의 토론이 성사되었다고 전해준다. 두 사람은 살라망카위원회에 가기 위해 예행연습을 한다. 이때 콜럼버스는 지구의를 돌리고,[5] 지도를 펴놓고, 컴퍼스로 유럽에서 아시아까지의 거리가 750해리밖에 되지 않는다고 주장한다. 이 장면은 콜럼버스가 천문학과 지리학의 최신 연구 성과를 제대로 학습했음을 가시적으로 보여준다. 콜럼버스에 반대하는 사람들은 미신과 주술에 사로잡혀 있었다. 그들이 어리석다는 사실은 마녀사냥을 자행하는 장면에서 극적으로 제시된다. 이후에도 콜럼버스는 지적이고 합리적인 사람으로 거듭 제시된다. 그는 살라망카위원회에서 거부당한 후에도 수많은 지도를 보며 연구를 계속하고, 항해 중에는 항해한 거리를 측정하기 위해 사분의 四分儀(지구의 각 지점에서 북극성을 보는 각도가 해당 지점의 위도와 같음을 이용해 위도를 측정하는 기구)를 사용한다.[6]

노예사냥에 나서다

콜럼버스는 역사 연구 대상으로 삼기 좋은 인물이다. 콜럼버스가 작성한 항해 일지의 상당 부분, 그가 쓴 편지들, 그리고 그가 보았던 책들이 풍부하게 남아 있기 때문이다.

콜럼버스가 쓴 기록이 잘 보존된 것은 그의 둘째 아들 덕분이다. 둘째 아들 페르난도는 커서 뛰어난 학자가 되었고, 아버지의 전기 《크리스토퍼 콜럼버스의 인생과 사건들의 이야기》를 썼다. 또한 그는 참고 자료들을 모아 '콜럼버스 자료'를 남겼고, 이 자료는 나중에 콜럼버스 기념 도서관에 소장되었다.

페르난도가 쓴 전기는 아무래도 콜럼버스를 우호적으로 묘사하고 있어서 상당히 편파적이다. 이 편파성을 극복할 수 있게 해주는 자료들이 있다. 콜럼버스의 친구 아들이었던 라스 카사스가 콜럼버스의 활동을 전하는 《인도 나라들의 역사》를 썼다. 라스 카사스는 1510년부터 아메리카에서 사제로 활동하며 원주민을 동료 인간으로 규정하고, 에스파냐 사람들의 잔인한 활동에 저항했던 인물이다. 그는 콜럼버스에 대해 어떤 측면에서는 객관적이고, 어떤 측면에서는 부정적인 많은 자료를 남겼다. 에스파냐 왕실의 명령을 받고 콜럼버스의 행적을 조사했던 관리들의 조사 보고서도 남아 있다.

이런 자료들을 참조하면 콜럼버스의 참모습을 알 수 있다. 콜럼버스는 10월 12일 바하마제도의 한 섬에 도착한 후 그곳을 산살바도르(거룩한 구세주)라고 이름 지었다. 콜럼버스 일행은 섬을 돌아보고 나서 크게 실망했다. 콜럼버스가 찾는 금과 향신료가 없었기 때문이다. 이틀이 지난 후 콜럼버스는 산살바도르에서 내다 팔 거라곤 사람뿐임을 깨닫는다. 그들이 만난 원주민은 거의 발가벗고 살았고 생선 이빨로 창을 만들어 사용할 만큼 문명 수준이 낮았다. 콜럼버스는 이들을 제압하여 하인이나 노예로 삼는 일이 매우 수월함을 깨닫고, 10월 14일 "두 분 폐하의 명령만 있으면 언제든지 이곳 원주민들을 모두 에스파냐로 보낼 수도 있고, 이 섬에서 그냥 포로로 삼을 수도 있습니다. 50명만 동원하면 그들 모두를 복종시킬 수 있고, 또 뭐든 우리가 원하는 대로 행동하게 할 수 있습니다"라고 썼다.[7] 이 말에는 원주민을 공존해야 할 인간으로 보는 시각이 전혀 없다.

한 달이 지났지만 콜럼버스는 경제적인 면에서 별 성과를 거두지 못했다. 그때부터 콜럼버스는 인간 사냥에 본격적으로 나선다. 콜럼버스는 11월 12일 일지에 이렇게 적었다. "어제 여섯 명이 탄 카누가 우리 배 옆을 지나다가 다섯 명이 배에 올라왔다. 나는 그들을 나포하라고 명령했다. 그리고 강 서쪽에 있는 집에 사람을 보냈는데, 그는 (늙은 것이든 젊은 것이든) 일곱 마리의 여자와 아이 셋을 데려왔다. 여자가 있어야 남자도 더 잘 산다."[8] 이 기록에서 콜럼버스는 원주민 남자들을 잡아다가 노예로 부리고 있으며, 그들을 좀 더 잘 다루려면 여자가 필요하다고 말하고 있다. 그런데 이때 여자들을 동물을 세는 단위인 '마리'로 세고 있다. 그에게 원주민은 인간이 아니라 동물인 셈이다.

콜럼버스는 1493년 1월 16일 에스파냐로 귀환하는 항해를 시작하여 2월 18일 유럽 땅으로 귀환했다. 폭풍우로 항로를 제대로 찾지 못해서 일단 그들은 포르투갈령 아조레스섬에 당도했다. 한 달이 지난 3월 15일에야 콜럼버스 일행은 에스파냐에 이르렀고, 아메리카에서 잡아 온 인디언 일곱 명을 사람들에게 보여주었다. 이때 콜럼버스가 본격적으로 노예무역을 구상했던 것 같지는 않다. 1차 항해 때 콜럼버스는 아시아로 가는 항로를 발견하는 것을 목표로 했고, 항로를 발견한 데 만족했다. 그는 아시아에 가기만 하면 황금과 향신료를 무한정 구할 수 있을 거라고 생각했지만, 그가 도착한 곳에는 가난한 인디언들이 살고 있었다. 이 사태를 어떻게 해결할 것인가?

콜럼버스는 1차 항해 때보다 더 많은 인원과 병력을 데리고 다시 아메리카로 가서 아직 발견하지 못했던 본토를 찾아 문제를 해결하려 했다. 그리하여 2차 항해가 준비되었다. 2차 항해 선단은 1493년 9월 25일에 출발했는데, 1차 항해 때보다 엄청나게 규모가 컸다. 1차 항해 때 세 척의 배에 선원 90명이었는데, 2차 항해 때는 열일곱 척의 배에 선원 1500명이었다. 콜럼버스 일행은 그해 11월 3일에 아메리카에 도착했다.

1차 항해 때는 소규모 병력으로 미지의 땅에서 활동하느라 콜럼버스 일행은 가급적 우호적인 인디언들을 확보하기 위해 노력했고, 우호적인 부족과는 원만한 관계를 맺었다. 2차 항해 때 콜럼버스 일행의 태도는 완전히 달랐다. 그들은 많은 병력과 뛰어난 무기가 있었기 때문에 오만에 빠져 있었다. 그들은 대부분의 원주민을 노예로 삼았고, 원주민이 조금이라도 적대감을 드러내면 가혹하게 다루었다. 콜럼버스 일행은 살인, 강도, 강간을 일삼는 폭군이었다. 콜럼버스는 2차 시기에 대해 기록을 남기지 않았고, 그의 친구 쿠네오와 의사였던 창카가 남긴 여행기를 통해 상황을 알 수 있다. 쿠네오는 도착 직후 카리브인을 포로로 잡았고, 그 가운데 한 여성을 자신이 강간했음을 이렇게 묘사했다.

나는 배 안에서 탐스럽게 생긴 식인종 여성에 손을 댔다. 제독(콜럼버스)이 그녀를 나에게 허락해준 것이다. 내 방에 함께 있을 때 그녀는 그들 관습대로 발가벗고 있었다. 나

는 그녀를 희롱하고 싶은 생각이 간절했다. 내가 욕심을
채우려고 시도했지만 그녀가 손톱으로 어찌나 할퀴어댔던
지 나는 시작도 할 수 없었다. 사실을 말하자면 나는 로프
를 가져다가 무지막지하게 때렸는데 그러자 그녀는 믿을
수 없을 정도로 큰 소리를 질렀다.[9]

콜럼버스의 친구 쿠네오는 이 진술에서 제독, 즉 콜럼버
스가 인디언 여인을 자신에게 주었으며, 자신이 그녀를 심
하게 때려 강간했다고 쓰고 있다. 물론 그 여인이 요란하게
소리를 지르면서 저항했지만 아무도 쿠네오를 말리지 않았
다. 이는 콜럼버스의 부하들 사이에서 강간이 일상적이었음
을 말해준다.

콜럼버스는 강간을 말리지 않았을 뿐 아니라 원주민을
잔인하게 처벌하곤 했다. 한번은 인디언들이 콜럼버스 일행
을 도와주고는 떠날 때 부하들의 옷을 가지고 가버렸다. 콜
럼버스는 '절도범'이 소속된 부족의 추장, 추장의 동생과 조
카, 그리고 일꾼들을 붙잡아 온 후 그들의 귀를 자르고, 광
장 한가운데서 처형하려 했다. 이웃한 곳에 살고 있던 여러
추장들이 와서 눈물로 호소한 후에야 콜럼버스는 화를 삭
이고 그들을 풀어주었다.

콜럼버스는 대규모 병력을 데려와 여러 섬을 샅샅이 뒤지고 다녔지만 원하는 만큼 금과 향신료를 찾을 수 없었다. 콜럼버스는 시간이 갈수록 마음이 급해졌고, 어떻게든 새로 발견한 땅이 경제적으로 가치가 있다는 것을 보여주고 싶었다. 이때 콜럼버스는 적극적으로 노예무역을 구상한다. 그는 에스파냐 왕실에 보낸 편지에서 이렇게 말했다. "이 야만적인 식인종들은 몸도 좋고 머리도 좋습니다. 우리는 그들이 비인간적인 성질을 버리면 다른 어느 노예보다 더 나을 것이며, 또 그들이 자신의 땅에서 벗어나면 즉각 그런 성질을 포기할 것으로 믿습니다."[10]

콜럼버스는 원주민을 노예로 삼겠다는 계획을 적극 수행했다. 그는 닥치는 대로 원주민을 잡아들였는데, 어찌나 많았는지 에스파냐로 다 수송할 수가 없을 지경이었다. 쿠네오는 1495년 2월 에스파냐로 배를 한 척 보내기로 했는데, 이때 에스파냐로 보내기 위해 인디언을 1600명이나 잡아들였고, 배에 다 실을 수 없어서 550명만 태웠다고 말했다. 이렇게 콜럼버스 일행은 살인, 강간, 납치를 자행하면서 아메리카 원주민을 학대했다. 그들의 학대가 얼마나 심했던지, 콜럼버스가 히스파니올라섬(서인도제도에서 두 번째로 큰 섬으로 콜럼버스가 2차 항해 때 건설한 정착지가 있는 섬)에 도착한 지

4년 만에 인구의 3분의 1에 해당하는 10만 명이 살해되거나 포획되었다.

라스 카사스 신부는 콜럼버스와 그의 후임자들이 히스파니올라에서 저질렀던 만행에 대해 이렇게 기록했다.

> 그들은 사람들 사이로 뚫고 들어가 어린이건 노인이건 임산부건 가리지 않고 몸을 찢었으며 칼로 베어 조각냈다. 울타리 안에 가둔 한 떼의 양을 습격하는 것과 다를 바 없었다. 그들은 끼리끼리 그들 가운데 누가 단칼에 한 인간을 두 동강 낼 수 있는지, 창으로 머리를 빠갤 수 있는지 혹은 내장을 몸에서 꺼낼 수 있는지 내기를 걸었다. 그들은 갓난아기들의 발을 잡고 엄마의 젖가슴에서 떼어내 머리를 바위에다 패대기쳤다.[11]

콜럼버스를 옹호하는 사람들은 이런 만행은 콜럼버스가 주도한 게 아니라고 주장한다. 콜럼버스가 원주민을 우호적으로 대했으며 오히려 포악한 동료들이 원주민을 학대할 때 원주민을 옹호했다는 것이다. 그들의 주장대로 콜럼버스가 그의 원정대에서 가장 잔인했던 것은 아니며 때때로 원주민을 보호하기도 했다. 그러나 콜럼버스가 그렇게 현명하게 행동하는 경우는 많지 않았고, 그 자신이 인디언 사냥에 참가했음이 명확하다. 그는 매년 노예 4000명과 목재 200톤을 에스파냐로 보내면 얼마나 이득이 남을지 계산했고 실제로 수천 명의 인디언을 죽이거나 노예로 팔았다.

콜럼버스의 악행이 본국에 보고되자 왕실은 후안 아과도Juan Aguado를 조사관으로 파견했다. 영화에서와 달리 그는 단지 조사관이라 콜럼버스를 파면하지는 않았다. 그러나 아과도의 조사 활동이 불안했던 콜럼버스는 에스파냐로 가서 상황을 직접 설명하기 위해 귀국 길에 올랐다.[12]

콜럼버스는 동생 바르톨로메오를 책임자로 임명하고 떠났는데, 바르톨로메오는 악행을 멈추지 않았다. 그의 악행이 날로 심해지자 반기를 든 부하들마저 생겨났다. 영화에서는 부하들이 악행을 일삼고 콜럼버스가 그들을 제어하지만, 실제로는 반대였다. 프란시스코 롤단Francisco Roldán은 콜럼버스 동생의 악행을 더는 묵과할 수 없다고 생각한 병사들과 인디언들을 규합하여 반란을 일으켰다.[13] 이러한 반란은 콜럼버스가 3차 항해를 통해 아메리카로 돌아오는 2년 6개월 뒤까지 지속되었다.

영화와 달리 콜럼버스는 2차 항해를 마치고 귀국했을 때 감옥에 갇히지 않았다. 그러나 2차 항해를 통해 수익성을 확보하지 못했을 뿐 아니라 식민지에서 온갖 악행을 저질렀다는 사실이 알려지는 바람에 콜럼버스의 명성에 크게 금이 갔다. 콜럼버스는 2년간의 노력 끝에 왕실의 추가 지원을 어렵게 받아냈다.

그는 1498년 5월 3일 3차 항해를 시작했고, 그해 7월 31일 아메리카 식민지에 도착했다. 3차 항해 이후의 상황은 거의 아무런 변화가 없었다. 콜럼버스는 금을 찾으려 고군분투했지만 성과를 거두지 못했고, 반란자들을 제대로 제압하지도 못했다. 콜럼버스는 그들에게 독자적으로 공동체를 만들어 살면서 원주민을 부릴 수 있도록 허락했다. 이때 여러 에스파냐 귀족들이 독자적으로 마을을 지배하게 되었는데, 그들은 원주민을 노예를 넘어 짐승처럼 다루었다. 콜럼버스는 극에 달한 잔인무도함을 제어할 수 없었다. 그는 본국에 조사관을 파견해달라고 요청했다. 왕실은 콜럼버스가 식민지를 통치할 능력이 전혀 없을 뿐 아니라 그 자신도 식민지인을 가혹하게 착취하고 있다는 사실을 간파하고, 보바디야Francisco de Bobadilla를 새로운 지사로 파견했다. 1500년 8월 23일 산토도밍고에 도착한 보바디야는 콜럼버스를 체포해 본국으로 송환했다.[14]

1500년 10월 콜럼버스는 쇠사슬에 묶인 채 에스파냐로 끌려온 후 투옥되었다. 콜럼버스는 부지런히 구명 운동을 한 끝에 6주 만에 무죄로 풀려났지만 '찬밥' 신세가 되었다. 식민지 제독이라는 칭호는 물론 식민지에 대한 권리를 대부분 박탈당했다. 그럼에도 콜럼버스는 새로운 항해를 통해 전세를 역전시킬 수 있다는 희망을 포기하지 않았다. 그는 왕실을 설득하여 다시 지원을 받아냈지만, 고작 네 척의 배에 135명의 선원을 얻었을 뿐이다. 그는 1502년 5월 에스파냐를 출발하여 4년이나 남아메리카 일대를 탐험하고 1504년 11월 에스파냐로 돌아왔다. 귀국 후 가난뱅이로 고독하게 살지는 않았지만, 영광을 잃어버린 노인의 말년은 고통 그 자체였다. 그는 자신의 업적을 모두 강탈당했다는 울분을 느끼며 2년을 살다가 1506년에 생을 마쳤다.

지구 구형설 논쟁의 진실

콜럼버스와 성직자들이 지구가 둥근지 평평한지를 놓고 싸웠다는 전설은 어떻게 만들어졌을까?

우선 콜럼버스 당대에 그의 지지자들이 사실을 왜곡하여 기록했다. 페르난도는 아버지를 노력을 아끼지 않은 영웅으로 묘사하면서 여러 가지 이야기를 꾸며냈다. 예를 들어 그는 콜럼버스의 첫 항해 때 선원들이 기나긴 항해에 지쳐 반란을 일으키려 했다고 묘사했지만, 콜럼버스가 남긴 항해 일지에는 "더는 견디지 못한 선원들이 마침내 장기간의 항해에 대해 불평을 늘어놓기 시작했다"라고만 적혀 있다. 만약 선원들이 반란을 일으켰다면 항해 일지에 좀 더 자세하게 기록되었을 것이다. 선상 반란이 일어났다고 주장하는 사람들은 콜럼버스의 항해가 70일간 계속되었다고 묘사하지만, 사실 항해 기간은 36일밖에 되지 않았다. 콜럼버스는 1492년 8월 3일 에스파냐의 팔로스 항에서 출범하여 먼저 카나리아제도(아프리카 북서부에 있는 에스파냐령 화산 제도)로 갔다. 콜럼버스는 카나리아제도에서 4주간 머무르며 배를 수리하고 보급품을 보충했다. 9월 6일 대서양으로 나가 10월 12일 아메리카에 도착했다. 따라서 총 항해 기간은 36일이지만, 3일간은 그들이 알고 있던 육지를 보고 항해했으므로 선원들이 미지의 영역을 항해한 기간은 33일밖에 안 된다. 물론 이 33일도 긴 기간이었지만 애초 콜럼버스가 세운 항해 계획, 즉 6~7주 내에 있었다.

'지구의 모양'에 대한 논쟁은 아마 라스 카사스의 기록에서 비롯되었을 것이다. 라스 카사스는 콜럼버스가 살라망카위원회에서 무지하고 고루한 지식인 및 성직자 들에 맞서 길고 고통스러운 투쟁을 했다고 묘사했다. 그러나 라스 카사스의 글에서 콜럼버스가 지구의 모양을 놓고 논쟁했다는 이야기는 나오지 않는다. 콜럼버스가 지구의 모양에 대해 논쟁했다는 이야기는 1828년 미국인 소설가 워싱턴 어빙이 《크리스토퍼 콜럼버스의 생애와 항해》를 출간하면서부터 시작된다.[15] 어빙은 이 책에서 콜럼버스가 당시 보편적으로 인정되고 있던 지구가 평평하다는 잘못된 생각에 맞서 싸웠다고 적었다. 그에 따르면 1486년 살라망카에서 모인 위원회는 성경의 구절들을 제시하면서 지구가 구형이 아니라 육면체라고 주장했다. 어빙은 살라망카위원회가 제시했던 근거들을 자세하게 소개했는데 그 근거는 일부 편협한 중세인들의 세계관에 기초한 것이었다.

성경을 근거로 지구가 평평하다고 주장하기 시작한 사람은 4세기 신학자 락탄티우스Lactantius였다. 락탄티우스는 콘스탄티누스 대제의 가정교사였고 학식이 깊어 '기독교의 키케로'라는 별명을 얻은 사람이다. 그는 지구가 둥글다는 생각을 다음과 같이 비난했다.

사람들의 발이 그들의 머리보다 크고, 물건들이 아래쪽으로 걸려 있고, 나무들이 거꾸로 자라고, 비가 위쪽으로 내릴 수 있다는 것을 정말로 믿을 만큼 어리석은 사람들이 있을까? 만일 우리가 대척점~antipodes~에 거꾸로 매달린 세계가 있다고 믿는다면, 바빌론에도 거꾸로 매달린 놀라운 정원이 있다고 믿어야 할 것이 아닌가?[16]

　신학자 락탄티우스는 아마 하늘이 장막~tent~처럼 펼쳐져 있다는 〈시편〉의 말을[17] 그대로 믿었을 테고, 지구가 둥글다면 자기가 사는 곳의 반대쪽, 즉 대척점에는 거꾸로 매달린 사람들이 있을 거라고 추론했다. 그리고 거꾸로 매달린 사람들은 밑으로 떨어져버리기 때문에 살 수 없으므로 그런 사람은 존재하지 않으며 지구는 둥글 수 없다고 믿었다. 이후 기독교의 위대한 지도자 성 아우구스티누스, 크리소스토무스 등이 대척점의 존재를 부정했고 지구가 둥글지 않다고 가르쳤다. 성 아우구스티누스는 대척점이 있고 그곳에 사람이 살고 있다는 생각은 모든 사람이 아담의 후손이라는 성경 말씀에 정면으로 도전하는 것이라고 주장했다. 이후 중세 중반기까지 다수의 성직자들이 지구가 평평하다고 믿었고 신자들에게 그렇게 가르쳤다.

　어빙은 살라망카위원회도 지구가 평평하다고 믿었기에

콜럼버스를 억압했고, 콜럼버스가 그 생각에 맞서 싸웠다고 주장했다. 놀랍게도 이 주장은 객관적인 진리를 추구하는 과학자들에 의해 확대되었다. 1859년 다윈이 《종의 기원》을 발표한 이래 서구 사회는 진화론 논쟁에 빠져들었다. 미국에서도 진화론을 지지하는 과학자들과 창조론을 고수하려는 성직자들 사이에 치열한 논쟁이 벌어졌다. 과학자들은 교회가 무지한 집단임을 강조하기 위해 그 사례들을 만들어냈는데 이때 콜럼버스의 이야기가 단골 메뉴로 등장했다. 뉴욕대학의 드레이퍼Draper 교수는 1876년에 발표한 《종교와 과학의 대립사》에서 "콜럼버스처럼 지적인 항해자들은 지구가 둥글다는 사실을 믿었지만 신학자들은 반대했다"고 썼다. 코넬대학의 화이트 교수는 1896년에 발표한 《기독교 세계에서 과학과 신학의 전쟁사》에서 "에스파냐의 수많은 현인들이 성경과 아우구스티누스의 말씀을 인용하면서 콜럼버스와 맞섰고, 콜럼버스의 항해로 지구가 둥글다는 이론이 입증되었음에도 교회는 잘못을 인정하려 하지 않았다"라고 썼다.

과학자들이 어빙의 주장을 확대 재생산했던 것은 다윈의 주장을 선전하고, 진화론에 반대하는 성직자들을 비판하기 위해서였다. 그들은 "다윈의 주장에 반대하는 성직자들은 지구가 둥글다는 콜럼버스의 주장에 반대했던 성직자들만큼이나 어리석다"라고 말하면서 살라망카위원회가 성경을 맹목적으로 믿고 지구가 둥글지 않다는 어리석은 생각을 가지고 있었다고 비난했다.[18]

지구가 둥글다는 생각은 오래전부터 있었다

자기가 살고 있는 세상을 이해하고 설명하려는 욕구는 누구나 갖고 있다. 일찍부터 사람들은 지구가 어떻게 생겼는지 고민하면서 다양한 설명을 내놓았다. 《일리아스》의 저자 호메로스는 지구는 오케아누스강으로 둘러싸인 원반이라고 생각했고, 역사의 아버지 헤로도토스는 지구는 거대한 사막으로 에워싸여 있다고 생각했다. 비극 작가 아이스킬로스는 지구는 아담한 평행사변형이라고 생각했고, 고대 페루인들은 한쪽에 융기된 지붕을 가진 상자 모양이라고 생각했다.

가장 흥미로운 것은 지구가 알이라는 생각이다. 고대 이집트인들은 달은 알을 품은 거위처럼 거대한 새이고, 지구는 달이 보호하고 있는 한 개의 알이라고 생각했다. 이 생각은 기독교 세계에서도 계속 이어졌다. 예컨대 1~2세기 기독교의 한 분파인 영지주자들은 하늘과 땅과 우주를 자궁 안에 있는 세계의 알로 보았다. 7세기 성인 베데(673~735)는 이 생각을 다음과 같이 구체화했다.

> 알의 중앙에 노른자위가 있는 것처럼 지구는 우주의 중앙에 있는 원소이다. 지구의 주위에는 물이 있는데 그것은 마치 알의 노른자위를 둘러싸고 있는 흰자위와 같다. 지구의 외부에는 공기가 있는데 그것은 알의 박막과 같다. 이 모든 것들의 주위는 불인데, 그 불은 마치 조가비가 입을 다물듯이 안쪽으로 오므라들고 있다.[19]

여기서 발전한 지구가 둥글다는 생각은 기원전 5세기에 그리스에서 확고하게 기반을 다졌다. 피타고라스와 플라톤은 둥근 것이 가장 완벽한 형태이므로 지구가 둥글다고 생각했다. 아리스토텔레스는 낙하하는 물체가 중심으로 향하는 것을 관찰하고 지구의 분자들도 사방에서 모여들어 지구를 구체로 만들었다고 생각했다. 또한 그는 간단한 천문학 지식으로 지구가 둥글다는 사실을 입증했다. 지구의 그림자가 달을 가리는 월식 때 달의 가려진 부분은 항상 둥근

데 이는 지구가 둥글다는 증거라는 것이었다.

이후 그리스의 많은 지식인들이 지구가 둥글다고 생각했다. 기원전 3세기 알렉산드리아의 천문학자 에라토스테네스(기원전 276년경~기원전 195년경)는 지구의 둘레를 계산해냈다. 그는 6월 21일 정오에 시에네(오늘날 아스완)에서 태양이 샘에 그림자를 던지지 않고 곧바로 머리 위에 떠 있다는 이야기를 듣고, 자기가 살고 있는 알렉산드리아에서 그날 정오에 태양이 몇 도로 떠 있는지를 측정했다. 그는 오벨리스크의 그림자를 이용해 태양이 7도 14분의 각도로 떠 있다는 계산을 얻어냈다. 현대의 측정으로도 7도 14분이니 오벨리스크의 계산은 정확했다. 지구가 둥글고 시에네와 알렉산드리아에 떠 있는 태양의 각도가 7도 14분의 차이를 보인다면 시에네에서 알렉산드리아의 거리는 지구 둘레의 50분의 1이 된다. 7도 14분이 360도의 50분의 1이기 때문이다. 이후 에라토스테네스는 시에네와 알렉산드리아의 거리가 5000스타디아(그리스의 거리 단위)라고 추산하여 지구의 원둘레가 2만 8700마일이라고 주장했다. 그의 주장은 현대의 측정보다 약 15퍼센트 큰데, 이는 그가 시에네와 알렉산드리아의 거리를 정확하게 측정하지 못했기 때문이다.

이후에도 그리스 세계에서 지식인이라 할 만한 사람이라

면 거의 대부분 지구가 둥글다는 사실을 의심하지 않았다. 학자에 따라 지구의 원둘레에 대한 생각이 달랐을 뿐이다. 이집트의 위대한 천문학자 프톨레마이오스는 지구의 원둘레가 1만 8000마일이라고 생각했다. 프톨레마이오스는 특히 구체인 지구를 평면에 투영해서 그리는 기법, 즉 지도 제작 기법을 발달시켰다. 그는 히파르코스(기원전 190년경~기원전 127년경)가 고안했던 경선과 위선을 체계화했는데 원과 구를 360도로 나누고, 도를 분으로, 또 분을 초로 나누었다. 그런데 프톨레마이오스는 부정확한 당시의 지리적 지식 때문에 몇 가지 오류를 범했다. 그에 따르면 아시아가 동경 180도(실제로는 130도)에 있고 적도는 현재보다 좀 더 북쪽이다. 이 오류는 유럽인이 서쪽으로 가면 쉽게 아시아에 갈 수 있다는 환상을 만들어냈다. 콜럼버스도 그 환상을 가진 사람 중 하나였다.

중세의 암흑 이후 부활한 프톨레마이오스

유럽의 학문은 4세기 이후 기독교가 위세를 떨치면서 크게 퇴보했다. 이러한 퇴보는 지리학 분야에서 두드러졌다.

지리학은 중세 대학에서 정식 교과에 들지 못했다. 락탄티우스, 아우구스티누스 이래 중세 신학자들은 성경을 문자적으로 해석하면서 지구가 장방형이라고 믿었다. 중세 지리학자들은 지구가 둥근 접시 모양이라고 생각하면서 예루살렘을 세계의 중심에 두었다. 그리고 세계의 사방 끝에 인간이 알 수 없는 지역들이 있다고 생각했다. 예컨대 지구 동쪽 끝에 에덴동산이 있고 최북단에는 사탄이 통치하는 곡과 마곡 Gog and Magog이 있다고 믿었다.

그러나 지구 구형설을 설명한 아리스토텔레스의 책 대부분이 12세기 이후 유럽에 소개되었다. 중세 유럽 지식인들은 아리스토텔레스를 신처럼 떠받들었기에 그가 제시한 지구 구형설을 대개 알고 있었다. 이 시기에는 이슬람과의 교류도 이루어져 그들이 천체를 관측하던 기구인 아스트롤라베가 서양에 소개되었다. 이슬람 학자들도 일찍부터 지구 구형설을 믿고 있었다. 따라서 12세기 이후 중세 유럽 지식인들은 대부분 지구 구형설을 믿었음에 틀림없다.

14세기 이후에는 두 가지 사건이 지구 구형설을 보편화하는 데 크게 기여했다. 하나는 포르투갈의 아프리카 탐험을 비롯한 탐험의 증대였고 다른 하나는 프톨레마이오스 저작의 복원이었다. 포르투갈 선원들은 적도를 넘어 아프리카 남단으로 진출함으로써 적도 너머에 인간이 없다는 신학자들의 주장을 깨뜨렸고 예루살렘이 세계의 중심이라는 생각도 무너뜨렸다. 이렇게 중세의 지구관이 틀렸다는 생각이 커지는 가운데 콘스탄티노폴리스에서 프톨레마이오스의 지도가 유럽으로 들어왔다. 프톨레마이오스의 저작은 13세기에 유럽에 유입되었지만 그리스어로 되어 있어서 처음에는 사람들의 관심을 끌지 못했다. 그의 저작은 1409년 라틴어로 번역되면서부터 선풍적인 인기를 끌었고, 지구에 대한 '성경'으로 간주되기에 이르렀다.

15세기 중엽 유럽 사람들은 프톨레마이오스가 범했던 오류들을 수정하기 시작했다. 가장 문제가 되었던 것이 남아프리카와 북아시아가 연결되어 있다는 생각이었다. 프톨레마이오스는 그리스인들의 관념에 따라 세계는 대양oceanus으로 둘러싸여 있고 미지의 대륙인 남아프리카가 북아시아 대륙에 이어져 있다고 서술했다. 그러나 베네치아 사람들을 비롯한 향료 무역 종사자들은 아라비아, 인도를 수차례 여행하면서 아프리카 남단이 바다라는 이야기를 들었고, 아프리카를 돌아 바닷길로 인도로 갈 수 있다는 사실을 깨달았던 것 같다. 포르투갈 사람들이 1488년 희망봉을 발견하기 전에 수도사 마우로Fra Mauro가 그 가능성을 생각했기 때문이다. 마우로는 1459년에 지구의 구체를 평면에 투영해서 만든 지도에서 아프리카가 아시아와 떨어져 있는 독립된 대륙이라고 제시했다. 이렇게 탐험과 관측이 발달하면서 지구가 둥글다는 생각은 이미 보편화되어 있었다.

당시 지리학 지식으로는 지구가 둥글다면 서쪽으로 항해해서 중국이나 인도에 쉽게 갈 수 있다는 생각이 당연히 나올 수 있었다. 프톨레마이오스가 적도를 실제보다 위에 잡은 데다가 유럽과 아시아의 거리가 가깝다고 주장했기 때문이다. 포르투갈의 아폰수 5세는 그 가능성을 토스카넬리 (1397~1482)에게 정식으로 문의했다. 토스카넬리는 1474년 6월 25일 왕에게 보낸 편지에서 마르코 폴로의 동양에 대한 진술을 언급하면서 서쪽으로 항해한다면 어렵지 않게 아시아로 갈 수 있다고 주장했다. 1485년 아폰수 5세의 후계자 주앙 2세는 그 생각이 타당한지를 시험해보기 위해 페르낭 둘무와 주앙 이스트레이투로 하여금 대서양을 서진하여 유럽과 아시아 사이에 있는 섬으로 여겨지던 안틸리아 Antillia섬을 찾아보라고 명령했다. 이 원정대는 1487년에 출항했지만 돌아오지 않았다.

콜럼버스와 살라망카위원회의 토론

1481년 서른 살이던 콜럼버스는 토스카넬리가 대서양 횡단이 가능하다는 견해를 밝혔다는 소식을 듣고 그에게 편지를 보내 자세한 정보를 알려달라고 부탁했다. 토스카넬리는 친절하게도 격려의 편지와 함께 해도를 보내주었다. 이에 앞서 1470년대에 콜럼버스는 포르투갈의 포르토 산토섬과 마데이라섬 주민들로부터 이상한 통나무배가 떠 내려왔는데 그 배에 유럽인과는 모습이 전혀 다른 두 구의 시체가 있었다는 이야기를 들은 적이 있었다. 아마 콜럼버스는 이때 이상한 시체가 대서양을 건너 아시아에서 왔다고 생각했던 것 같다. 이후 콜럼버스는 대서양 횡단이 가능함을 확신하고 항해와 해도, 천문학에 관한 정보를 모았다.

그는 수천 권의 책을 통해 유럽과 아시아의 거리가 매우 짧다는 확신을 얻었다. 그가 읽은 책 가운데 성경과 프랑스 주교 피에르 다이이가 쓴 《세계의 모습Ymago Mundi》(1483)이 중요하다. 《세계의 모습》은 지구가 구형이며 인도와 유럽이 매우 가깝다고 주장했는데 이를 보고 콜럼버스는 순풍이 불면 불과 6~7주 만에 아시아까지 갈 수 있다고 생각했다.

그는 〈에스라 2서〉 6장 42절에 있는 "다섯째 날에 당신은 물들이 모여 있는 일곱째 부분을 명하여 산짐승, 날짐승 그리고 물고기를 내라고 하시자 그대로 되었다"는 구절이 지구의 7분의 6이 육지라는 것을 의미한다고 해석했다. 이런 생각을 가진 콜럼버스는 "에스파냐의 가장 바깥쪽 해안으로부터 인도의 해안까지 얼마나 먼가? 순풍이면 불과 며칠 간의 항해 거리밖에 안 된다"라고 한 로마 철학자 세네카의 말을 좋아했다.

확신에 찬 콜럼버스는 주앙 2세에게 대서양을 건너 인도로 가겠다고 정식으로 제안했다. 주앙 2세는 허풍이 심한 콜럼버스를 좋아하지는 않았지만 이미 많은 사람들이 그 가능성을 타진하고 있었기 때문에 한 명의 성직자와 두 명의 유대인 의사로 구성된 위원회를 결성하여 콜럼버스의 제안을 검토하도록 했다. 이 위원회는 '수학자위원회'라고 불렸다. 당시 교육받은 유럽인들이라면 지구가 둥글다는 사실을 의심하는 사람은 없었으므로 토론의 핵심은 과연 인도까지의 거리가 얼마나 되는가였다. 콜럼버스는 카나리아 제도에서 일본까지 서진하면 4000킬로미터밖에 되지 않는다고 주장했다. 그러나 이 위원회는 콜럼버스가 아시아까지의 거리를 너무 과소평가했다고 주장하면서 콜럼버스의 제안을 거부했다.

사실 콜럼버스의 계산이 틀렸다. 콜럼버스는 토스카넬리를 신봉하면서 유라시아 대륙이 거대하므로 유럽 대륙의 서쪽 끝과 일본 사이는 60~70경도밖에 안 된다고 주장했다. 그리고 1경도 사이의 거리를 축소했다. 당시 아랍 천문학자 알 아프가니가 1경도의 거리가 66해리라고 계산한 것이 널리 알려져 있었다. 콜럼버스는 이 아랍 학자가 아랍 마일로 계산했던 것을 로마식 마일로 읽었고 그 결과 1경도 사이의 거리가 더 짧아졌다. 콜럼버스는 이렇게 숫자들을 마음대로 바꾸고 여러 학자의 주장을 편의대로 해석했다. 당대의 뛰어난 학자들이었던 위원회 위원들은 서쪽으로 항해하면 중국에 도달할 수는 있지만 그 항해는 수개월이 걸릴 거라고 대답했다.[20] 이 결론에 따라 주앙 2세는 콜럼버스 후원을 포기하고, 대신 대서양에 있다고 생각되던 섬인 안틸리아에 탐험대를 보내는 데 만족했다.

　포르투갈 왕의 후원을 얻는 데 실패한 콜럼버스는 에스파냐로 건너갔다. 에스파냐에서 콜럼버스는 몇 명의 후원자를 만났다. 라 라비다 수도원의 원장 후안 페레스는 대서양을 건널 수 있다는 콜럼버스의 생각이 옳다고 생각하고, 학식 있는 사제 안토니오 데 마르체나를 소개해주었다. 두 사제는 힘을 합해 콜럼버스를 에스파냐의 귀족과 왕실에 소개해주었다. 이들의 소개를 받은 귀족들 중에서 몇몇은 콜럼버스의 제안에 관심을 기울였고 메디나셀리의 백작은 1485년 몇 개월간 콜럼버스를 자기 집에 머물게 하면서 배와 항해에 필요한 경비를 제공하려고 했다. 그러나 백작은 신항로의 발견이 너무나 큰 일이므로 왕실의 허가가 필요하다고 생각했다. 여러 귀족의 도움으로 1486년 5월 콜럼버스는 이사벨라를 만나 자신의 계획을 설명했다.

이사벨라 여왕은 콜럼버스의 제안을 토론할 위원회를 구성하도록 했다. 여왕의 고해신부 에르난도 데 탈라베가 위원장에 선임되었고 위원회의 회의는 살라망카대학에서 열렸다. 이 위원회에서도 포르투갈의 위원회에서와 거의 비슷한 논쟁이 벌어졌다. 즉 지구가 둥그냐가 아니라 인도까지의 거리가 얼마냐가 쟁점이었다. 이 위원회는 1490년 말에 콜럼버스의 견해가 틀렸다고 판정했는데, 재미있는 것은 위원회 위원들이 아니라 콜럼버스가 성경을 주요 근거로 삼았다는 것이다.

콜럼버스는 독실한 가톨릭 신자였고 성경 지식에 매우 밝았다. 성경을 읽으면서 콜럼버스는 서쪽으로의 항해가 가능하다는 암시들을 찾아냈고 그 암시들을 확대해석했다. 종말이 가깝다는 생각에 사로잡힌 콜럼버스는 종말이 오기 전에 기독교를 널리 전파해야 한다는 강박관념을 가지고 있었다. 위원회 위원들은 콜럼버스가 성경을 너무나 자의적으로 해석하고 과대망상에 빠져 있음을 간파하고, 그의 항해가 불가능하다고 합리적으로 판결했던 것이다.[21]

1491년 콜럼버스는 다른 왕국으로 가서 새로운 후원자를 찾아보려 했다. 좌절한 콜럼버스를 지켜보던 라 라비다 수도원의 원장 페레스는 다시 한 번 여왕에게 편지를 보내 콜럼버스 계획의 재검토를 부탁했다. 콜럼버스는 1491년 여왕을 알현했고 여왕은 다시 위원회를 열어 재검토하도록 했다. 이때 이미 이사벨라는 콜럼버스를 후원하기로 결심하고 있었는데 거기에는 몇몇 귀족들의 의견이 중요하게 작용했다. 학자들은 콜럼버스의 계획이 무모하다며 말렸지만 모험심이 강한 귀족들은 얼마 되지 않은 돈을 투자해서 일확천금할 수 있겠다고 생각했다. 1492년 4월 여왕은 결심을 굳히고 콜럼버스에게 서쪽으로의 항해를 허락했다. 이렇게 해서 역사적인 대서양 횡단 항해가 시작되었다.

지금까지 살펴보았듯이 콜럼버스는 단지 유럽과 아시아 사이의 거리를 두고 당대 학자들, 성직자들과 싸웠을 뿐이다. 콜럼버스가 아니라 당대 학자들과 성직자들이 옳았다. 콜럼버스가 이사벨라 여왕의 후원을 얻을 수 있었던 것은 그가 완벽한 논리와 증거를 제시했기 때문이 아니라 여왕과 귀족들의 모험심 때문이었다.

새로운 세상을 열망했던, 중세적 인간

콜럼버스는 가난하게 태어났지만 정말 똑똑했고 열심히 공부했다. 그는 라비다 산타 마리아 Santa Maria de La Rávida 수도원과 라스 쿠에바스 누에스트라 세뇨라 산타 마리아 Nuestra Señora Santa Maria de Las Cuevas 수도원의 부속 도서관에서 공부했고, 수천 권의 책을 사서 읽었다. 당시 인쇄술이 발달하기 시작했지만 여전히 필사 과정을 거쳐 책을 만들었기 때문에 책값은 지금 돈으로 환산하면 수백만 원이 넘었다. 책을 몇 권 가지고 있는 것만으로도 최고의 엘리트로 행세할 수 있던 시대였다. 콜럼버스는 평민인데도 굉장히 많은 책을 갖고 있었다. 그의 아들 페르난도가 콜럼버스가 쓴 원고와 가지고 있던 책을 모아 '콜럼버스 기념 도서관'을 만들었는데, 장서가 무려 1만 5000권이나 되었다. 콜럼버스는 여백에 빽빽이 주석을 달며 이 책들을 꼼꼼히 읽었다.[22] 예를 들어 피에르 다이이가 쓴《세계의 모습》에는 주석이 무려 898

개나 달려 있었다.[23]

콜럼버스는 이렇게 최신 지리학·천문학·해양학 지식을 습득했다. 그는 항해 중에 사분의라는 기구로 배의 위치를 확인했고, 측심의라는 기구로 수심을 측정했으며, 나무토막을 묶은 줄로 항해 거리를 측정했다. 나침반으로 방위를 확인하는 법도 기본적으로 알았고, 심지어 나침반의 자침이 예기치 않게 움직이는 현상까지 설명했다.[24]

콜럼버스는 이렇게 실용적인 기술에 능했을 뿐 아니라 최고의 지적 수준에 도달했다. 그의 지식이 매우 뛰어났음은 그가 월식을 정확하게 예측했다는 사실에서 확인된다. 4차 항해 때인 1503년 6월 콜럼버스는 쿠바를 지나 자메이카에서 표류했는데, 타고 갔던 배가 모두 좌초되고 말았다. 콜럼버스 일행은 원주민들의 도움을 받으며 구조를 기다리고 있었다. 그런데 구조가 지연되어 몇 개월이 흐르자 원주민들이 식량을 주지 않으려고 했다. 다음 해 2월 말 콜럼버스는 2월 29일에 월식이 있을 것을 미리 알고 그날 밤 원주민 추장들을 불러 모았다. 그는 오늘 밤 달이 사라질 텐데 신의 아들인 자신에게 식량을 주지 않으면 달이 계속 사라질 것이라고 위협했다. 그의 말대로 달이 사라지는 것을 목격한 원주민들은 콜럼버스에게 식량을 주었다.[25] 콜럼버스가 이때 월식을 예측할 수 있었던 것은 미지의 지역을 항해하면서도 천문학자 요하네스 뮐러의 책을 가져갔기 때문일 것이다.

이토록 뛰어난 인물이 왜 잘못된 지리학 지식에 사로잡혀 아시아까지 6~7주면 갈 수 있다고 주장했을까? 그가 읽은 책이 잘못되어 있었던 것이다. 다시 말해 당대 학문과 세계관의 한계라고 할 수 있다. 당대 여러 지식인이 콜럼버스와 똑같은 오류를 범했다. 예를 들어 영화에 나오는 지구의는 1492년 말 베하임이 만든 것이다. 베하임은 콜럼버스를 만난 적이 없었는데, 그가 만든 지구의는 콜럼버스와 거의 같은 생각에 근거하여 제작되었다.

이런 측면에서 콜럼버스는 중세적 인물이었다. 그는 합리성과 과학성으로 세계를 설명하려고 시도했지만, 그의 시대에 새롭게 발달하고 있던 지식은 아직 중세적 세계관을 깨뜨리기에는 미약했다. 나름 합리성을 추구한 지식인들도 여전히 중세적 사고방식에서 벗어나지 못했다. 콜럼버스에게서도 이런 측면이 강하게 관찰된다. 그는 중세에 만연했던 전설, 신화, 주술을 믿고 있었다. 예컨대 그는 1493년 1월 9일 작성한 항해록에서 이렇게 말했다.

어제 리오 델 오로로 가는 길에 수면 위로 멋지게 뛰어오르는 인어 세 마리를 보았는데, 그림에서 본 것처럼 아름답지는 못했다. 얼굴이 사람과 비슷하지도 않았다. 나는 인어를 기니의 마네게타 해안에서도 본 적이 있다.[26]

현대 선원이 인어를 봤다고 하면 사람들은 '미친 놈'이라고 생각하며 상대하려 들지 않을 것이다. 그런데 콜럼버스는 자기 입으로 인어를 여러 번 보았다고 말하고 있다. 도대체 이런 일이 어떻게 가능할까? 콜럼버스 시대 사람들은 여자가 코끼리 머리를 가진 아이나, 온몸에 비늘이 덮인 괴물, 원숭이를 닮은 괴물을 낳았다고 해도 기꺼이 믿었다. 이런 사례들이 16~17세기 신문에서 수없이 발견된다.[27] 인어의 경우도 고대 이래 인어 전설이 있었는데, 사람들은 인어가 전설적인 존재가 아니라 실재한다고 굳게 믿었다. 콜럼버스도 이런 생각을 공유하고 있었고, 그런 확신이 인어와 비슷한 어떤 물체를 보고 인어라고 판단하게 만들었을 것이다.

콜럼버스는 황금에 대해서도 이상한 생각을 갖고 있었다. 콜럼버스 항해의 가장 직접적인 목적은 황금을 얻는 것이었고, 아메리카에서 그는 끊임없이 황금을 찾아 헤맸다. 그런데 그는 황금은 세상을 비추는 '빛'이 축적된 것이어서 적도 지방에 가장 많다고 믿었다. 3차 항해 때 그는 에스파냐에서 출발하여 적도까지 내려가 직진함으로써 아메리카의 적도 부분에 도착하려고 했다. 물론 아무리 아메리카의 적도 부근을 샅샅이 뒤져도 황금을 많이 찾지는 못했다.

콜럼버스가 점성술에 심취했던 것도 중세적 세계관을 보여준다. 점성술은 고대 바빌로니아에서 발달하기 시작하여 17세기까지 서양인의 사고방식을 장악하고 있었다. 17세기까지 서양의 주요 도시나 마을에는 많은 점성술사들이 활동하고 있었다. 이들은 인간의 운명과 천체의 움직임이 긴밀히 연계되어 있다고 생각하고, 천체의 변화를 관측하면 모든 인간사를 파악할 수 있다고 믿었다. 서양인들은 점성술사들이 '합리적으로' 세상사를 설명해주는 능력자라 믿고, 일상의 사소한 일부터 국가의 중대사에 이르기까지 다양한 문제를 그들과 상의했다. 점성술사들은 사람들의 고민을 해결해주었을 뿐 아니라 공개적으로 예언을 했다. 그들은 매년 '책력'이라는 일종의 달력을 만들었는데, 거기에는 그해 일어날 중요한 일들을 미리 써놓았다. 물론 이들이 예언을 할 수 있었던 것은 천체의 미래 모습을 알면 천체와 긴밀히 연계되어 있는 인간사를 미리 알 수 있다고 믿었기 때문이다.

이런 점성술사 가운데 한 명이 '케플러의 법칙'을 발견한 위대한 과학자 케플러였다. 그가 태어나기 28년 전인 1543년 코페르니쿠스가 《천체의 회전에 관하여》에서 지동설을 주장하여 중세의 천동설에 도전했다. 당시 서양인들은 코페르니쿠스의 주장을 비과학적인 것이라고 생각하여 믿지 않았을 뿐 아니라 그의 주장에 동의하는 과학자들을 핍박했다. 갈릴레이가 그의 주장을 지지하다가 종교 재판을 받은 일은 잘 알려져 있다. 이런 상황에서 케플러는 행성이 태양 주위를 타원 궤도를 그리며 돈다는 사실을 수학적으로 입증했다. 결과적으로 케플러는 코페르니쿠스의 주장을 증명하여 서양의 세계관을 바꾸는 데 결정적으로 기여했다.

그러나 케플러도 여전히 '이행기'의 사람이었다. 그는 점성술을 굳게 믿었고, 여느 점성술사들처럼 책력을 만들어 팔아 많은 수익을 올렸다. 그는 자신이 뛰어난 천문학자로서 하늘의 움직임을 잘 알기에 예언하는 능력이 뛰어나다고 자랑하곤 했다. 1596년 그는 스승 메스틀린에게 보내는 편지에 이렇게 적었다. "지금까지는 제가 책력에서 예언한 내용들이 들어맞고 있습니다. 제가 예언한 대로 지금 우리나라에는 전대미문의 추위가 엄습하고 있습니다. 그리고 터키인들은 1월 1일에 침입하여 빈으로부터 노이슈타트에 이르기까지 전국에서 닥치는 대로 방화와 약탈을 자행하고 있습니다."[28] 세계가 인정하는 과학자가 이렇게 점성술이라는 전근대 사고방식에 심취했던 사실은 중세의 세계관이 무너지고는 있었지만 아직 새로운 세계관이 확립되지 않았음을 보여준다.

콜럼버스도 케플러 못지않게 점성술에 심취했다. 말년에는 '예언서'라는 제목의 책을 집필하는 데 몰두했다. 그는 능력이 변변치 않은 점성술사는 일상의 자잘한 일을 예언하지만, 자신과 같은 뛰어난 점성술사는 인류의 앞날을 예언할 수 있다고 주장했다. 그는 세계가 "(그의 시대에서) 150년을 넘지 않고 멸망할 것"이라고 했다.[29] '그날'이 오면 예수가 재림하여 모든 사람을 심판하고 새로운 세상을 열 것이므로, 세상의 모든 사람은 임박한 종말을 맞을 준비를 해야 한다. 콜럼버스가 여러 차례 목숨을 건 모험을 마다하지 않았던 것도 종말론에 심취했기 때문이다.

콜럼버스의 중세적 세계관에서는 종교와 미신이 자연 현상과 인간사를 설명하는 기준이었다. 그 시대에는 자연 현상이 그 자체로 이해되지 않고, 신적인 요인에 의해 발생한다고 믿었다. 예컨대 고대 그리스인은 그들이 섬기던 최고의 신, 제우스가 하늘을 그의 영역으로 삼고 하늘에서 일어나는 기후 현상을 주관한다고 믿었다. 그리스인의 믿음에 따르면 제우스는 별과 일식을 주관하고 번개, 구름, 비, 바람을 일으켰다. 그가 허락하지 않으면 오랫동안 비가 오지 않으며, 그를 화나게 하면 그가 일으킨 대홍수에 인류가 멸망할 수도 있다. 태양과 같은 천체가 도는 것도 신들의 활동 때문이었다. 헬리오스 신이 태양을 끌 수 있는 마차로 매일 운항하기 때문에 태양이 날마다 한 바퀴씩 지구 주위를 돈다. 이런 신화적 사고방식은 소수의 무지한 사람들에 한정되지 않았다. 서양 중세에도 이런 사고방식은 보편적이었다. 하늘에 폭풍우가 몰아칠 때면 사람들은 죽은 자의 무리가 유령이 되어 떠다니고 있다고 말하곤 했는데, 이를 본 지식인들은 "대중이 저급한 사고방식에 사로잡혀 사실을 잘 모르고 있다. 그들은 죽은 자의 무리가 아니라 악마의 무리다"라고 말하곤 했다.[30]

또한 전근대인은 신이 인간사의 모든 일을 좌우한다고 믿었다. 신은 모든 인간의 머리카락 수까지 헤아리고, 하늘을 나는 참새 한 마리의 움직임까지 모두 알고 계신다. 그렇게 신이 전지전능하시기 때문에 인간 세상에서 이루어지는 모든 일, 즉 곡식이 열매를 맺는 것, 전쟁이 일어나는 것, 페스트와 같은 질병이 발생하는 것은 물론[31] 누군가 가다가 돌부리에 부딪혀 넘어지는 것, 젖소가 우유를 만들지 않는 것과 같은 모든 일을 신이 주관한다고 믿었다.[32] 신이 모든 것을 주관하기에 신의 뜻을 알아내 그의 뜻대로 행하는 것만이 인간이 올바르게 사는 길이었다.

이렇게 신적인 존재 혹은 초자연적인 존재에 의존하여 자연 현상과 우주의 작동을 설명하고, 인간사를 파악하던 사고관은 16~17세기에 여전히 주도적인 사고방식이었다. 콜럼버스는 바로 그런 시대에 살던 인물이었다. 그의 시대에는 과학과 기술 분야에서 새로운 지식, 새로운 방법론이 폭발적으로 늘어나고 있었다. 동로마제국과 이슬람 세계로부터 천문학, 물리학, 의학, 수학, 철학 등에 관한 지식이 쏟아져 들어왔고, 지식인들은 그 지식을 수용하여 과학적이고 합리적이며 이성적인 세계관을 만들려고 노력하고 있었다. 하지만 그런 노력이 중세적 세계관을 극복할 만큼 높은 수준에 이르지는 못했다.

새로운 세계관은 1687년 뉴턴이 《자연 철학의 수학적 제원리》를 발표하면서 비로소 정착한다. 뉴턴은 우주가 신의 섭리에 의해서가 아니라 그 자체의 고유한 법칙에 따라 구성되고 운동한다는 사실을 밝혔다. 이제 별들의 세상에 신이 있는 것도 아니고, 비가 오거나 안 오는 것은 단순한 자연 현상일 뿐이다. 바람도, 구름도, 별도 하나의 물체일 뿐이다. 그것들이 움직이고 작동하는 것은 고유한 법칙에 의한 것이기 때문에 인간이 이성을 발휘해서 인식할 수 있다. 따라서 신에게 기도할 게 아니라 인간이 스스로 생각하고 연구해서 그 운동 법칙을 알아내야 한다. 이렇게 해서 이성의 시대가 열렸다. 이제 사람들은 가장 합리적인 결정을 내리기 위해 정보를 수집하고 판단력을 키우게 되었다.

콜럼버스에게서 발견되는 '이중성'은 바로 이런 시대 상황에 기인한다. 그는 여전히 종교, 즉 기독교를 모든 지식과 판단, 행동의 기준으로 생각했고, 중세에 만연했던 미신과 주술을 제대로 극복하지 못했다. 그렇지만 그는 위대한 인물이었다. 그는 누구보다도 강렬하게 새 세상을 열망했고, 새로운 시도에 기꺼이 목숨을 걸었다. 세상은 그처럼 열정적인 사람에 의해 변혁된다.

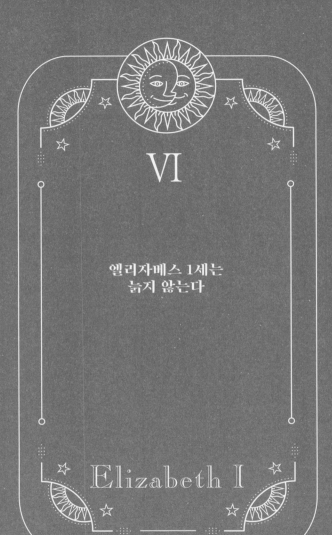

VI

엘리자베스 1세는
늙지 않는다

Elizabeth I

영국의 가장 위대한 왕

2002년 영국 《텔레그래프》지가 영국인을 대상으로 역대 영국 군주 가운데 가장 위대한 인물을 물었다. 그 결과 1, 2, 3위를 여왕이 휩쓸었다. 1위는 현 여왕인 엘리자베스 2세, 2위는 19세기 후반 영국을 '해가 지지 않은 나라'로 만들었던 빅토리아 여왕(재위 1837~1901), 3위는 에스파냐의 무적함대를 격파하고 영국을 강대국의 반열에 올려놓은 엘리자베스 1세였다.[1] 만약 역사가들에게 세 명 가운데 가장 위대한 인물을 꼽으라고 하면 단연 엘리자베스 1세가 뽑힐 것이다. 다른 두 명은 '군림하지만 통치하지 않은' 명목상의 군주였지만, 현대와 가까운 시대라 많은 사람에게 친숙해서 높은 점수를 받은 것이다. 사실 1위를 한 엘리자베스 2세는 영국 역사상 가장 오래 왕위를 지켰고 서민에게 친근한 이미지를 갖고 있다는 점 외에 딱히 공적은 없다.

반면 엘리자베스 1세의 업적은 정말 찬란하다. 그녀가 왕이 될 때까지만 해도 영국[2]은 작은 섬에 있는 인구 300만의 후진국이었다. 유럽 본토의 지식인들은 영국은 '먹을 것'을 신으로 숭배하는 미개한 나라라며 비아냥거렸고, 영국의 국력도 미미했다.[3] 당시 영국 왕실의 재정 수입은 이탈리아 밀라노 공국의 수입과 비슷한 수준으로 프랑스의 3분의 1, 에스파냐의 5분의 1 정도였다.[4]

이는 무엇보다 제조업과 상업이 발달하지 못했기 때문이다. 16세기까지 영국의 제조업이라고 해봐야 섬유 및 피혁 산업, 석탄 채광을 비롯한 광산 산업뿐이었다. 그나마 수준이 낮아서 영국은 주로 1차 산업의 생산물을 외국에 수출하고, 유럽에서 가공된 물품을 수입하고 있었다. 영국의 주요 수출품은 양모였다. 중세 초부터 영국은 유럽에서 양을 가장 많이 기르는 나라였다. 영국의 양모는 플랑드르 지방과 이탈리아로 수출되었고, 그곳에서 모직물로 가공되어 전 유럽에 수출되었다. 이렇게 영국은 경제·문화 수준이 낮았다.

더구나 엘리자베스 1세가 즉위했을 때는 영국이 국내외로 극도로 힘든 상황이었다. 당시 한 영국인은 나라 안팎의 상황에 대해 이렇게 말했다. "내부적으로는 헨리 8세의 종교 개혁과 '피의 메리'의 가톨릭 복귀로 인한 종교 분쟁에 시달리고 있었다. 외부적으로는 프랑스 및 스코틀랜드와 전쟁을 벌이고 있었는데 전황이 매우 좋지 않았다. 영국인들은 유럽 대륙에 갖고 있던 주요 영토였던 칼레를 프랑스에 빼앗겼기에 사기가 크게 저하되었다. 여왕에게는 힘센 친구도 거의 없었고, 동맹을 도모할 외국 군주도 없었다. 더욱이 국고는 고갈되었고 나라는 빚에 허덕이고 있었다."[5]

후진적이고 궁지에 몰려 있던 영국은 엘리자베스 1세 시기를 거쳐 유럽에서 가장 선진적이고 강한 나라로 발돋움했다. 1558년부터 1603년까지, 엘리자베스 1세가 통치한 45년 동안 영국은 비약적으로 발전했다. 대외적으로 영국은 북아메리카 식민지를 개척했고, 무적함대를 격파하여 대서양의 주도 국가로 성장했으며, 동인도회사를 만들어 아시아 경영에 착수했다. 대내적으로는 영국 국교회(성공회)를 정착시켜 종교 분쟁을 일단락 지었고, 셰익스피어로 대표되는 뛰어난 작가들을 배출하여 영어를 세계적인 언어로 만들었다. 농업의 근대화가 추진되면서 농업 생산성도 증가했고, 모직물 산업을 필두로 제조업도 비약적으로 성장하기 시작했다. 이렇게 국력이 신장되면서 인구도 크게 늘어 엘리자베스 1세가 사망했을 시점에는 400만 명이 넘었다.[6]

세계사의 견지에서 봐도 엘리자베스 1세는 중요한 성취를 이루었다. 그녀가 통치하기 전 세계는 지중해를 중심으로 소통하고 교역했다. 동방의 사치품과 향신료가 지중해를 통해 서양으로 수출되었고 서양의 농산물, 축산물, 귀금속이 그에 대한 대가로 동양으로 흘러갔다. 엘리자베스 1세 통치 말년인 1600년이 되면 세계 교역의 중심지가 지중해에서 대서양으로 옮겨 간다. 대서양에 위치한 영국이 세계 교역을 주도하면서 '대서양 시대'가 열린 것이다. 그녀는 영국의 가장 훌륭한 여왕이자 세계사를 바꾼 여성이라고 할 수 있다. 어떻게 그녀는 그토록 위대한 업적을 남길 수 있었을까? 먼저 그녀가 왕이 되기까지의 과정을 살펴보자.

헨리 8세와 그의 아내들

근대 초 에스파냐가 맹위를 떨치고 있을 때 영국은 헨리

8세(재위 1509~1547)가 다스리고 있었다. 헨리 8세는 세 가지에 관심을 두었다. 먼저 그는 영국의 군사력을 증강하는 데 관심이 있었다. 그는 최신 발명품인 대포나 포탄, 심지에 불을 붙여 총알을 발사하는 머스켓 총 등에 관심을 보였으며, 함대를 재건하고 대규모 병기창을 건설했다. 그리고 교황으로부터 '신앙의 옹호자'라는 칭호를 받을 정도로 종교 문제에 관심이 깊었다. 마지막으로 여자에게 관심이 많았다. 그는 성욕을 채우려고 끊임없이 여자를 찾아 헤맸다.

당시 기준으로 본다면 여자를 좋아하고 여러 명의 아내를 둔 게 신랄한 비난거리는 아니다. 폴러드라는 사람은 헨리 8세의 여성 편력에 대해 이런 글을 남겼다.

헨리 8세의 마지막 처 캐서린 파는 네 번이나 남편을 갈았고, 매제 서포크 공은 네 명의 처를 가졌는데도 아무도 그들을 비난하지 않았다. 마음만 있었더라면 명예를 손상하지 않고 여섯 명 이상의 정부를 가질 수도 있었을 것이다. 사실이 그렇다. 그러나 마흔 명 이상의 정부를 가졌던 프랑스 왕 앙리 4세는 그 어여쁜 가브리엘의 목을 자르지는 않았다.[7]

이 글에서 목을 자른다는 얘기는 도끼로 목을 잘라 죽였음을 의미한다. 프랑스 혁명 때 단두대가 발견되기 전 서양 중세인은 도끼로 목을 잘라 죄인을 죽였다. 청교도 혁명을 일으킨 영국인들은 찰스 1세도 이런 식으로 처형했다. 처형이 집행되기 직전에 누군가가 찰스 1세의 목을 칠 도끼를 건드리자 찰스 1세는 "도끼를 건드리지 마라. 도끼날이 상하면 내 목도 상할 수 있다"라고 말했다. 도끼날이 상하면 목이 반듯하게 잘리지 않을 것이다. 찰스 1세는 매우 예민한 사람이라 자기 목이 반듯하게 잘리지 않고 너덜너덜해지는 게 싫었던 것이다.

　헨리 8세는 열여덟 살에 왕위에 오른 후 형의 아내였던 아라곤의 캐서린과 결혼했다. 그녀는 당시 세계 최고 강대국인 에스파냐의 왕 페르난도 2세의 딸이었다. 정략결혼으로 그녀는 헨리 7세의 맏아들로 장차 영국 왕이 될 아서를 남편으로 맞았는데, 결혼 5개월 만에 아서가 열병으로 죽고 만다. 영국의 추밀원이 에스파냐와의 원활한 관계를 위해 결혼을 요청하자 헨리 8세는 마지못해 그녀와 결혼한다.

　왕비 캐서린은 여러 명의 아이를 낳았는데 유산되거나 일찍 죽어버렸고, 오직 딸 메리만 살아남았다. 헨리 8세는 캐서린이 병약하여 아이를 더 낳지 못할 거라고 생각하던

차에, 까만 눈이 매력적인 앤 불린과 사랑에 빠졌다. 헨리 8
세는 이혼을 결심하고 자신의 심복인 울지에게 이혼 절차
를 밟도록 명령했다. 당시 영국은 가톨릭을 믿고 있어서 이
혼의 최대 걸림돌은 교황이었다. 지금과 마찬가지로 가톨릭
교회가 이혼을 금하고 있었기 때문이다. 왕이 교황의 허가
도 없이 마음대로 이혼한다면, 국민들이 크게 저항할 테고
통치권이 위태로워질 수도 있었다. 사실 왕이 이혼한다는
소문이 나돌자 헨리 8세가 길을 갈 때마다 남자들이 캐서린
을 버리지 말라고 외쳤고 여자들은 앤 불린에게 욕설을 퍼
부었다.

영화 〈천일의 앤〉은 앤 불린을 매우 적극적이면서도 긍정
적인 인물로 묘사했지만, 이 영화 속 모습은 심하게 각색된
것이다.[8] 그녀는 지나칠 정도로 남자와 권력을 탐했고, 목적
을 달성하기 위해 두꺼운 가면을 쓰고 술수를 부릴 줄 아는
여인이었다.

하여튼 온갖 반대에도 앤 불린과 결혼하겠다는 헨리 8세
의 결심은 흔들리지 않았다. 어떻게든 교황의 허가를 받아
야 했다. 처음에 헨리 8세는 교황의 허가를 받는 게 어렵지
않을 거라고 생각했다. 교황이 대개 군주의 일에 관대했을
뿐 아니라 캐서린과의 결혼을 무효로 만들 명분도 있었기

때문이다. 헨리 8세는 성경에서 다음 구절을 찾아냈다.

> 제 형제의 아내를 데리고 사는 것은 추한 짓이다. 그것은
> 제 형제의 부끄러운 곳을 벗긴 것이므로 그가 후손을 보지
> 못하리라.[9]

그러나 교황은 이혼을 허락할 수 없었다. 에스파냐 군대가 압력을 가하기 위해 교황을 감금해버렸기 때문이다. 상심한 헨리 8세는 토머스 크롬웰을 등용했다. 그는 원래 양모를 짜던 인물로 정규 교육은 받지 않았지만 많은 여행을 통해 세상 물정에 밝았다. 그는 헨리 8세의 측근이었던 울지의 심복으로 일하다가 헨리 8세의 눈에 들었다. 처음에 헨리 8세는 토머스 크롬웰을 '양털이나 빗질하는 놈'이라고 조롱했지만, 울지가 쫓겨난 후 그에게 희망을 걸 수밖에 없었다.

왕의 새로운 심복인 된 크롬웰은 영국 의회가 왕의 이혼을 지지해줄 거라고 생각했다. 일찍이 오캄의 윌리엄은 교황권에 대항하는 왕권을 옹호했고, 존 위클리프는 왕이 성직자들의 재산을 몰수할 수 있다고까지 주장했다. 그리고 1517년부터 대륙에는 이미 신교의 물결이 일고 있었고 영

국에서도 신교 운동이 확산되고 있었다. 토머스 크랜머와 같은 종교 지도자들이 루터의 종교 개혁에 동감을 표시했다. 더욱이 중세 말 이래 영국 의회는 교황과 왕이 대립할 때 왕의 편을 들어왔다. 에드워드 1세는 교황 보니파키우스 8세가 성직자들에게 조세를 부과하려는 것을 막았고, 의회는 성직자들이 교황에게 납부하는 액수를 줄여주었다. 의회 의원들도 중세 내내 계속된 교황과 군주들 사이의 논쟁과 싸움을 잘 알고 있었다.[10] 중세 내내 교황과 군주는 싸우다가 화해하기를 반복했던 것이다. 신학적인 문제는 의원들의 관심이 아니었고, 현실 정치에서 누구의 세력이 우세하게 돌아가는지가 중요했다.

마침 교황의 권위가 심하게 흔들리고 있었다. 1309년에서 1377년 사이에 교황들은 아비뇽에 갇혔다. 1377년 그레고리우스 11세가 교황청을 로마로 옮겼지만 프랑스 편에 선 사람들이 아비뇽에 새로운 교황을 세우면서 교회의 대분열(1378~1417)이 일어났다. 1417년 이후 교회의 대분열이 해소되었지만 교황권은 회복되지 못했다. 교황권이 부패하고 세속화하자 세속 지도자들은 교황을 무시했다. 교황에 대한 세속 지도자들의 무시는 신성로마제국 황제 카를 5세 때 극에 달했다. 1524년 카를 5세는 가톨릭 신도들로 구성된 군대를 이끌고 교황청이 있던 로마를 파괴했다. 당시 "고트족, 반달족, 튀르크족도 황제의 군인들처럼 신성모독을 범하지는 않았다"는 말이 돌[11] 정도로 교황은 철저히 무시당했다.

이런 상황을 알고 있던 헨리 8세와 크롬웰은 1534년 의회로 하여금 수장법을 통과시키도록 했다. 이 법은 영국 왕을 영국 교회의 수장, 즉 우두머리로 규정했다. 가톨릭의 그늘에서 벗어나 영국 국교회가 탄생하는 순간이었다.

이후 영국은 끊임없이 종교 갈등을 겪게 된다. 전통적인 신앙을 고수하는 가톨릭 신자들의 저항이 계속되었고, 헨리 8세는 그들을 잔혹하게 처벌했다. 또한 유럽에서 불던 신교의 열풍이 서서히 영국에도 불어닥쳐 칼뱅파의 신교를 믿는 청교도들이 날로 늘어났다. 청교도들은 대체로 영국 국교회를 인정했지만, 그 가운데 강경파는 영국 국교회에 가톨릭의 흔적이 너무 많다고 비난하면서 독자적인 신앙을 추구했다.

아무튼 헨리 8세는 의회가 법을 통과시키자마자 앤 불린과 정식으로 결혼했다. 앤 불린은 1533년 9월 7일 엘리자베스를 낳았다. 그러나 앤 불린도 아들을 낳지는 못했다. 1536년 앤 불린이 사내아이를 유산하자, 헨리 8세는 자신의 두 번째 결혼에 신이 저주를 내렸다고 생각했다. 그는 앤 불린을 골방에 가둬놓았다가 나중에 간통죄와 반역죄를 뒤집어씌워 처형해버렸다.

사실 앤 불린은 헨리 8세와 결혼하기 전에 여러 남자와 사귀었다. 그녀는 헨리 퍼시Henry Percy라는 부자를 오랫동안 사랑했는데, 헨리 8세의 심복 울지가 두 사람을 갈라놓았다. 그녀는 시인이었던 토머스 와트와도 깊은 관계를 맺었다. 그러나 이 모든 것은 그녀가 헨리 8세를 만나기 전의 일이었다. 앤 불린은 1533년 6월 1일 정식으로 왕비가 되었지만, 그해 1월 25일 이미 헨리 8세와 비밀리에 결혼한 상태였다. 앤 불린이 임신하자 헨리 8세가 자식의 정통성이 의심받을까 염려하여 남몰래 결혼했던 것이다. 그때 상황은 헨리 8세가 앤 불린을 없애버릴 좋은 핑계가 되었다. 그녀가 결혼하기 전에 임신했고 다른 남자와 관계를 맺은 적이 있으니, 간통했다고 해버리면 그만이었던 것이다.

헨리 8세의 세 번째 아내 제인 시모어는 왕이 그토록 소원하던 왕자 에드워드를 낳고서 산욕열로 죽고 말았다. 네 번째 아내는 북부 독일의 공작 클레베스의 누이 앤이었다. 왕의 심복 크롬웰이 프랑스와 신성로마제국을 견제하기 위해 그녀와의 결혼을 권유했다. 결혼을 진척시키기 위해 클레베스 공작은 누이의 초상화를 보냈다. 헨리는 그녀의 미모에 반해 결혼을 생각하고 앤을 만나보고 오라고 사절들을 보냈다. 이때 앤은 드레스와 가운으로 온몸을 가리고 얼굴을 보여주지 않았다. 사절들이 그녀에게 조금만 더 보여달라고 요청했지만, 앤은 "당신들은 벌거벗은 모습을 보고 싶어 하는 것입니까?"라고 대답하면서 보여주지 않았다. 그런데 사절 중의 한 명이 결혼을 성사시키기 위해 그녀가 매우 아름답다고 보고했다. 결국 헨리는 그녀의 얼굴을 확인하지 못한 채 결혼을 결정했고, 1539년 가을에 결혼식을 치르기 위해 앤이 영국에 왔다. 신부가 도착했을 때 헨리 8세는 속았다는 것을 깨달았다. 앤이 초상화와는 완전 만판으로 박색이었던 것이다. 헨리 8세는 곧 이혼했고 결혼을 주도했던 크롬웰도 처형해버렸다.

다섯 번째 왕비도 간통죄로 처형당했고, 여섯 번째 왕비 캐서린 파는 왕보다 오래 살았다. 그녀는 자신보다 왕이 일찍 죽었기 때문에 이혼이나 처형을 모면했던 것이다. 그녀는 왕이 죽은 뒤 재혼했다.

영국과 결혼한 엘리자베스 1세

헨리 8세는 바람둥이여서 왕비들 외에 다른 여인들과 사랑을 즐겼고, 그 사이에서 사생아가 태어나기도 했다. 예를 들어 엘리자베스 블라운트 Elizabeth Blount라는 여인에게서 헨리 피츠로이라는 아들을 낳았고, 앤 불린의 동생 메리 불린과도 바람을 피워 아들을 낳았다. 그러나 이 아들들이 후계자로 부상된 적은 거의 없었다. 유럽인들은 결혼하지 않은 상태에서 난 아이를 사생아로 규정하고, 그에게 어떤 법적 지위도 인정하지 않았기 때문이다.

헨리 8세가 여섯 명의 아내로부터 얻은 자식은 세 명뿐이었다. 첫 번째 왕비의 딸 메리, 앤 불린의 딸 엘리자베스, 그리고 세 번째 아내 제인 시모어의 아들 에드워드였다. 헨리 8세는 죽기 4년 전인 1543년 후계자를 명확히 정했다. 그가 정한 원칙에 따르면 아들 에드워드와 그의 후손이 1순위였고, 에드워드와 그 후손이 없으면 첫째 딸인 메리와 그 후손이 2순위였으며, 그래도 후계자가 없으면 엘리자베스가 왕위를 잇도록 했다. 이 원칙에 따라 엘리자베스가 왕이 될 확률은 매우 낮았다. 두 형제가 모두, 후사가 없이 먼저 죽을 경우에라야 엘리자베스가 왕이 될 수 있었으니까 말이다.

헨리 8세가 죽었을 때 막내 에드워드는 열 살밖에 안 되었다. 왕이 된 에드워드(에드워드 6세)는 종교 문제를 해결하려고 애썼다. 헨리 8세가 1534년 가톨릭과 결별했지만, 영국 국교회는 예배 방식, 성직자의 지위 문제 등 여러 교리 문제에서 확고한 태도를 결정하지 못했다. 에드워드는 성직자의 특권을 폐지하고, 독자적인 기도서를 만들고, 미사의 의미를 새로 설정하여 영국을 개신교 국가로 만드는 데 기여했다. 그러나 그의 개혁은 오래가지 못했다. 1553년, 에드워드가 즉위한 지 6년 만에 결핵에 걸려 죽음의 침상에 누웠기 때문이다. 에드워드는 자신이 죽으면 메리가 후임 왕이 되어 영국이 다시 가톨릭 국가가 될까 우려했다. 그는 메리와 엘리자베스를 '적법하게 태어나지 않은 서출'로 규정하여 누나인 메리가 왕이 되지 못하게 하려 했다.

그가 죽자 신교도들은 에드워드의 유언을 내세워 신교를 지지하는 제인 그레이를 여왕으로 선출했다. 그러나 헨리 8세가 남긴 유언을 중요시하는 사람들이 메리를 여왕으로 선포하면서 영국은 내란에 빠졌다. 결국 메리(메리 1세)가 왕이 되었는데, 그녀는 결코 영국의 대신 및 국민들과 화합할 수 없는 인물이었다. 신교도들 때문에 어머니가 폐비가 되었다고 생각했기 때문이다. 메리는 어머니에 대한 복수를 감행하고 자신의 종교인 가톨릭을 부활시키기 위해 신교를 잔인하게 탄압했다. 메리의 치세 4년여 동안 300여 명이 이단으로 처형되었는데, 캔터베리의 대주교 크랜머도 이때 화형을 당했다. 이 때문에 그녀는 '피의 메리'라는 별명을 얻었다. 더욱이 왕으로서 그녀의 처신은 결코 슬기롭지 못했다. 그녀는 국민의 반대를 무릅쓰고 에스파냐 왕자 펠리페와 결혼했다. 영국 국민들은 메리가 에스파냐 왕자와 결혼하면 영국이 강대국인 에스파냐의 영향력 밑으로 들어갈까 염려했고, 영국의 모직물 산업에도 타격이 있지 않을까 걱정했다. 또한 메리는 전쟁을 원치 않는 국민의 뜻을 저버리고 에스파냐와 프랑스의 전쟁에 에스파냐 편에 서서 참전했다. 이 전쟁에서 영국은 프랑스 지역에 있던 영국 영토인 칼레를 빼앗겨버렸다.

이렇게 통치를 엉망으로 하면서 신앙 문제로 많은 사람을 죽였기 때문에 메리 치세에 반란이 여러 번 일어났다. 엘리자베스가 반란을 주도하지는 않았지만, 반란 세력은 메리를 몰아내고 엘리자베스를 왕으로 추대하려 했다. 동양과 달리 서양에는 역성혁명의 사례가 거의 없어서 왕조의 혈통이 아닌 사람을 왕으로 추대한다는 생각은 아무도 하지 못했다. 따라서 엘리자베스는 간접적으로 반란에 연루될 수밖에 없었고, 메리는 그녀를 런던탑에 유폐했다가 죽이려 했다. 엘리자베스는 살아남기 위해 최대한 몸을 낮추었다. 그녀는 언니의 명령에 따라 가톨릭 신자로서 신앙을 지켜 나가고 있으며, 반란자들과 조금도 연계된 적이 없다고 거듭 항변했다. 이때 엘리자베스는 선전에 재능이 있음을 보여주었다. 그녀는 런던탑에 갇히게 되면서 일부러 비를 맞고, 장시간 울면서 많은 사람들에게 자신의 불쌍한 모습을 노출했고, 자신이 무고하게 죽을 수 있다며 시민들의 동정을 샀다. 메리는 시민들이 엘리자베스를 크게 동정할 뿐 아니라, 자신이 아직 후손을 낳지도 못했기 때문에 유일한 후계자인 엘리자베스를 죽일 수 없었다.

영국으로서는 다행히도 메리는 끝내 아이를 낳지 못했다. 그녀는 남편 펠리페(펠리페 2세)를 사랑했고 아이를 낳으려고 노력했지만 번번이 상상 임신만 했다. 임신도 못 하고 민심도 등을 돌린 가운데, 메리는 신경쇠약에 시달리다가 아무도 돌봐주지 않는 침상에서 1558년 11월 생을 마쳤다. 메리가 후사도 없이 죽음의 침상에 누워 있을 때 사람들은 모두 합의라도 한 듯이 스물다섯 살이던 엘리자베스를 찾았다. 끔찍했던 메리 여왕의 시대가 끝나고, 새로운 시대가 열릴 것이라는 희망이 부풀었다. 선왕인 메리가 워낙 통치를 엉망으로 했기 때문에 엘리자베스는 평범하게 통치하더라도 좋은 왕으로 칭찬받을 운명을 가지고 왕위에 즉위했다.

그러나 엘리자베스는 결코 평범한 왕이 아니었다. 그녀는 기지가 넘치는 데다 인내력이 뛰어났다. 메리가 죽이려 할 때마다 엘리자베스는 충성을 맹세하여 살아남았고, 언니의 비위를 맞추려고 가톨릭 편에 서기도 했다. 또한 그녀는 메리가 국민의 신뢰를 저버려 불운했다는 사실을 마음에 깊이 새겼다. 무엇보다도 엘리자베스는 근면한 사람이었다. 그녀는 밤 9시까지 정무를 볼 정도로 국사를 일일이 챙겼다.

왕이 되자 엘리자베스는 정치적으로나 종교적으로나 온건한 노선을 취하면서 적을 만들지 않았고, 사람들을 서서히 끌어들이는 친화력을 발휘했다. 특히 그녀는 되도록 전쟁을 피해 국민들에게 부담을 주지 않으려고 애썼다. 국민들은 이렇게 온건한 엘리자베스를 사랑했고 그녀의 지배를 찬양했다. 엘리자베스는 국내적으로 온건하고 중도적인 노선을 추구했지만, 외교에서는 매우 적극적인 노선을 취했다. 그녀는 해적 드레이크를 적극 지지하여 영국의 해양 세력권을 넓혔고, 월터 롤리로 하여금 북아메리카 식민지를 개척하게 했으며, 에스파냐의 거듭된 위협에 굴복하지 않다가 끝내 전쟁을 통해 에스파냐를 격파했다. 또한 동인도 회사를 세워 아시아를 경영하도록 함으로써 장차 영국이 세계 제국으로 성장할 기반을 마련했다.

그런데 지금도 미스터리로 남아 있는 것이 있으니, 국민과 의회가 수십 차례 간청했건만 그녀가 결혼하지 않았다는 사실이다. 왜 엘리자베스는 결혼하지 않았을까?

독신 여왕을 둘러싼 무성한 추측

엘리자베스는 집권 내내 왕으로서 정통성을 확보하는 데 어려움이 컸다. 중세 유럽의 법에 따르면 여자는 왕이 될 수 없었기 때문이다. 유럽의 핵심 국가인 프랑스와 신성로마제국에도 그 기나긴 역사 동안 여왕은 단 한 명도 없었다. 영국인은 변방 사람들이라 이 법에 대한 강박관념을 갖고 있지는 않았지만 엘리자베스 이전에 여왕은 혼란스럽던 12세기에 짧은 기간 통치했던 마틸다(재위 1141년 4월 7일~11월 1일)와, 역시 통치 기간이 얼마 안 되었던 엘리자베스의 언니 메리밖에 없었다. 달리 후계자가 없어서 엘리자베스가 왕위를 이어받기는 했지만, 영국에는 모름지기 왕은 남자여야

한다고 생각하는 사람이 매우 많았다.[12]

　어머니 앤 불린이 변변치 않은 가문 출신에다 왕비의 시녀였다는 점도 엘리자베스의 약점이었다. 어머니는 간통죄와 반역죄를 뒤집어쓰고 처형되었고 이때 어머니 가문의 가족들도 대부분 사형에 처해졌다. 1536년 5월 19일 앤 불린이 처형되면서 헨리 8세와 앤 불린의 결혼은 무효가 되어 버렸고, 그 때문에 엘리자베스는 사생아로 격하되었다. 사람들은 엘리자베스가 헨리 8세의 핏줄이 아닐지도 모른다고 수군거렸다. '사생아'라는 딱지는 엘리자베스가 성장하는 과정, 왕이 되는 과정, 왕으로서 통치하는 과정에 늘 주홍글자로 등장해 그녀를 괴롭혔다. 세 살밖에 안 되었을 때 어머니를 잃고 사생아가 되었다는 사실도 엘리자베스의 심리와 성격에 큰 영향을 끼쳤다. 그녀는 평생 어머니의 이름도 제대로 부르지 못했고 일종의 애정 결핍에 시달렸다.

　사람들은 엘리자베스가 정통성이 낮으니 어서 결혼해야 왕권이 안정될 거라고 생각했다. 당시 여성은 불완전하여 혼자서는 건전한 인간이 될 수 없다고 생각되었다. 당시 한 문헌에는 성욕이 여성의 행복에 필수이며, 여성은 성교를 못 하면 두뇌에 "음탕한 기운이 가득 차서 추해지고 마음이 불안해진다"고 적혀 있다. 의회는 여왕이 즉위한 지 2개월 만에 가급적 빠른 시일 내에 결혼해달라고 청원했지만, 엘리자베스는 독신으로 살겠다고 답변했다. 주위 사람들이 결혼을 요청하고 그때마다 엘리자베스가 거절하는 상황은 이후 수십 차례 반복되었다. 결국 엘리자베스는 결혼하지 않았고 당연히 자식도 없었다. 평범한 사람이 자식이 없으면 '무자식이 상팔자'라며 위안을 삼고 살 수도 있다. 그러나 왕이 자식이 없다는 것은 정통성에 심각한 위협이 된다. 후계자를 놓고 많은 사람이 경쟁하게 되고, 그 과정에서 필연적으로 반란이 끊임없이 일어나기 때문이다.

게다가 엘리자베스에게는 왕위를 강력히 압박하는 사람이 있었다. 그 경쟁자는 헨리 7세의 증손녀 메리 스튜어트로 엘리자베스와는 오촌 간이었다. 메리 스튜어트는 가톨릭 신자였고, 잉글랜드 북부의 가톨릭 귀족들이 그녀를 지지하고 있었다. 그들은 1569년, 1583년, 1586년 잇달아 반란을 일으켰고, 1586년 반란 때 엘리자베스는 목숨을 잃을 뻔했다. 엘리자베스가 결혼하여 후사를 남겼더라면 그런 반란은 일어나지 않았을 것이다.

그럼에도 엘리자베스는 결혼하지 않았다. 그녀는 요정처럼 여러 남자에게 사랑을 속삭일 것처럼 굴다가 멀어지곤 한다고 '요정의 여왕'이라는 별명을 얻었다. 엘리자베스는 왜 결혼하지 않았을까?

　우선 결혼할 생각은 있었지만 현실적인 어려움 때문에 결혼하지 않았을 가능성이 있다. 영국에서 여왕은 매우 드문 존재여서, 여왕의 남편은 단지 배우자일 뿐인지, 아니면 당시 관념대로 아내의 '주군'으로서 실질적으로 왕권을 행사해야 하는지 명확하지 않았다. 여왕이 결혼하면 여러 가지 난제가 대두될 수밖에 없었다. 에스파냐 왕자 펠리페는 엘리자베스의 언니 메리와 결혼하면서 '영국 왕'이라는 칭호를 받았고, '아내인 여왕 메리를 도와 메리와 왕국의 영토를 즐겁게 다스릴 자격'도 부여받았다. 그러나 영국 정부는 그에게 관리 임명권을 주지 않았고, 나라의 주권은 메리에게 있다고 명문화했다. 펠리페는 명목적인 왕에 불과했지만 여왕 메리를 배후 조종하여 국내 정치에 개입했고, 에스파냐가 프랑스와 전쟁을 치를 때 영국으로 하여금 에스파냐 편에 가담하여 참전하도록 했다. 따라서 아무리 실질적인 통치권을 행사하지 못하도록 결혼 조약에 규정하더라도, 남편이 여왕의 통치권을 제약할 가능성이 있었다.[13]

　국내 유력자와 결혼하면 다른 나라와의 복잡한 관계를 야기하지는 않지만, 국내 권력 관계가 복잡해진다. 엘리자베스의 오촌인 스코틀랜드의 메리 스튜어트만 봐도 그랬다.

메리 스튜어트는 한 살 때 스코틀랜드의 여왕으로 취임했다. 그녀는 어머니 마리 드 기즈의 결정으로 여섯 살 때 프랑스 왕자 프랑수아와 약혼했고, 열여섯 살 때 결혼하여 프랑스의 왕비가 되었다. 다음 해 남편 프랑수아가 왕이 되면서 메리 스튜어트는 프랑스의 왕비가 되었지만 1년 만에 프랑수아가 죽어버렸다. 이에 메리는 귀국하여 스코틀랜드 여왕으로서 통치를 시작했다. 이후 재혼을 권하는 사람들도 많았고, 워낙 남자를 좋아했던 그녀는 엘리자베스의 친척 단리 경과 결혼했다. 이때 단리 경은 '스코틀랜드 왕' 칭호를 받았지만, 통치권을 인정받지 못했다. 단리 경은 이름에 걸맞게 실질적인 통치권을 달라고 요구했다. 모든 것이 여의치 않자 그는 메리를 죽이고 그녀가 자기에게 통치권을 물려준 것처럼 꾸미기로 결심했다. 단리 경은 메리 스튜어트의 비서관을 죽이고, 메리를 납치하여 감금했다.

이때 보스웰 백작이 메리 스튜어트를 위기에서 구하고 단리 경을 살해했다. 이후 메리는 보스웰 백작과 재혼했는데, 보스웰 역시 메리를 허수아비로 만들고 자신이 스코틀랜드의 실질적인 통치자가 되려고 시도했다. 이런 상황에서 단리 경의 친인척을 중심으로 귀족들이 보스웰과 메리를 단리 살해 혐의로 고소했고, 그들의 협박으로 메리는 왕위를 자신의 한 살짜리 아들 제임스에게 물려주었다.

메리 스튜어트의 이런 결혼 이력은 여왕이 국내 유력 인사와 결혼하면, 그가 여왕을 제치고 실질적인 통치자가 될 수 있고 그로 인해 귀족들의 내분이 끊임없이 계속될 가능성이 농후함을 보여준다. 여왕은 외국 사람과 결혼하든, 국내 유력자와 결혼하든 통치권을 남편과 나눌 수밖에 없었다. 권력욕이 대단했던 엘리자베스는 이런 상황을 원하지 않았다.

엘리자베스가 결혼을 기피했던 또 다른 이유가 있었다. 그녀는 경험을 통해 여러 남자의 못된 행실을 알고 있었다. 아버지 헨리 8세는 그녀의 어머니 앤 불린과 7년간이나 불륜을 저지르며 열렬히 사랑했지만, 결혼한 지 얼마 안 되어 바람이 났다. 헨리 8세는 앤 불린을 처형한 바로 다음 날 그녀의 하녀 제인 시모어와 약혼했다. 그는 11일 후 결혼하면서 이전의 결혼은 무효라고 선언하여, 엘리자베스와 그녀의 언니 메리를 사생아로 만들어버렸다. 엘리자베스는 바람둥이 아버지로 인해 남자와의 결혼에 대해 극도의 회의를 품고 있었다. 이는 그녀의 다음 증언에서 잘 나타난다.

나는 결혼이 얼마나 위험한 것인지에 대해서 무지하지 않다. 나는 결혼에 관한 논란과 의구심을 불러일으키는 것을 억누를 좋은 이유를 가지고 있다. 결혼은 그것이 유효인지 무효인지, 자녀의 지위는 어떻게 되는지, 합법적인지 불법적인지와 같은 논란을 일으킨다. 그리고 결혼을 둘러싸고 모든 사람이 양측으로 나뉘어 어느 한쪽 파당을 선호하든지 아니면 다른 파당을 선호한다. 이런 이유 때문에 나는 여태까지 결혼에 마음이 끌리지 않았다. 일단 즉위식 때에 이 왕국과 결혼한 이상, 그리고 그 표식으로써 이 반지를 끼고 있는 이상, 나는 내가 살아 있는 한 영국의 여왕이 될 것이다.[14]

이 진술은 엘리자베스가 아버지의 악행 때문에 결혼을 기피하게 되었음을 보여준다. 엘리자베스가 남성에게 매력을 느끼지 못했던 것은 아니다. 소녀 시절부터 끊임없이 수많은 남자와 '썸'을 탔고 몇몇 남자와는 진지하게 결혼도 생각했다. 첫 남자는 토머스 시모어였다. 그는 헨리 8세의 세 번째 아내 제인 시모어의 오빠였다. 그는 누이의 후광을 입고 해군 제독을 거쳐 추밀원 의원이 되었다. 여러 여인이 외모가 출중한 이 남자를 좋아했는데, 그 가운데 헨리 8세의 마지막 아내 캐서린 파도 있었다. 두 사람이 결혼하면서 엘리자베스는 그들과 함께 살게 되었다. 그런데 30대였던 토머스 시모어는 10대의 엘리자베스에게 성적인 매력을 느꼈고, 엘리자베스도 그에게 마음이 끌렸다. 두 사람이 불륜을 저질렀는지는 확실하지 않지만, 캐서린 파가 아이를 낳다가 죽은 후 시모어가 독신이 되자 엘리자베스는 그와의 결혼을 진지하게 고민했다. 시모어 또한 엘리자베스와의 결혼을 생각했는데, 그녀와 결혼하면 '왕 행세'를 할 가능성이 생긴다고 보았기 때문이다. 하지만 에드워드 6세 통치 시절 시모어가 반란에 연루되는 바람에 두 사람의 사랑은 이루어지지 않았다.

로버트 더들리와는 결혼에 더 가까이 갔다. 로버트 더들리는 귀족으로 엘리자베스와 어린 시절부터 알고 지내던 인물이었다. 더들리의 아버지가 엘리자베스의 언니 메리에 반대하여 반란을 일으켰을 때 더들리도 적극 가담했다. 이때 더들리는 반역자의 오명을 뒤집어썼지만 목숨을 겨우 건진 후 군에 자원입대했다. 전쟁에서 공을 세워 반역자의 오명을 벗기 위해서였다. 엘리자베스는 더들리가 자신을 미워했던 언니 메리에 반대했다는 사실을 높이 평가하여 왕이 된 후 그를 마방장으로 삼았다. 마방장은 궁중의 말을 관리하는 관리인데, 우리나라와 달리 고위직으로 궁정에 숙소를 배당받고, 주요 행사 때면 여왕 바로 뒤에서 말을 타고 갔다.

엘리자베스는 남자의 외모를 대단히 중시했고, "나의 마음을 얻으려는 사람은 평화 시에도 전시처럼 훈련을 해야 한다"라고 말했다. 이런 측면에서 더들리는 엘리자베스의 이상형이었다. 더들리는 훤칠한 키에 미남인 데다 몸짱으로 마상 시합에서 여러 번 우승했고, 지적 수준도 높았다. 그는 프랑스어와 이탈리아어에 유창했을 뿐 아니라 교양이 풍부했고 수학과 과학에도 매우 밝았다. 상냥하고 유쾌하여 뭇 사람들에게 친절하기까지 했다. 엘리자베스는 금세 이 남자에게 빠져들었고, 두 사람이 연인이라는 소문이 돌았다. 엘리자베스는 그런 소문에 개의치 않고 더들리와 사냥을 다니고, 온갖 행사를 관람하고, 지적이면서도 유머 섞인 대화를 나누며 점점 더 깊은 관계를 맺었다. 엘리자베스는 더들리와 사냥을 다니느라 국정을 소홀히 했다. 여왕의 최측근 세실이 "폐하께서 더들리와 친하게 지내면서 아예 모든 일을 그에게 내맡기고 그와 결혼하려 하고 있으니 나라의 운명은 풍전등화나 다름없어요"라고 말할 정도였다.[15]

두 사람의 결혼에 있어 유일한 장애물은 더들리가 유부남이라는 사실뿐인 것 같았다. 사람들은 머지않아 더들리가 아내를 죽이고 여왕에게 청혼할 거라고 수군거렸다. 그런데 이런 소문이 돈 지 얼마 되지 않아 더들리의 부인이 자택의 계단에서 떨어져 죽었다. 증거는 없었지만 사람들은 더들리가 부인을 죽였다고 믿었다. 더들리는 아내를 죽이지 않았다고 주장하면서 엘리자베스에게 청혼했다. 그러나 엘리자베스는 자신과 바람이 나서 아내를 죽였다는 오명을 뒤집어쓴 더들리와 결혼한다면 여왕으로서의 입지가 매우 좁아질 것이라고 판단했다. 그녀는 더들리의 청혼을 받아들이지 않았지만 그 후로도 오랫동안 더들리를 총애했다. 더들리는 여왕의 사랑을 받으면서 온갖 특혜를 받고 추밀원 의원까지 되었으며, 언젠가 여왕이 자신의 청혼을 받아들일 거라고 믿었다. 하지만 여왕이 긴 시간이 지나고도 청혼을 받아들이지 않자, 더들리는 다른 여자와 결혼해버렸다. 엘리자베스는 더들리가 다른 여자와 결혼하자 깊은 배신감을 느꼈다. 더들리와의 결혼에 실패한 후에도 엘리자베스는 여러 남자와 '썸'을 탔지만 결혼하지는 않았다.

엘리자베스가 신체적인 장애 탓에 결혼하지 않았을 거라는 주장도 있다. 엘리자베스가 계속 결혼하지 않자 많은 사람이 그 원인을 찾으려고 노력했다. 이 가운데 엘리자베스를 가까이 모셨던 하녀들의 증언이 쏟아져 나왔는데, 몇몇 증언은 엘리자베스가 신체장애가 있어서 결혼해도 아이를 낳을 수 없으며, 심지어 성행위조차 불가능했다고 전한다. 예컨대 극작가 벤 존슨은 "엘리자베스가 남성의 생식기를 가지고 있었던 탓에 아무리 시도해도 남자를 받아들일 수 없었다"라고 말했다.[16] 그러나 이런 증언은 대부분 신빙성을 확인할 수 없다.

불사조를 앞세운 영원한 젊음

이유야 어떻든 엘리자베스가 독신으로 늙어가자 영국인들은 점점 더 조바심이 났다. 신하들과 의회는 기회가 있을 때마다 여왕에게 어서 결혼하여 후사를 낳든지 아니면 최소한 후계자를 정하라고 요청했다. 이들의 요구는 절실했는데, 만약 엘리자베스가 후계자를 정하지 않고 죽을 경우 적어도 혈통으로 따지면 메리 스튜어트가 1순위였기 때문이다. 문제는 그녀가 스코틀랜드의 여왕인 데다가 가톨릭 신자라는 데 있었다. 영국은 헨리 8세 때 가톨릭으로부터 분리되어 나왔지만, 메리 1세가 가톨릭 신앙을 강요하면서 많은 신교도들이 죽어나갔다. 영국 신교도들은 또다시 가톨릭을 믿는 사람이 왕이 되어 '피의 메리' 사태가 반복되는 것을 어떻게든 막으려고 했다.

1562년 엘리자베스가 천연두에 걸려 사경을 헤매다가 겨우 살아나자 신하들은 더 조급해졌다. 다음 해 열린 의회에서, 그리고 1566년 열린 의회에서 의원들은 빨리 결혼하라고 거듭 요청했다. 엘리자베스는 유럽의 거의 모든 왕이나 왕자와의 결혼 가능성을 타진하면서, 곧 결혼할 거라고 말했다. 여왕은 매우 빈번하게 결혼 가능성을 타진하고, 결혼할 것처럼 하다가 결국 실천에 옮기지는 않았다. 의원들은 여왕의 연기에 지쳐 "폐하께서 확고한 대답을 주시기 전에는 어떤 법안도 통과시키지 않을 것입니다"라고 외쳤다. 엘리자베스는 정말 힘겹게 그들의 요구를 물리쳤다.

30대 중반을 넘어서자 엘리자베스는 결혼할 것처럼 연기하기가 어려워졌다. 점점 늙어갔기 때문이다. 서른일곱 살 때는 프랑스 왕의 동생인 앙주 공작과 혼담을 주고받았다. 앙주 공작은 영국 왕이 될 수 있다는 가능성에 약간의 호기심을 보였지만 이내 엘리자베스를 '다리에 불치병이 걸린 늙은 여자'라 부르면서 온갖 핑계를 대다가 퇴짜를 놓았다. 젊은 남자에게 퇴짜를 맞은 엘리자베스는 자신이 늙었고, 이제는 아이를 낳기도 힘든 나이가 되었다는 사실을 인정할 수밖에 없었다. 이런 상황을 어떻게 극복할 것인가? 엘리자베스는 최대한 젊게 보이려 애썼다. 앞으로 결혼하여 아이를 낳을 수 있고, 나아가 자신이 신처럼 영원히 살 테니 통치의 안정성이 흔들리지 않을 거라고 선전하기 위해서였다. 이렇게 생각한 엘리자베스는 두 가지 일에 집착했다. 하나는 최대한 젊게 초상화를 그려 많은 사람들에게 보여주는 것이었고, 다른 하나는 화장을 진하게 해서 늙지 않은 것처럼 보이는 것이었다.

중세 영국 왕들은 초상화를 많이 그리지도 않았고 설령 그리더라도 실물 그대로 그리기를 선호했다. 예를 들어 시토우Michael Sittow라는 화가가 그린 초상화에서 헨리 7세는 40대의 평범한 남자 모습을 하고 있다. 이는 중세 왕들이 초상화를 왕권을 선전하는 도구로 이용하지 않았음을 의미한다. 헨리 8세부터 초상화를 통치의 선전 수단으로 이용하기 시작했다. 헨리 8세는 왕이 등장하는 초상화, 전쟁화, 왕실 행사화를 그릴 때 왕의 영웅적인 모습을 최대한 부각하도록 했다. 예컨대 홀바인이 그린 〈위대한 그림 Great Picture〉 속의 헨리 8세는 비범한 카리스마를 가진 인물로 묘사되어 있다.[17]

엘리자베스는 한 걸음 더 나아갔다. 그녀는 자신의 초상화를 그릴 때 왕관, 지팡이, 성경, 지구의, 검 등 왕권의 각종 상징물을 넣게 했다. 이런 상징물은 그녀가 보통 사람과 다른 존재이고, 신의 명령을 받아 영국을 통치하는 신성한 인물임을 강조한다.

엘리자베스가 초상화에서 왕권을 강조하는 방식은 여느 왕들의 방식과 달랐다. 왕들은 나이가 어린 경우 수염이 있는 중년의 모습으로 그려지기를 원했고, 늙었더라도 굳이 늙은 모습을 숨기려 하지 않았다. 반면에 엘리자베스는 나이를 드러내지 않고 30대의 젊고 아름다운 모습으로 묘사하도록 명령했다. 〈담비 초상화the 'Ermine' portrait, attributed to William Segar〉가 그려지던 1585년, 엘리자베스는 오십 줄에 들어선 노인이었지만 이 초상화에서는 30대의 모습을 하고 있다. 피크Robert Peake가 그린 것으로 추정되는 〈행렬도the 'Procession' picture〉에서도 엘리자베스는 30대의 젊은 모습으로 그려졌다. 미술사가들은 엘리자베스가 화가들로 하여금 자신을 최대한 젊게 그리게 했다는 사실을 제대로 파악하지 못한 채 이 작품이 1588년이나 1571년에 그려졌다고 추론해왔지만, 최근에는 1601년에 제작되었다는 설이 힘을 얻고 있다.[18] 엘리자베스가 나이 들수록 자신을 더 젊게 그리게 했으며, 1596년에는 자신을 그린 그림이나 판화 가운데 나이가 들어 보이는 것은 모두 찾아내 폐기처분하라고 명령했

다는 사실이 확인되었기 때문이다.[19]

초상화 속에서 엘리자베스는 영원히 늙지 않는 여인이 되었다. 엘리자베스의 이런 소망은 1572년 힐리어드Nicolas Hilliard가 그린 초상화에 가장 잘 드러나 있다. 이 그림은 전설상의 새인 불사조가 가슴에 그려져 있어 〈불사조 초상화〉라고 불린다. 전설에 따르면 이 새는 500년 넘게 살다가 죽음을 맞는데, 주검이 타는 순간 그 안에서 새로운 불사조가 태어나 영원히 살게 된다. 엘리자베스는 이 초상화를 자신의 공식 이미지로 쓰도록 했고, 판화나 메달에 자신을 그릴 때도 불사조를 그려 넣도록 했다. 그녀의 훌륭한 통치로 이러한 선전은 사람들 머릿속에 깊이 각인되었다. 영국인들은 엘리자베스가 영원히 살기를 바랐고, 1603년 그녀가 죽자 그녀를 신적인 존재로 숭배했다.[20]

노화를 감추려는 필사의 노력

엘리자베스는 젊게 보이려고 화장에도 심혈을 기울였다. 그녀는 이목구비가 뚜렷하고 피부가 깨끗하며 단아했다. 키도 적당히 크고 몸매 관리에도 신경 써서 미녀라고 할 만한 외모를 갖고 있었다. 그녀는 외모에 대한 자부심이 대단했고, 미녀라는 찬사를 반겼다.

엘리자베스가 라이벌로 생각했던 여자가 스코틀랜드의 메리 스튜어트였다. 메리 스튜어트는 흠 잡을 데 없는 얼굴에 키도 크고 우아했다. 그녀는 누가 봐도 미녀였고, 뭇 남자들의 마음을 훔친 '왕실의 꽃'이었다. 1564년 스코틀랜드에서 제임스 멜빌이 그녀의 외교 사절로 엘리자베스의 궁정을 방문했다. 엘리자베스는 긴급한 외교 문제는 별로 물어보지 않고 메리 스튜어트의 외모에 대해 자세히 물어보았다. 그러고는 "나와 메리 가운데 누가 더 예쁘다고 생각하세요?"라고 물었다. 멜빌이 모호한 대답으로 질문을 피하려 하자, 엘리자베스는 자신이 더 예쁘다는 말이 나올 때까지 집요하게 계속 물었다. 멜빌이 엘리자베스의 피부가 훨씬 더 하얗다고 말하고 나서야 엘리자베스는 자신이 더 예쁘다는 답으로 해석하고 더는 채근하지 않았다. 그리고 "메리와 나 중 누가 더 키가 큽니까?"라고 물었다. 멜빌이 정확하게 대답하자, 엘리자베스는 "내 키는 크지도 않고 작지도 않으니까, 그녀의 키가 너무 큰 것이군요"라고 말했다.[21] 사실 이 대답이 정확하기는 했다. 메리는 키가 약 180센티미터였고, 엘리자베스는 170센티미터였다. 당시 기준으로는 엘리자베스도 키가 꽤 큰 편에 속했다.

엘리자베스는 늘 외모를 가꾸는 데 신경을 많이 썼다. 몇몇 작가들은 그녀가 천연두를 앓은 후 커다란 흉터가 생겨서 화장을 진하게 했다고 주장한다. 이는 반쯤만 진실이다. 그녀는 스물아홉 살이던 1562년 천연두에 걸려 쓰러졌고, 의사들이 희망이 없다고 말할 정도로 병세가 심했다. 그러나 3주간의 길고도 힘든 투병 끝에 엘리자베스는 회복되었고 얼굴도 거의 복원되었다. 얼굴에 작은 흉터가 남긴 했지만 들여다보지 않으면 주름인지 흉터인지 구분하기 힘들 정도였다.[22] 여왕의 얼굴을 자세히 뜯어볼 사람은 없었겠지만, 엘리자베스는 흉터를 콤플렉스로 여기고 화장을 더 진하게 했다.

천연두를 앓기 전에도 엘리자베스는 권위 있는 여신처럼 보이기 위해 화장을 진하게 했다. 머리는 붉게 염색했고, 얼굴은 최대한 뽀얗게 보이려고 납, 달걀 흰자, 양귀비 씨 등을 섞어 만든 반죽을 발랐다. 볼과 입술은 적당히 윤기 있고 빨갛게 보이도록 황화수은이 들어 있는 붉은색 연고를 발랐다.[23] 천연두로 흉터가 생긴 후 화장 시간이 늘어나면서 엘리자베스는 납·수은 중독 현상이 점차 심해졌다. 나이가 들수록 얼굴에 점차 주름이 늘어나고, 피부가 회색으로 변해 윤기가 사라졌으며, 이가 빠져버렸고, 신체 기능이 현저하게 저하되었다. 수은 중독[24]으로 손발이 떨리며, 중추신경이 마비되고, 머리카락이 빠져갔기 때문이다. 엘리자베스가 쉰 살이 넘으면서 그 곱던 얼굴은 납 중독, 수은 중독, 그리고 노화 현상으로 온데간데없이 사라졌다.

엘리자베스는 노화라는 자연 현상을 인정하지 않고, 젊게 보이는 데 더욱 필사적으로 매달렸다. 화장하는 시간은 점점 더 길어졌고, 얼굴에 바르는 반죽의 두께도 1센티미터를 넘었다. 엘리자베스는 쉰 살이 되기 전에도 이미 대신들에게 자기 모습을 안 보여주려고 너무 가까이 다가오지 못하게 했고, 아무리 가까운 인물이라도 그녀를 만나려면 미리 약속을 잡도록 했다. 맨 얼굴을 누구에게도 보이지 않으려고 했던 것이다.

그런데 에식스 백작이 이 규칙을 깨고 말았다. 그는 엘리자베스가 몹시 총애한 인물로 추밀원 의원이자, 왕실의 의전을 관리하는 부처의 장관이었다. 16세기 말 아일랜드에서 반란이 일어나자 엘리자베스는 그를 파견하여 반란군을 진압하도록 했다. 그는 아일랜드에서 전승을 세울 욕심에 왕명을 따르지 않고 멋대로 전술을 펼치다가 패배하고 말았다. 귀국한 그는 여왕에게 변명하려는 마음이 앞서, 오전

10시도 되지 않았는데 약속 시간을 잡지도 않고 여왕의 방에 불쑥 들어갔다. 너무나 당황한 여왕은 혹독하게 야단을 쳤고 그 후 여러 구실을 만들어 그를 엄벌에 처했다. 엘리자베스가 그를 처벌했던 가장 큰 이유는 그가 패전해서가 아니라 자신의 맨 얼굴을 보았기 때문이었다.[25]

냄새에 민감했던 엘리자베스

외모 관리에 철두철미했던 엘리자베스는 냄새에도 예민했다. 전근대 왕들은 수도에 왕궁을 지어놓고도 주기적으로 옮겨 다니곤 했다. 여기에는 여러 가지 이유가 있었다. 우선 왕을 노리는 사람이 늘 있게 마련이라 안전상의 이유로 거주지를 숨기는 한편, 왕국 전체를 돌아다니면서 왕의 존재를 알리려는 목적이 있었다. 실제로는 경제적인 이유가 가장 중요했다. 아무리 왕국이 작더라도 궁정에는 관리, 환관, 시녀, 요리사 등 수백 명을 두었다. 이들을 먹이는 데만 해도 엄청난 비용이 들었다. 엘리자베스의 궁정에서는 1년에 소 1240마리, 양 8000마리, 돼지 310마리, 비둘기 1만 6320마리, 토끼 1만 7136마리, 버터 6만 파운드, 맥주 60만 갤런을 소모했다.[26] 중세 서양에서는 세금을 대개 현물로 받고 시장도 발달하지 않아서 왕들이 한곳에 머물면서 필요한 물건들을 공급받기가 힘들었다. 그래서 왕들은 궁정 식구들을 대동하고 주요 도시들로 옮겨 다니면서 현지에서 물건을 샀다. 예를 들어 서로마제국의 명목상 수도는 엑스라샤펠이지만 카롤루스 대제를 비롯한 황제들은 주기적으로 옮겨 다녔다. 이 때문에 제국 곳곳에 왕과 수행원들이 머물 수 있는 소규모 궁정이나 숙소가 250개가 넘었다.[27]

이런 전통에 따라 영국 왕실도 옮겨 다니곤 했는데, 16세기에 오면 이전처럼 빈번하게는 아니고 보통 계절의 변화에 따라 옮겼다. 따라서 영국의 수도는 런던이고 왕궁은 런던탑(정식 명칭은 영국의 왕궁이자 요새)이지만, 영국 왕은 다른 곳에 머무는 시간이 더 많았다. 왕실 식구들은 지역의 궁정이 아니라 귀족의 집에 머물기도 했다. 귀족들은 왕과 그가 거느린 수백 명의 식구를 한두 달씩 먹여 살리는 게 부담스러웠지만, 왕이 그 대가로 관직을 주거나 여러 경제적인 이권을 주는 것이 상례여서 왕실의 방문을 환영했다. 헨리 8세가 두 번째 왕비 앤 불린과 그녀의 동생 메리 불린과 불륜을 맺은 것도 왕실이 불린 가문을 방문했을 때였다.

엘리자베스는 여러 왕 가운데 주거지를 바꾸는 빈도가

매우 높았다. 그녀는 몇 달이 아니라 몇 주마다 거주지를 옮기곤 했는데 그 이유는 냄새에 민감했기 때문이다. 그녀는 어디선가 악취가 나면 화를 내곤 했다. 한번은 프랑스 대사가 방문했는데, 그가 떠난 후 엘리자베스가 이렇게 말했다. "그 사람이 간 지 한 시간이나 됐는데도 아직 냄새가 나는데 계속 여기 있었으면 어쩔 뻔했어!" 비서들은 항상 냄새를 없애려고 애썼다. 책을 만드는 제본공에게는 냄새가 심한 기름이나 가죽을 쓰지 못하게 했고 궁정의 주방, 화장실, 침실에는 늘 장미 향수를 뿌리거나 초를 피워 냄새를 제거했다.

당시 의식주 환경에서는 근본적으로 냄새가 진동할 수밖에 없었다. 왕궁이나 주거지에 제대로 된 상하수도 시설이 없어서 온갖 생활하수의 배출이 원활하지 않았고, 쏟아져 나오는 음식물 찌꺼기와 부산물을 처리하기도 힘들었다. 무엇보다도 인간의 배설물 처리가 곤욕이었다. 여왕은 하녀들이 치워주는 전용 변기가 있었지만, 궁정에 거주하는 사람들은 궁정 안뜰에서 볼일을 볼 때가 많았다. 몇 주만 지나면 배설물 썩는 고약한 냄새가 났고, 이때마다 엘리자베스는 새로운 주거지를 찾아 옮겨 다녔다.[28]

에스파냐의 무적함대를 격파하다

엘리자베스는 과연 훌륭한 통치자였을까? 가장 위대한 업적으로 꼽히는 무적함대 격파부터 살펴보자. 무엇보다 그녀는 바다로 나아가려는 강한 의지를 갖고 영국을 대서양 주도 국가로 키워냈다. 다소 뜻밖의 이유로 엘리자베스는 바다에 관심을 갖게 되었다. 온건한 정치를 폈던 그녀는 의회를 강력하게 장악하지 못했다. 의회에 많아진 청교도들이 영국 국교회를 강요하는 여왕에게 적대적이었던 것이다.[29]

영국 청교도들은 스위스 제네바에서 시작된 칼뱅주의[30]를 신봉하는 신교도들이었다. 이들은 영국 국교회에 남아 있는 가톨릭적인 제도와 의식의 일체를 배척했고, 도덕을 엄격히 준수하고 향락을 제한할 것을 주장했다. 엘리자베스는 겉으로는 이들을 지지하면서도 실제로는 가톨릭을 용인하는 정책을 추구했다. 종교 문제로 다시 갈등을 겪어서는 안 된다는 생각에, 가톨릭 신자도 큰 어려움 없이 신앙생활을 유지할 수 있도록 조치했다. 의회의 청교도 세력은 엘리자베스의 모호한 태도에 불만을 품고 정책에 적극 협조하지 않았다. 어쩔 수 없이 엘리자베스는 개인적으로 여러 가지 수완을 부려 국가 재정을 충당하려 했다. 그 방법 중 하나가 당시 성행하고 있던 영국 해적들에게 투자하는 것이었다.

영국 해적들은 남아메리카에서 막대한 금은보화를 실어 오는 에스파냐 선박들을 공격해서 그 재화를 빼앗았다. 해적들은 배와 무기를 조달하기 위해 투자자가 필요했고 엘리자베스도 그 투자자 중 한 명이었다. 요즘 사람들은 기이하다고 생각하겠지만, 당시 영국에서는 해적질이 애국적인 행위로 칭송받았고 어느 면에서는 합법적이었다. '적선 나포 허가장'이라는 게 발부되었는데 이 허가장에는 다른 나라 배로부터 약탈당했을 경우 그 나라 배를 약탈하는 것이 합당하다고 규정되어 있었다.

당시 영국 해적 중에 가장 이름을 떨치던 사람이 드레이크였다. 드레이크는 1566년 남아메리카로 노예무역선을 끌고 갔다가 1568년에 귀항하던 중 멕시코에서 에스파냐 함대에게 습격을 받아 거액의 이익금은 물론, 엘리자베스 여왕에게 빌린 선박마저 잃었다. 이후 드레이크는 자신이 부당한 공격을 당한 데 대한 손해배상이란 명목으로 여러 차례 약탈 원정을 감행했다. 1572년 파나마의 귀금속 저장소를 습격하여 많은 전리품을 가지고 이듬해 귀환했고, 1577년에는 태평양을 횡단하여 파나마로 진출한 후 파나마 앞

바다에서 보물선을 덮쳤다. 그는 이곳에서 15만 파운드의 전리품을 빼앗아 인도양과 희망봉을 거쳐 1580년 11월에 돌아왔다. 마젤란에 이은 두 번째 세계 일주였다. 드레이크의 해적질이 잇달아 성공하면서 엘리자베스도 거액의 배당금을 받았다. 드레이크가 약탈을 일삼자 에스파냐의 펠리페 2세는 드레이크를 인도하라고 요구했다. 엘리자베스는 드레이크를 넘겨주기는커녕 오히려 그에게 기사 작위를 주어 그를 영웅으로 만들었다.

드레이크 사태 이후 영국이 에스파냐의 펠리페 2세를 더욱 자극하는 일이 벌어졌다. 1570년대에 에스파냐의 영토였던 네덜란드에서 독립 전쟁이 격렬해졌다. 영국은 반란을 일으킨 네덜란드인이 신교도라는 명목으로 그들을 지원했다. 초기에는 금전적 지원에 머물렀지만 1585년에는 군대를 파견했다. 이 소식을 들은 펠리페 2세는 영국을 격파하지 않으면 네덜란드가 독립할 테고, 나아가 에스파냐의 해상 지배력이 현격하게 떨어질 것이라고 판단했다. 펠리페 2세는 1586~1587년에 대규모의 원정군을 파견하기 위한 준비에 착수했다. 이 소식이 전해지자 영국인들은 크게 동요했다. 엘리자베스와 영국 정부는 네덜란드에 군대를 파견하면서도 에스파냐가 설마 영국을 침략할 거라고는 생각하지 못했다. 최강대국 에스파냐가 침략해 온다면 전쟁 준비가 안 된 영국이 질 게 뻔했다.

이때 엘리자베스의 총애를 받고 있던 드레이크가 선제공격의 필요성을 제기했다. 해안 지대에 방어 시설을 만들고, 보급품을 정비하며, 군인을 훈련시키려면 시간이 필요했다. 엘리자베스는 그의 충고를 받아들여 그녀가 소유하고 있던 배를 내주면서 선제공격을 명령했다. 드레이크는 소함대를 이끌고 에스파냐의 카디스 항구를 급습했다. 에스파냐는 배 37척과 많은 보급품을 잃었고, 그 때문에 무적함대의 출항이 1년 늦춰졌다. 펠리페 2세는 이에 굴하지 않고 계속 전쟁 준비를 감행했다. 이듬해, 즉 1588년 군함 130척과 3만 명의 병사로 이루어진 에스파냐의 무적함대가 영국에 쳐들어왔다.

무적함대와 영국군의 전투를 이야기할 때 흔히 영국군은 전력이 형편없었는데, 단지 '좋은 바람' 덕분에 승리했다고 이야기된다. 이는 3분의 1쯤만 맞는 얘기다. 영국은 1587년부터 전쟁 준비에 돌입했고, 결코 에스파냐에 뒤지지 않는 전력을 확보했다. 영국 전함은 140척으로 에스파냐 전함보다 많았고, 해상 병력은 상당히 적었지만 거기에는 이유가 있었다. 무적함대는 전함마다 많은 육군을 싣고 있었다. 에스파냐는 해상에서 전투가 벌어지면 갈고리로 자국의 배와 적선을 연결한 후 병사들이 넘어가 싸우는 방식을 구사하고 있었다. 반면 영국은 전함에서 병사들을 싣는 자리를 없애고, 배를 날렵하게 만들어 빨리 갈 수 있게 만들었다. 덕분에 갑판에 대포를 설치할 수 있었고, 기동성을 확보하여 민첩하게 움직일 수 있었다.

영국의 대포도 규모와 성능에서 에스파냐를 능가했다. 에스파냐는 대포를 청동으로 만들고 영국은 주철로 만들었는데, 주철은 청동 가격의 25퍼센트밖에 되지 않았다. 가격은 쌌지만 주철 대포의 사거리는 청동 대포보다 길었다. 따라서 영국은 함대에 많은 대포를 설치할 수 있었다. 에스파냐는 19개의 대형 대포를 포함하여 400여 개의 대포를 탑재했던 반면, 영국은 장거리 철포 153개를 비롯하여 500여 개의 대포를 탑재했다.[31] 영국은 대포의 설치 면에서도 혁신을 이루었다. 에스파냐 대포가 갑판 밑에 고정되어 있던 반면, 영국 대포는 4개의 바퀴를 단 발사대 위에 설치되었다. 영국 대포는 발사 이후 반동을 흡수하고 재장전하기가 훨씬 쉬웠다. 전체적으로 볼 때 함대의 전력은 영국이 조금 더 앞섰다고 볼 수 있다.

무적함대와 영국 함대의 전투는 1588년 7월 20일부터 이루어졌는데, 며칠간의 전투에서 양측은 서로 우열을 가리지 못했다. 전세는 7월 27일 칼레 앞바다에서 영국군이 화공을 펼치면서 영국 측으로 기울기 시작했다. 이날 바람이 에스파냐 함대 쪽으로 불자, 영국군은 8척의 배에 불을 붙여 에스파냐 함대 쪽으로 보냈고, 이 때문에 에스파냐 함대의 전열이 무너졌다. 화공이 에스파냐군에 큰 타격을 주지는 않았다. 배가 침몰하거나 병사들이 죽은 것은 아니었고, 단지 전투 대형이 무너졌을 뿐이었다. 이후 본격적인 전투가 벌어졌는데 에스파냐군은 계속 영국 배에 접근하여 갈고리를 설치하려 했지만, 기동성 좋은 영국 배는 적당히 거리를 두고 계속 포를 쏘아댔다. 전투가 진행되면서 영국군의 승리가 확실해지던 차에 바람이 영국군 쪽으로 불기 시작했다. 이 때문에 영국군은 에스파냐 함선에 큰 타격을 입혔지만 추격을 할 수는 없었다. 이후 에스파냐 함선은 아일랜드 쪽으로 피했는데, 아일랜드 근해에서 다시 폭풍우를 만났다. 이로 인해 전함 26척이 가라앉고 6000명의 병사가 죽었다. 결국 에스파냐 군은 전투에서 잃은 것보다 더 많은 배와 병사를 잃고 에스파냐로 돌아갈 수밖에 없었다.[32]

이렇게 해서 작은 섬나라 영국은 자신의 힘으로 세계 최강대국을 물리쳤다. 물론 1588년의 이 해전이 에스파냐와 영국의 국세를 일시에 바꿔놓은 것은 아니다. 에스파냐는 전투에서 전함 100여 척을 잃었을 뿐이었고 여전히 세계 최강의 국가였다. 그럼에도 무적함대의 격파는 상징적인 중요성을 가지고 있었다. 바다를 장악하고 있던 에스파냐에 영국이 도전했고, 그 도전이 성공했음을 증명했기 때문이다. 이후 영국은 바다로 나가는 데 자신감을 갖게 되었고, 해외 식민지를 개척하면서 대서양의 주인으로 성장할 수 있었다.

대서양 시대의 주역이 된 영국

메소포타미아 시대부터 중세 말기까지 서양 문명은 근본적으로 지중해 문명이었다. 초기에 개별적으로 발달했던 메소포타미아와 이집트 문명은 물품 교역의 필요성이 증대되면서 점차 지중해로 수렴되었다.

메소포타미아 문명은 수메르인(기원전 3000~기원전 2350), 아카드인(기원전 2350~기원전 2000), 바빌로니아인(기원전 2000~기원전 1500), 아시리아인(기원전 1399~기원전 612)이 차례로 주도했는데, 이들의 중심지는 우르에서 바빌론, 니네

베로 옮겨진다. 이는 문명의 중심이 점차 서쪽, 즉 지중해 쪽으로 가고 있었음을 잘 보여준다. 문명의 또 다른 중심지인 이집트, 그리고 새로이 성장하고 있던 그리스(미노아 문명)와의 교역이 중요했기 때문이다.

메소포타미아와 이집트를 이어받아 서양 문명을 주도하게 된 그리스와 로마는 본격적으로 지중해 시대를 열었다. 그리스는 지중해성 기후의 혜택을 누리면서 포도[33]와 올리브를 대량으로 재배했고 목축을 통해 많은 가축을 길렀다. 그리스인들은 포도주 등을 수출하고, 인도의 보석과 아라비아의 향료, 목재, 이집트의 파피루스와 아마포, 보석 등 동방 지역의 값비싼 산물과 곡물을 수입했다. 로마는 그리스의 교역망을 그대로 물려받았고, '로마의 평화'가 지속되면서 그 교역망이 멀리 중국과 동남아시아, 아프리카 동부까지 확대되었다. 동남아시아에서 주석과 같은 귀한 광석과 보석이 수입되었고, 중국에서는 비단과 도자기가, 아프리카에서는 금과 귀금속이 많이 수입되었다.

중세에는 로마를 이어 이탈리아 도시국가들이 지중해 교역을 주도했다. 베네치아, 제노바 등 이탈리아 도시국가들은 동방의 직물과 향신료를 수입하여 유럽으로 수출했다. 동방 교역은 엄청난 이윤을 남기는 사업이었다. 1킬로그램의 후추는 인도와 같은 생산지에서는 은 1~2그램의 가치에 불과했지만, 알렉산드리아에서는 10~14그램, 베네치아에서는 14~18그램, 소비지인 유럽에서는 은 20~30그램의 가치를 지녔다. 베네치아와 제노바가 번성하던 14세기까지는 세계의 상인들과 물품이 지중해로 수렴해 들어왔다. 지중해가 중국, 동남아시아, 인도, 이집트, 아프리카, 서유럽, 그리고 멀리 스칸디나비아의 북유럽을 중개해주는 바다였기 때문이다.

지중해의 '독점'은 서양에서 '지리상의 발견'이라 일컫는 대대적인 사건으로 깨져버렸다. 서양인들이 발견한 새로운 바다, 대서양을 통해 세계가 만나게 된 것이다. 초기에는 포르투갈 사람들이 '대항해'를 주도했다. 1148년 리스본을 차지한 포르투갈 사람들은 1492년 콜럼버스가 아메리카에 도착하기 전, 인도로 가는 항로를 찾아 아프리카 서쪽으로 진출했다. 포르투갈 사람들은 기니Guinea에서 많은 금을 들여왔다.

15세기 중엽에야 에스파냐 사람들이 해외 팽창에 참여하기 시작했다. 그들은 콜럼버스를 통해 알게 된 아메리카에서 많은 은을 들여왔다. 1492년 이후 포르투갈과 에스파냐는 아메리카, 아시아, 아프리카로 진출하여 전 세계를 하나로 묶였고 해외 팽창을 통해 막대한 이득을 얻었다.

이 시기에 두 나라가 대항해를 주도할 수 있었던 것은 이슬람의 선진적인 농업 기술, 특히 관개 기술을 받아들여 농업이 발달한 덕분이었다. 목축업도 발달하여 좋은 질의 양모가 생산되었다. 이렇게 국력이 강해지고 생산이 늘어나자 상업이 발달했다. 두 나라는 동방으로 진출하여 베네치아 사람들과 경쟁했고, 북쪽으로 진출하여 대서양 무역을 주도하기 시작했다. 이들의 주요 수출품은 포도주, 철, 고급 양모였다.

11세기부터 지중해 무역을 주도했던 베네치아는 15세기 말에 지중해 제해권을 차지하고 동방 무역을 주도하고 있었지만, 점차 포르투갈·에스파냐와의 대결에서 밀리다가 희망봉의 발견으로 치명타를 입었다. 아랍을 통해 들어오던 후추의 공급이 끊기면서 1502년 베네치아 상인들은 카이로에서 위기에 직면했다. 돌파구를 찾고자 베네치아는 상업자본을 생산에 쏟아부어 항해 기구, 유리, 설탕 정제, 비단, 모자이크, 비단 생산 능력을 향상시켰다. 유리 산업은 독점을 유지하기 위해 기술의 외부 유출을 막았고 기술자가 외부로 이주할 경우 끝까지 추적하여 죽여버렸다. 덕분에 베네치아는 일시적인 중흥을 이루었다.

베네치아의 저항이 오래가지는 못했다. 수공업 생산으로
는 발달한 영국과 네덜란드의 직물업을 따라갈 수 없었고,
동방 무역의 주도권을 상실한 탓에 무역에서도 이득을 취
할 수 없었기 때문이다. 포르투갈 사람들이 물꼬를 튼 대서
양 시대는 에스파냐 사람들에 의해 강화되었다. 에스파냐
사람들은 아메리카에서 광산을 개발했고, 가축 사육과 사탕
수수 같은 작물 재배를 통해 아메리카를 중요한 농산물 생
산지로 만들었다. 아메리카가 경제 세력으로 부상함에 따라
대서양 중심 무역의 비중이 커져갔다.

　그러나 에스파냐와 포르투갈은 대서양 시대의 주역이 되
지는 못했다. 새로운 항로를 발견했지만 그들은 지중해의
바깥쪽 가장자리에 있었다. 에스파냐 자본가와 상인 들이
대서양에 눈을 돌리기는 했지만 여전히 그들은 막대한 자
본을 지중해에 투자했다. 그들에게 지중해는 아직 포기할
수 없는 바다였다. 인도와 중국의 산물은 대서양을 통해 직
접 가져오는 게 이득이라고 해도, 아라비아, 이집트, 그리스,
이탈리아, 흑해 연안에서 나는 산물은 지중해로 가져오는
게 편리했다. 더욱이 이탈리아는 중북부 유럽과 접해 있어
서 서유럽으로 접근하기가 수월했다.

　에스파냐는 지중해에 미련이 있었기 때문에 대서양과 지

중해 양 지역을 모두 장악하기 위해 힘을 분산시켰다. 그렇지만 서서히 세계의 중심은 대서양으로 넘어가고 있었다. 아프리카의 노예와 금, 아메리카 식민지들의 설탕과 어류, 인도의 향신료와 귀금속이 대서양을 통해 교역되었고 그 비중이 날로 커가고 있었다. 마침내 1600년이 되면 대서양을 통한 교역량이 지중해를 통한 교역량을 넘어서게 된다.

1588년 에스파냐의 무적함대를 격파한 영국은 지중해와는 멀리 떨어져 있었고, 에스파냐와의 충돌을 피하느라 대서양에 전념할 수밖에 없었다. 이는 영국에게 커다란 축복이었다. 지리적으로 세계의 중심이 될 대서양이라는 발판이 이미 마련되어 있었기 때문이다. 여러모로 엘리자베스는 운이 좋았다. 남동생 에드워드와 언니 메리가 빨리 죽은 덕분에 왕이 될 수 있었고, 메리가 워낙 통치를 엉망으로 한 뒤라 조금만 정치를 잘해도 국민의 사랑을 받았다.

그러나 엘리자베스의 업적을 가능케 한 것은 각고의 노력과 야심 찬 비전이었다. 엘리자베스는 수차례 몸을 낮춰 죽을 고비를 넘겼고, 왕이 되고 나서는 국정을 야무지게 수행하면서 국민 통합을 추구했다. 바다로 진출해 국부를 키운 에스파냐는 좋은 자극이 되었다. 그녀는 영국도 바다로 나아가야 한다는 비전을 가졌다. 그 일환으로 해적 드레이크를 후원하고 북아메리카를 개척했다. 엘리자베스가 기회를 잘 잡은 덕분에 영국은 대서양의 주인이 될 수 있었다. 45년간 통치한 엘리자베스는 1603년 1월 메리 스튜어트의 아들 제임스를 후계자로 지명하고 조용히 눈을 감았다. 영국인은 그녀를 신으로 추앙했다. 그녀는 영국을 발전시킨 위대한 왕으로 오랫동안 기억되고 있다.

VII

**누가 로베스피에르에게
돌을 던질 수 있겠는가?**

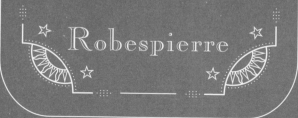

프랑스에서 버림받은 인물, 로베스피에르

　프랑스 사람들은 자국의 역사를 프랑스 혁명 이전과 이후로 나눈다. 프랑스 혁명은 압제와 억압이 판치는 '구체제'의 막을 내리고 자유와 평등, 그리고 희망이 넘치는 '신세계'를 열었다. 프랑스 혁명 기념일인 7월 14일은 프랑스의 최대 국경일이다. 혁명군이 불렀던 '라 마르세예즈La Marseillaise'는 국가가 되었고, 혁명군이 사용했던 삼색기는 국기가 되었다. 혁명을 함께한 지도자들과 시민들은 프랑스 곳곳에 기념물로 남아 있다.

파리는 가히 혁명의 기념관이라 할 만하다. 7월 14일 시민들이 함락했던 바스티유 요새가 있던 자리에는 바스티유 광장이 조성되었다. 파리의 최고 명소인 에펠탑은 프랑스 혁명 100주년을 기념하기 위해 세워졌다. 이 탑은 센강 왼쪽 기슭에 있는 샹드마르스 광장에 서 있는데, 이 광장은 프랑스 혁명 1주년인 1790년 7월 14일, 프랑스가 혁명으로 새로운 나라가 되었음을 만천하에 알리는 동맹 축제가 열렸던 곳이다.[1]

　파리의 주요 거리와 명소에는 혁명 지도자들의 이름이 붙었다. 미국 혁명에 참전했고 프랑스 혁명 초기 중요한 역할을 했던 라파예트는 파리에서 가장 큰 도로 이름을 차지했다. 역시 혁명 초기의 지도자였고 왕실과 친했던 미라보Comte de Mirabeau(1749~1791)는 중요한 다리 이름을 차지했다. 프랑스 혁명의 3대 거두 중 한 명으로 꼽히는 당통은 소르본대학 근처 오데옹 광장에 조각상이 세워졌다. 그의 동료 마라Jean Paul Marat(1743~1793)는 프랑스의 국가 영웅들이 묻힌 판테온에 안치되었다.

　그런데 혁명의 최고 지도자 로베스피에르를 기념하는 시설은 파리 어디에도 없다. 그의 이름이 붙은 거리도, 광장도, 그의 조각상도 없다. 프랑스에서 그를 기념하는 곳을 찾으려면 그의 고향 아라스Arras로 가야 한다. 혁명 전에 로베스피에르는 그의 고향인 프랑스 북부의 작은 도시, 아라스에서 변호사로 근무했다. 그를 기념하려는 몇몇 사람들이 이 사무실을 개조하여 로베스피에르 기념관으로 만들었다. 이 기념관은 초라하기 그지없어서 이곳을 방문한 한국 역사학자들은 "고향에서조차 로베스피에르를 기리는 동상이나 주요 기념물이 없다는 사실이 말이 되느냐"라고 항변하곤 한다.[2]

로베스피에르가 이렇게 잊힌 것은 어제오늘의 일이 아니다. 프랑스 혁명 직후부터 프랑스 사람들은 로베스피에르를 혁명에 기여한 정의로운 사람, 자유를 위해 싸우다 죽은 투사로 인정하지 않고, 공포정치로 수십만 명의 시민을 학살한 '독재자'로 규정했다. 프랑스 혁명의 이념을 계승하고자 노력했던 진보적인 지식인들조차 그의 이름을 거론하는 것 자체를 일종의 금기로 여겼다.

이는 19세기 말 프랑스 지식인들의 프랑스 혁명 평가에서 잘 드러난다. 1875년 프랑스 3공화정이 수립되면서 프랑스 정부는 프랑스가 프랑스 혁명 이념에 근거해 세워진 나라임을 공개적으로 천명했다. 그리고 혁명 정신을 고취하고 후대에 전하기 위해 프랑스 혁명에 기여한 인물들의 업적을 청소년들에게 적극 가르쳤다. 이때 프랑스 혁명기에 활동했던 여러 인물이 자유의 투사로 명명되어 교과서를 비롯한 많은 책에 영웅적 인물로 실렸다. 당통, 당통의 동료 카미유 데물랭Camille Desmoulins, 혁명가들에게 살롱을 제공했던 롤랑 부인 등이 대표적 인물로 부각되었다.

그러나 로베스피에르와 그를 적극적으로 도왔던 인물은 아무도 포함되지 않았다.[3] 이후 마르크스주의자들을 중심으로 로베스피에르를 복권시키려고 했지만, 그들의 노력은 별 성과를 거두지 못했다. 20세기 후반에는 당통을 인간적이고 가정적이며 진정한 자유인으로 파악하려는 시도가 더욱 강화된 반면, 로베스피에르를 냉혈한, 독재자, 학살자로 파악하는 인식이 더욱 강해졌다.[4]

로베스피에르는 왜 이렇게 버려졌을까? 로베스피에르가 이른바 공포정치를 통해 수십만 명의 시민을 학살했기 때문이다. 무슨 이유로든 시민 학살은 용서될 수 없는 중죄다. 그러나 로베스피에르가 정말 그렇게 잔인한 학살을 범했는지, 만약 정말 그랬다면 왜 그랬는지, 그의 목소리를 한번 들어봐야 하지 않을까? 그의 동료였고, 프랑스 혁명의 쌍두마차라고 불렸던 당통과의 관계를 중심으로 이 문제를 생각해보자.

상반된 평가를 받는 프랑스 혁명의 두 지도자

당통은 프랑스 북부 지방 아르시_{Arcis-sur-Aube}에서 1759년에 태어났다. 그의 할아버지는 농부였고, 아버지는 시골의 법률가였다. 대학에서 법률을 공부한 당통은 아버지의 직업을 이어받아 시골에서 변호사로 활동하다가 스물여섯 살 때인 1785년 파리 고등법원 서기가 되어 파리로 진출했고, 1787년 왕실고문회 소속 변호사로 활동하고 있었다. 즉 당통은 당시 관점에서 보면 전형적인 부르주아였다.

당통은 레슬링 선수를 했으면 성공했을 정도로 덩치가 매우 컸다. 첫눈에 호감 가는 인물은 아니었다. 얼굴에 어릴 적 동물이 할퀸 자국이 있었고, 천연두를 앓은 흉터도 강했다. 그를 직접 본 영국인 밀링전_{Millingen}은 "그의 외모와 매우 큰 목소리는 말로 표현할 수 없을 정도로 야만적이었다. 그의 거칠고 텁수룩한 머리카락은 그를 야생 동물처럼 보이게 했다. 혐오스러운 외모에다 얼굴에는 천연두의 흔적이 강했다. 눈은 이례적으로 작았다"라고 전했다. 그러나 당통은 조금만 친해지면 둘도 없는 친구가 될 사람이었다. 활달하고 자유분방하며 동료를 사랑하는 사람이었다. 무엇보다 그는 정열적이었으며 큰 목소리로 많은 사람을 감동시켜 행동하게 할 수 있는 능변가였다.

당통은 서른 살에 중대한 순간을 맞는다. 1789년 5월 프랑스 혁명이 시작된 것이다. 혁명 초기에 당통은 국민의회 의원이 아니었으니 주요 지도자는 아니었다. 그렇지만 혁명이 시작된 후 얼마 되지 않아 명성을 얻었다. 외모가 특이한데다 연설을 무척 잘했고, 혁명에 대한 열정이 강하다는 것이 알려졌기 때문이다.

그는 혁명을 지키는 민병대에 자원했고, 파리 시민들을 모아 '코르들리에 클럽Club des Cordeliers'을 조직했다. 당시 시민들의 자발적인 모임이 여럿 결성되었는데, 코르들리에 클럽은 가장 진보적인 노선을 추구했다. 당통과 함께 혁명의 3대 주역으로 꼽히는 마라 그리고 당통과 절친한 데물랭이 이 클럽에서 활동했다. 코르들리에 클럽은 노동자와 여성도 참가할 정도로 개방적이었고, 모임의 분위기는 매우 민중적이고 자유로웠다. 이 클럽은 바스티유의 함락, '8월 10일의 봉기', 루이 16세의 처형 등 혁명의 주요 사건에 적극 참가했다. 코르들리에 클럽의 의장으로 활동하면서 얻은 명성으로 당통은 입법의회 의원이 되었고, 입법의회에서 법무장관의 중책을 맡았다. 이후 그의 활동은 잠시 후에 살펴보자.

로베스피에르는 당통이 태어난 해보다 1년 전인 1758년 프랑스 북부의 아라스에서 태어났다. 할아버지와 아버지 모두 변호사였고, 귀족은 아니었지만 지적 능력이나 재력이 뛰어나 자부심이 강한 가문 출신이었다. 그러나 그가 여섯 살 때 그의 어머니가 출산하다가 사망하자, 아버지가 정신줄을 놓고 집을 나가버렸다. 로베스피에르는 동생들과 함께 외가에서 컸고, 이 사실에 대해 콤플렉스가 있었다.

　로베스피에르는 뛰어난 지성과 의지력으로 콤플렉스를 이겨냈다. 그는 우수한 성적으로 중학교를 졸업하고, 프랑스 최고의 명문 루이르그랑 Louis-le-Grand (루이왕립고등학교)에 장학생으로 들어갔다. 프랑스의 최고 가문 자제들이 입학했던 이 학교에서 로베스피에르는 가장 가난했지만 공부를 가장 잘했고 생활에서도 가장 반듯한 모범생이었다. 학창 시절에 그는 이미 성직자처럼 경건하게 살았고, 동료들이 술 마시고 담배 피우는 것을 경멸하고 그들과 어울리지 않았다. 정확하게 이야기하면 로베스피에르는 그들과 어울리려 해도 어울릴 수 없었다. 대다수 학생들이 귀족의 자제로 부유했던 반면 로베스피에르는 해진 옷을 입고 다닐 정도로 가난했기 때문이다. 루이 16세가 이 학교를 방문했을 때 로베스피에르가 재학생 대표로 환영 연설을 하게 되었는데, 하필

비가 심하게 와서 로베스피에르가 연설을 마치자마자 루이 16세가 가버렸다는 이야기가 잘 알려져 있다. 로베스피에르는 졸업 후 고향으로 돌아가 변호사 생활을 했다. 그는 변호를 잘할 뿐 아니라 가난한 사람들을 위해 활동해서 더욱 명성이 높았다.

이렇게 로베스피에르는 몹시 이지적이어서 말 붙이기도 쉽지 않은 사람이었지만, 아무리 어려운 일이라도 일단 맡으면 한 치의 오차도 없이 해낼 사람, 아무리 강한 유혹에도 굴복하지 않고 대의를 지킬 사람, 개인의 이익을 추호도 추구하지 않고 약하고 가난한 사람을 위해 헌신하는 사람이었다. 그래서 그를 지켜본 많은 사람들이 '절대 부패하지 않을 청렴지사'라고 별명을 붙여주었다.

로베스피에르는 서른한 살에 프랑스 혁명을 맞았는데, 고향 아라스에서 제3신분 대표로 선출되어 파리로 진출했다. 혁명 초기에는 명망 있는 귀족도 아니고, 덩치도 왜소한 데다 목소리도 작아서 두각을 나타내지 못했다. 하지만 시간이 흐르면서 점차 국민의회에서 중요 인물로 부각되었다. 의원들과 파리 시민들이 그의 뛰어난 지성을 알아보았기 때문이다. 또한 로베스피에르는 자코뱅 클럽의 초기 회원이었고, 1790년 4월에는 의장이 되었다. 이 클럽은 초기에는 온건한 귀족들도 포함되어 있었지만, 1791년 7월 이후 왕을 지지하는 온건파가 탈퇴하고 나서는 혁명을 주도하는 급진 세력의 중추가 되었다.

국민의회 해산에 앞서 로베스피에르는 혁명의 대의로써 새로운 세상을 열려면 특정 인물이 권력을 계속 장악해서는 안 되므로 국민의회 의원들은 입법의회 선거에 출마하지 못하게 하자고 제안했다. 그의 제안이 받아들여져 국민의회 의원은 아무도 입법의회 의원이 되지 못했다.

구체제는 혁명을 통해 청산되어야 했다

당통과 로베스피에르는 혁명을 통해 어떤 세상을 만들고자 했을까? 무엇보다 그들은 혁명이 일어나기 전의 상태, 즉 구체제를 청산해야 한다고 생각했다.

구체제란 프랑스 혁명 이전의 사회를 말한다. 이 사회의 가장 중요한 특징은 신분제였다. 신분제 사회에서 사람의 운명은 전적으로 출생에 따라 결정된다. 누구의 자식으로 태어나는가에 따라 평생이 좌우된다. 귀족, 평민, 농노라는 신분이 있었고, 사람은 아무리 재능이 있거나 노력하더라도 타고난 신분을 벗어날 수 없었다.

구체제에서 귀족은 그저 편안히 사는 존재가 아니었다. 귀족은 온갖 특권을 누리며 좋은 일자리를 독점했고 더군다나 세금도 안 냈다. 귀족은 평민을 하인 대하듯 다루었고, 평민은 그들에게 굽실거려야 했다. 인구의 대다수를 차지한 농민은 거의 노예 같은 존재였다. 그들은 온갖 모욕을 감내하며 귀족을 위해 갖가지 잡일을 했고, 무거운 지대를 납부해야 했다.

프랑스 농민들이 견딜 수 없을 정도로 가난해서 혁명을 일으킨 것은 아니다. 프랑스 혁명이 일어난 18세기에 프랑스는 비약적으로 발전하고 있었다. 이는 무엇보다 인구 증가에서 나타나는데, 1700년경 2000만 명이던 인구가, 프랑스 혁명이 일어난 1789년에는 2800만 명으로 늘어났다.[5] 프랑스의 인구가 이렇게 늘어난 것은 농업 혁명이 일어나 농업 생산성이 크게 향상되었고, 대서양 무역이 발전하면서 상공업이 성장한 덕분이었다.

18세기 후반 프랑스 농민의 상황은 다른 나라보다 훨씬 좋았다. 독일 농노들은 영지를 떠날 수 없었고, 마음대로 결혼할 수도 없었으며, 조금이라도 나태하거나 제멋대로 행동하면 영주로부터 심한 질책을 받았다. 청년기에는 몇 해

역사는 재미난 이야기라고
믿는 사람들을 위한
역사책

정기문 지음

책과함께

독자님 안녕하세요, 저는 이 책을 만든 편집자 이정우라고 합니다.

2018년 가을에 출간되어 많은 독자분들의 사랑을 받았던
《역사는 재미난 이야기라고 믿는 사람들을 위한 역사책》에 이어,
《역사를 재미난 이야기로 만든 사람들에 대한 역사책》이 나왔습니다.
이번 책도 독자님께 선물 같은 책이기를 바라는 마음을 담아,
별자리에 타로카드의 느낌을 더해 디자인을 했어요.

먼 옛날, 사람들은 밤하늘에 무수한 별과 달을 보며 이야기를 만들었지요.
그 이야기들은 신화가 되고 별자리가 되어 지금까지 이어지고 있습니다.
이 책들 역시 역사(history)라는 이야기(story)를
들려드리고자 탄생했습니다.

독자님께서 이 책을 재미나게 읽어주신다면, 그래서
독자님의 마음이 잠시나마 충만해진다면 더 바랄 게 없겠습니다.
고맙습니다.

도서출판 책과함께 편집부 이정우 드림

를 영주의 하인으로 일하고 그 후에도 영주 집안의 자질구레한 일을 도와야 했으며, 자신이 생산한 물건을 마음대로 시장에 팔 수도 없었다. 프랑스 농민들은 이런 '봉건적 강제 규정'으로부터 거의 모두 해방되어 있었다. 그러나 프랑스 농민이 근대적인 의미에서 자유로운 농민이 된 것은 결코 아니었다. 중세 농노에게 부과되었던 인신적 구속은 거의 사라졌지만, 농노가 져야 했던 경제적 부담은 거의 그대로 남아 있었다. 귀족들은 사냥한다는 핑계로 농민들이 경작하는 토지를 짓밟았고, 다리 위에서 기다리다가 통행세를 거뒀으며, 시장에서 물건을 마음대로 팔지 못하게 했다. 또한 농민이 밀가루를 빻거나 빵을 구우려면 반드시 이용료를 내고 영주의 방앗간과 제빵소를 이용하게 했다.[6]

농민에게 가장 무거운 부담은 지대였다. 18세기 후반 프랑스에서 농민은 밀 1알을 뿌려 5알을 수확했다. 그가 밭에서 밀을 수확하려고 하면 지대를 걷는 사람들이 달려왔다. 가장 먼저 교회가 십일조 명목으로 0.5알을 가져갔고, 다음에는 왕이 세금으로 0.5알을 가져갔으며, 그다음으로 영주가 지대 명목으로 1알을 가져갔다. 그리고 온갖 잡세와 기타 비용을 내려면 0.5알이 필요했다. 마지막으로 다음 해 농사에 쓰기 위해 1알은 따로 저장해놓아야 한다. 따라서 5알을 수확한 농민이 먹을 수 있는 것은 1.5알뿐이었다. 1789년 프랑스 인구는 2800만 명이었는데, 그 가운데 85퍼센트가 바로 이런 농민이었다. 이들은 수확물의 반 이상을 지배계급에게 빼앗기고 항상 기근과 결핍에 시달렸다. 1년에 한두 달은 식량이 떨어져 초근목피로 연명했고, 흉년이 들면 굶어 죽는 일도 허다했다.

농민을 제외한 나머지 인구 15퍼센트는 다양한 사람들로 구성되었는데, 부르주아와 도시의 민중이 가장 큰 비중을 차지했다. 부르주아의 상층은 변호사·의사와 같은 전문직 종사자, 그리고 금융업·상업 등을 통해 돈을 많이 번 사람들이었다. 이들은 지적 능력이나 재산에서 귀족에 뒤지지 않았지만 고위 관직에 오를 수 없었고, 귀족으로부터 온갖 차별을 받았다. 무엇보다 여러 가지 봉건적인 잔재들이 이들을 괴롭혔다. 예를 들어 중세 봉건제의 유습 때문에 자유롭게 생산을 할 수 없었고, 시장이 경제 원리로 작동하지 않아서 마음대로 장사를 할 수도 없었다. 심지어 장사하러 전국 어디를 가든 곳곳에서 통행세를 내야 했다. 부르주아의 하층은 자신의 가게를 가지고 장사하는 소상점주, 조그마한 공장을 운영하는 장인이었다. 이들이 전체 부르주아의 3분의 2를 차지했다.

도시의 민중은 장인의 공장에서 일하는 직인과 도제, 소상점주의 가게에서 일하는 일꾼, 그리고 도시의 온갖 서비스직에 종사하는 사람, 기타 여러 직종에서 일하는 날품팔이 등이었다. 부르주아의 하층과 도시 민중 계급을 합쳐 상퀼로트라 부르기도 했다. 상퀼로트는 귀족들이 입는 퀼로트라는 반바지 대신 긴 바지와 짧은 조끼를 입은 사람들을 의미한다. 상퀼로트는 중상층 부르주아와 함께 혁명의 주도 세력을 형성했다.

신분을 따지자면 농민, 부르주아, 그리고 도시의 민중은 모두 제3신분이었다. 프랑스 혁명 때 줄곧 주도적인 역할을 했던 시예스에 따르면 제3신분은 국가와 사회 유지에 필요한 모든 것을 생산하고 제공한다는 측면에서 '모든 것'이지만 귀족으로부터 인간 취급을 받지 못한다는 측면에서 '아무것'도 아니었다.

귀족의 반란, 혁명을 촉발하다

제3신분 위에는 제1신분과 제2신분이 있었다. 이들은 인구의 2퍼센트밖에 안 되었지만, 프랑스 전체 토지의 40퍼센트를 차지하고 고위 관직을 독점하면서 여러 특권을 누렸다. 무엇보다 이들은 세금을 거의 내지 않았다. 이들이 하는 일은 제3신분 위에 군림하면서 호화스럽게 사는 것이었다. 그런데 1789년 호사스럽게 살던 특권 계급이 반란을 일으켰다.

당시 프랑스는 심각한 재정 위기를 겪고 있었다. 루이 15세 치세 말년에 이미 프랑스 재정은 파산 직전이었지만, 루이 15세와 16세는 계속해서 막대한 '품위 유지비'를 사용했다. 그들은 폴리냐크 백작의 딸 결혼 지참금으로 80만 리브르, 아르투아 백작의 빚을 갚아주는 데 2300만 리브르를 썼다. 이렇게 왕실의 낭비가 지속되는 가운데 프랑스의 국고를 결정적으로 파탄 나게 한 사건이 일어났다. 프랑스가 미국 독립 전쟁에 참전한 것이다. 여기에 쏟아부은 돈이 무려 20억 리브르였다. 당시 프랑스 정부의 1년 수입이 5억 리브르 정도였으니, 4년치 수입을 한꺼번에 쏟아부은 것이다. 그 결과 1789년 프랑스의 국가 채무는 45억 리브르나 되었다. 이자를 갚는 데만도 매년 약 3억 1000만 리브르가 필요했다.

재무 대신들은 세금 징수액을 늘리고 부채를 줄이기 위해 안간힘을 썼지만, 근본적인 제도 개혁 없이 세금을 늘리는 데는 한계가 있었다. 문제는 프랑스 전체 토지의 40퍼센트를 차지한 채 면세 특권을 누리는 제1·2신분이었다.[7] 루이 16세와 재무 대신들은 제1·2신분에게 과세하는 것만이 유일한 해결책이라고 생각했다. 재무 대신 칼론Charle-lexandre de Calonne(1734~1802)이 성직자와 귀족의 토지에도 세금을 부과하자고 제안했다. 1787년 2월 22일, 왕은 귀족의 협력을 얻기 위해 명사회를 소집했다. 이때 모인 총 144명의 명사들은 중앙 정부의 요원과 주나 도시의 중요 인물이었다. 이들은 칼론의 제안을 거부하고 제1·2신분은 납세할 의사가 없다고 선언했다. 이후 귀족들은 왕의 명령에 공공연히 항의하면서 세금을 징수하려면 삼부회를 소집하라고 요구했다. 루이 16세는 할 수 없이 1788년 8월 8일 삼부회의 소집을 결정했다.

삼부회 의원들을 뽑는 선거가 시작되면서 프랑스 전체를 대대적으로 개혁해야 한다는 목소리가 곳곳에서 터져 나왔다. 이런 열망을 담은 소책자들이 봇물 터지듯 쏟아져 나왔고, 진보적인 인사들이 봉건제의 모순과 특권 계급의 부도덕함을 공격했다. 볼네는 《인민의 파수꾼》을 창간했고, 미라보는 《프로방스인에 호소함》을, 로베스피에르는 《아라스인에게 호소함》을 발표했다.

삼부회의 선거가 본격화되면서 혁명의 조짐이 보이기 시작했다. 전통적으로 삼부회는 각 신분별 대표가 비슷한 비율로 구성되어 신분별 투표를 했다. 그런데 제3신분 옹호자들이 전통적인 방식으로 삼부회가 열리는 것을 비판했다. 결국 귀족들의 대표인 고등법원이 양보하여 제3신분 대표가 배로 늘어났다. 각 지방에서 삼부회 의원을 선출하는 과정에서도 혁명의 조짐이 꿈틀거렸다. 곳곳에서 군중이 봉기하여 영주의 성을 약탈하고, 평민들의 요구 사항을 관철했다. 평민들은 삼부회 구성을 위한 여러 선거회의를 통해 자신들의 대표를 스스로 선출하며 민주주의를 배워나가고 있었다. 이렇게 선출된 대표들은 주민들의 의견을 적극 수렴하며, 봉건 영주들을 상대로 소송을 제기하는 등 새로운 사회를 모색했다.

　마침내 1789년 5월 5일 175년 만에 삼부회가 열렸다. 이날 열린 삼부회는 자리 배치부터 전근대의 질서를 그대로 반영하고 있었다. 한쪽 끝에 화려하게 차려입은 왕이 집회장을 내려다보며 연단에 앉아 있었고, 왕 옆에는 서열에 따라 왕비·왕자·공작 등이 있었으며, 연단 아래에는 대신들과 비서들이 자리했다. 2000명 정도의 관람자들이 발코니에 있었고, 밖에는 1만 명의 구경꾼이 회의를 지켜보려고 모여 있었다. 삼부회 대표들은 집회장 중앙에 있었다. 제1 신분 대표는 왕의 오른쪽에, 제2신분 대표는 왼쪽에 있었고, 인원이 많은 제3신분 대표들은 그 뒤편에 있었다.

삼부회에서 국민의회로, 혁명의 시작

제3신분 대표들은 삼부회에서 전통적 관념으로는 있을 수 없는 요구를 내걸었다. 투표 방식을 바꿀 것을 요구한 것이다. 기존에는 각 신분이 한 표씩 가지고 있어서 제3신분이 요구를 관철할 수 없었다. 그러나 머릿수 투표를 한다면 의원 수가 많은 평민들이 의회의 주도권을 장악할 수 있었다.

귀족과 성직자의 반발에 부딪히자 제3신분 대표들은 6월 17일 자신들은 삼부회를 거부하고 '국민의회'를 구성하겠다고 선언했다. 당황한 왕과 귀족들이 이들을 해산하려 하자, 제3신분 대표들은 폼Paume(테니스와 비슷한 옥내 스포츠) 경기장에 모여 스스로 해산을 결의할 때까지 해산하지 않겠다고 선언했다. 이렇게 해서 왕이 소집 및 해산권을 갖고 있던 삼부회는 소멸되었고, 근대적 의미의 의회인 국민의회가 탄생했다.

루이 16세는 용병 부대 2만 명을 비밀리에 불러 모아 국민의회를 해산하려 했다. 이 소문에 파리 시민들이 스스로 무장하고 나섰다. 그들은 7월 14일 전제 왕권의 상징인 바스티유 감옥을 함락했다. 바스티유 감옥은 파리 시내에 있는 성으로, 처음에는 요새였는데 정치범 수용소로 사용되고 있었다. 따라서 바스티유 감옥의 함락은 전제 왕권을 부수고 새로운 세상을 여는 상징적인 일이었다.

　민중의 혁명 열기가 계속 분출되는 가운데 국민의회는 자신들의 임무가 프랑스를 새롭게 운영해나갈 헌법을 만드는 것이라 선언하고, 의회 이름을 '제헌국민의회'로 바꾸었다. 여기에 참가한 의원은 대략 900명이었다. 처음 삼부회의 의원 수는 1200여 명이었지만, 혁명에 반대한 귀족 대표들은 국민의회에 참가하지 않았다. 그래도 900명이면 서유럽의 대의체 가운데 매우 큰 규모에 속한다. 1614년 삼부회 인원의 세 배나 되고, 미국 헌법을 만들기 위해 모인 55명과는 비교할 수도 없는 숫자다.

　900명의 의원들은 여러 차례 회의를 진행하는 가운데 민주주의의 기본을 익혀갔다. 처음에는 회의 진행이 엄청 더뎠다. 의원들이 너무 많아서 넓은 집회장에 모여야 했는데, 당시에는 음향 시설이 없어서 말이 잘 들리지 않았다. 회의를 주도하려면 목소리가 커야 했고, 그러다 보니 젊은 의원들이 두각을 나타냈다. 회의에 속도가 붙지 않자 의원들은 30명씩 조를 짜서 미리 토론한 다음, 그 결과를 대표들이 발언하게 했다. 이렇게 해서 분과위원회가 만들어졌다.

국민의회는 1789년 8월 4일, 처음으로 중요한 성과를 내놓았다. 봉건제를 폐지하기로 한 것이다. 국민의회에는 분명히 고위 귀족들과 성직자들도 포함되어 있었는데, 그들이 스스로 자기들의 권리를 포기하고 평민과 똑같이 세금을 내겠다고 선언했다. 1000년이나 유지된 봉건 지배는 이렇게 종말을 고했다.

국민의회의 개혁은 봉건제 폐지 선언에 그치지 않았다. 불과 22일 뒤에 인류 역사에 길이 남을 '인권선언'을 선포했다. 인권선언의 정식 명칭은 '인간과 시민의 제 권리에 대한 선언_{Declaration des droites de l'homme et de Citoyen}'이었다. 여기서 인간은 프랑스인이 아닌 모든 인류를 뜻하고, 시민은 프랑스인을 의미한다. 인권선언의 주요 조항들은 다음과 같다.

제1조 인간은 자유롭고 평등하게 태어나 살아갈 권리가 있다. 사회적 차별_{civil distinction}은 공공 이익을 위해서만 근거가 설정된다.

제2조 모든 정치적 결사의 목적은 인간의 자연적이며 시효가 지나더라도 소멸될 수 없는 권리들을 보전함에 있다. 이 권리들이란 자유, 재산, 안전 그리고 압제에 대한 저항이다.

제3조 모든 주권은 본질적으로 국민에 있다. 어떤 단체나 개인도 명백히 국민에게서 나오지 않은 권력을 행사할 수 없다.

제7조 누구도 법이 규정한 경우이거나 법이 정하는 절차에 의하지 아니하고는 고소, 체포, 구금되지 않는다. 자의적인 명령을 선동하거나 편의를 제공하거나 또는 그 명령을 집행케 하는 자는 처벌되어야 한다. 그러나 법에 의하여 소환되거나 체포되는 시민은 누구나 즉각 법에 순응해야 한다. 이에 저항하는 자는 범죄자가 된다.

제11조 사상과 의견의 자유로운 소통은 인간의 가장 귀중한 권리 중 하나다. 그러므로 모든 시민은 자유로이 말하고 쓰고 출판할 수 있다. 다만 법률이 규정할 경우에는 자유의 남용에 대해 책임을 져야 한다.

제17조 소유권은 신성불가침의 권리이므로, 합법적으로 확인된 공공의 필요가 명백하고 또 정당한 사전 배상의 조건이 붙지 않는다면 결코 침탈될 수 없다.

인권선언은 자유와 평등을 기본 정신으로 주권재민의 원칙을 명시했다는 점에서 중요한 정치적 의미를 갖는다. 이후 근대 세계는 이 선언의 원칙에 근거해 발전하게 된다.

혁명 초기에 유지된 입헌군주제

삼부회가 국민의회로 바뀌었을 당시에는 진보적인 귀족과 상층 부르주아가 혁명을 주도했다. 국민의회에 참가한 제3신분 대표들 중에는 전문 직업 종사자, 특히 법률 계통 종사자들이 가장 많았다. 구체적으로 보면 218명이 사법 기구의 관리였고 181명이 변호사였는데, 공증인을 포함한 하급 관리들까지 포함한다면 제3신분 대표들 가운데 약 3분의 2가 법률 계통 종사자였다. 이렇게 전형적인 중산층으로 구성된 제3신분 대표들이 혁명을 주도했다. 더욱이 국민의회에는 성직자와 귀족 대표도 300명이나 있었다. 그들은 온건 개혁파로서 제3신분 대표들보다 더 큰 영향력을 행사했다. 따라서 국민의회 기간, 즉 1789년 6월 17일부터 1791년 9월 30일까지 혁명은 온건했다. 이 기간에 중요한 쟁점은 입헌군주제를 채택하되, 왕의 권한을 어느 정도 제한할지 결정하는 것이었다.

혁명 초기에는 왕을 처형하거나 공화제를 실시하자는 주장은 없었다. 기묘하게도 혁명 초기에 왕권은 오히려 강해진 측면이 있었다. 혁명 전 왕권을 견제하던 귀족 세력이 거의 완전히 와해되었기 때문이다.[8] 그런데 루이 16세와 마리 앙투아네트가 혁명에 반대하는 견해를 공공연히 표명하면서 상황이 달라졌다. 그들은 외국 군대를 동원해서 혁명 세력을 몰아내고 왕권을 회복하려 했다. 그러기 위해 루이 16세는 1791년 6월 21일 외국으로 도망가려다가 바렌에서 발각되어 파리로 잡혀 왔다. 이에 격분한 파리 시민들은 1791년 7월 17일, 샹드마르스 광장에 모여 왕을 폐위시키고 공화제를 실시하자고 주장했다. 민중의 열기와 요구에 놀란 국민의회는 민중을 무력으로 진압하고 학살했다. 이 사건은 혁명 초기에 누가 혁명을 주도했고, 혁명이 추구한 것이 무엇이었는지를 잘 보여준다.

바렌 사건과 샹드마르스 광장의 학살로 정국이 혼란스러운 가운데, 1791년 9월 3일 드디어 헌법이 만들어졌다. 이때 제정된 헌법은 입헌군주제를 채택했지만 국민주권의 개념을 명확히 했다. 이제 왕은 자기 생각대로 통치하는 게 아니라 국민의 대표인 의회의 통제를 받아야 했다. 그렇지만 이 헌법은 재산세를 내는 액수에 따라 시민을 능동적 시민과 수동적 시민으로 분류했기 때문에 어디까지나 '가진 자들을 위한 헌법'이라는 한계를 지녔다.

새로 만들어진 헌법에 따라 선거가 치러지고, 1791년 10월 1일 입법의회가 열렸다. 여기에 참여한 사람들은 보수파인 푀양파가 264명, 좌파가 136명, 어느 파에도 속하지 않는 독립파가 345명이었다. 좌파란 대체로 자코뱅 클럽에 등록되어 있던 의원들을 통칭한다. 좌파 중에는 언론인 출신 브리소를 따르는 무리, 남서부 지방인 지롱드 출신 의원들, 쿠통·샤보와 같은 급진적 민주파, 철학자 콩도르세를 따르는 콩도르세 무리 등이 있었다. 입법의회가 진행되면서 지롱드 출신 의원들이 브리소를 중심으로 뭉쳐 지롱드파가 형성되었다.

지롱드파는 독립파 의원들의 협조를 받으며 입법의회를 주도했다. 지롱드파는 대개 지방 부르주아 출신으로, 경제적으로 부르주아의 이익을 대변하면서 자유주의 정책을 추구했고, 파리의 민중 운동을 혐오했다. 이들은 보르도, 낭트, 마르세유 등의 상공업자들과 손잡고 있었고 스위스, 네덜란드, 벨기에 등에서 프랑스로 망명 온 금융업자들과도 깊은 관계를 맺고 있었다.

드디어 민중이 권력을 잡다

혁명의 열기가 전해질까 염려한 오스트리아와 프로이센은 프랑스 혁명을 무력으로 진압하겠다고 선언했다. 이에 프랑스가 먼저 오스트리아에 선전포고했다. 입법의회 기간 중이던 1792년 4월 20일의 일이었다. 당시 프랑스의 각 정파는 외국과의 전쟁을 통해 국내 문제를 해결하려 했다. 루이 16세는 전쟁이 일어나면 프랑스가 질 테고, 그렇게 되면 예전의 왕권을 회복할 수 있을 거라고 믿었다. 그래서 전쟁을 적극 지지했다. 푀양파의 지도자 라파예트는 전쟁이 나면 지휘권을 가진 자신이 유리할 거라고 생각해서 전쟁을 지지했고, 입법의회를 주도하고 있던 지롱드파는 국내외에 만연한 반혁명 세력을 없애버릴 좋은 기회라 여기고 전쟁을 적극 지지했다. 이렇게 저마다 동상이몽을 꾸면서 단기전으로 끝나길 바랐지만, 전쟁은 뜻대로 진행되지 않았다. 전쟁은 장기화되었고 그 과정에서 민중 세력이 급격히 성장했다.

전쟁이 일어난 후 프랑스는 군대를 벨기에 쪽으로 보냈다. 당시 프랑스군은 10만 명이나 되었고, 오스트리아군은 3만 5000명밖에 되지 않았다. 그럼에도 디롱 장군을 비롯한 프랑스 장군들은 싸우지도 않고 후퇴해버렸고, 라파예트는 오스트리아에 사절을 보내어 휴전을 제의했다. 루이 16세의 뜻대로 프랑스가 패전할 것 같았다. 라파예트와 장군들이 일방적으로 휴전하려 한다는 소식을 들은 입법의회는 장군들 배후에 왕이 있다고 생각하고, 독자적인 군사력을 확보하기 위해 지방 민병대를 파리로 불러들이려 했다. 이때 루이 16세는 의용병 소집에 반대했다. 이에 위기를 느낀 입법의회는 7월 11일 '조국 프랑스가 위기에 처했다'라고 선언하면서 계엄령을 선포하고, '수동적 시민'에게도 무기 휴대를 허락하고 이들을 파리의 48개 구민회의에 참가할 수 있도록 했다. 이후 파리 민중은 구민회의를 장악하고 급격히 세력을 키웠다. 그들은 입법의회에 왕권의 정지를 선언할 것과, 혁명을 적극 추진하고 민중을 위한 정책을 펼 것을 요구했다.

그러나 파리의 민중을 혐오한 지롱드파는 왕과 타협하여 문제를 해결하려 했다. 지롱드파가 계속 미온적인 태도를 취하자 파리의 민중은 1792년 8월 10일에 들고일어났다. 민중은 '혁명 시의회'를 만들고 왕궁으로 쳐들어갔다. 궁정 수비대 800명과 시민 500여 명이 사망한 대전투 후 마침내 민중이 권력을 잡았다. 민중은 의회로 달려가 왕권을 정지

시키고, 새로운 헌법을 수립하기 위한 국민공회를 소집하도록 요구했다. 이제 루이 16세는 탕플 수도원의 탑에 갇히는 신세가 됐고, 왕을 옹호했던 귀족 세력은 파멸하고 말았다.

루이 16세의 죽음과 혁명의 '수출'

8월 10일 봉기로 권력을 장악한 민중은 입법의회를 해산하고 새로 선거를 치르라고 요구했다. 그 결과 9월 20일 국민공회가 소집되었다. 다음 날 국민공회가 공화정을 선포하면서 프랑스 제1공화정이 수립되었다.

공화국의 앞날은 밝아 보였다. 국민공회가 열리는 날, 민중의 승리를 축하라도 하듯 프랑스군이 베르됭 서쪽 발미에서 프로이센군을 상대로 승리했다. 3차에 걸친 치열한 포격전으로 시작된 이날 전투에서 프랑스 군인들은 혁명가인 〈라 마르세예즈〉를 부르며 완강히 저항했고, 밤중에 비가 내리자 프로이센군이 퇴각했다. 프로이센군에게 큰 타격을 입히지는 못했지만 진군을 막은 것만으로도 대단한 성과였다. 프랑스 군대는 훈련이 안 된 민병대로 구성되었고, 프로이센군은 당시 유럽 최강의 육군이었다. 이때 프로이센군으로 전투에 참가한 《파우스트》의 작가 괴테는 "이날, 이곳에서 세계사의 새로운 시대가 시작되었다"고 말했다.

새로 소집된 국민공회의 의원 수는 750명이었다. 지롱드파가 150~200여 명에 이르렀고, 중도파인 '평원당'이 과반수를 차지했다. 8월 10일의 봉기를 주도하고 파리 민중의 적극적인 지지를 받은 '산악파'는 소수파였다. 이들은 의사당의 높은 자리에 앉았기 때문에 산악파라는 별명을 얻었다. 로베스피에르, 당통, 마라 등이 산악파에 속했다.

왜 국민공회에서 지롱드파가 다수를 차지했을까? 민중은 지롱드파의 온건한 정책과 미온적인 태도에 반대해서 봉기했고, 지롱드파가 주도한 입법의회를 해산했다. 그렇다면 국민공회 선거에서 지롱드파는 몰락하고, 민중을 대변하는 산악파가 다수를 차지했어야 한다. 그러나 지롱드파가 다수를 차지한 것은 전혀 이상한 일이 아니다. 지방 민중이 아니라 파리 시민들이 8월 10일의 봉기를 주도했기 때문이다. 지방 민중은 파리 시민들만큼 혁명에 적극적이지 않았고, 급진적인 개혁을 추구하지도 않았다.

국민공회가 소집된 후에도 지롱드파가 세력을 유지하고 있었기 때문에 지롱드파와 산악파 간의 대립은 불가피했다. 국민공회 초기 지롱드파와 산악파는 국왕의 처리 문제를 놓고 격심하게 대립했다. 지롱드파는 신성한 국왕을 백성이 재판할 수 없다고 주장한 반면, 산악파는 왕을 처형시키고 혁명을 진전시키려 했다.

이 문제는 다소 의외의 사건에서 판가름 났다. 루이 16세는 기계를 만드는 재주가 있어서 벼룩을 잡는 자그마한 대포를 만들기도 했다. 그는 재능을 살려 튀일리궁에 있을 때 비밀 벽장을 만들어 온갖 문서를 보관했다. 이때 루이 16세를 도왔던 자물쇠공이, 국왕이 비밀을 지키기 위해 자신을 죽일지 모른다고 생각하여 비밀의 방이 있다고 신고했다. 그 방에서 온갖 반혁명적 행적이 담긴 문서가 발견되자 여론은 급격히 왕에게 불리해졌고, 결국 이듬해인 1793년 1월 14일 361 대 360으로 사형 판결이 내려졌다.[9] 그리하여 1월 20일 국민공회는 콩코드 광장에서 루이 16세를 처형했다. 이때 루이 16세는 위엄 있는 말을 남기고 죽었다.

> 나는 죄가 없다. 그러나 나는 적을 용서하겠다. 나의 피가 프랑스인에게 행복을 주고, 또 신의 노여움을 풀어주기를 바랄 뿐이다.[10]

위기에 직면한 국민공회

1793년 1월 루이 16세가 처형되자, 유럽 여러 나라의 지배층은 크나큰 충격에 빠졌다. 프랑스 혁명 후 귀족의 재산이 몰수되고, 심지어 재판도 없이 귀족과 그의 가족이 처형되는 일이 흔하게 일어났다. 루이 16세가 살아 있는 동안 유럽의 왕과 귀족 들은 언젠가 상황이 역전될 거란 희망을 품었다. 하지만 루이 16세가 처형되었고, 1792년 9월 20일 발미에서 승리한 프랑스 혁명군이 서서히 공세를 펴기 시작했다. 그해 10~11월에 혁명군은 사부아, 벨기에 지역, 그리고 독일 남부 지역을 점령했다. 혁명군의 승리에 고무된 국민공회는 1792년 11월 19일 다음과 같이 선언했다.

> 국민공회는 자유를 회복하고 싶어 하는 (유럽의) 모든 인민들에게 우애와 도움을 줄 것을 선언한다. 이런 인민들을 돕기 위해서, 그리고 자유의 대의를 위해 고통받아왔거나 앞으로 고통받게 될 시민들을 보호하기 위하여 장군들에게 필요한 명령을 내릴 책임을 행정부에 부여한다.[11]

프랑스를 제외하면 유럽 어느 나라에서든 구체제가 유지

되고 있었다. 따라서 이 선언은 프랑스가 혁명 이념에 근거해 전 유럽의 왕과 귀족을 제거하겠다고 밝힌 것이다. 이듬해 루이 16세가 처형되자 유럽 왕들과 귀족들은 혁명정부의 위협이 빈말이 아님을 실감했다. 이들은 빨리 프랑스 혁명정부를 무너뜨리고 왕정을 복구해야만 자신들이 안전할수 있다고 생각했다. 이미 프랑스와 전쟁 중이던 프로이센과 오스트리아 외에도 영국, 에스파냐, 이탈리아 등이 프랑스에 맞서 동맹을 결성했다.[12]

이렇게 전쟁이 임박했음에도 프랑스군은 급격하게 약화되고 있었다. 1792년 12월 40만 명에 달했던 군대가 1793년 2월에는 22만 8000명으로 줄어들었다. 군대의 다수를 차지했던 의용군이 전투가 끝나자 집으로 돌아갔기 때문이었다. 혁명이 좌초될지 모르는 위기감에 혁명정부는 1793년 2월 24일 30만 징집령을 내렸다. 이 법령은 18세에서 40세까지 독신 남자들은 군대에 복무할 의무가 있다고 규정했다.[13] 30만 징집령에도 불구하고 전세는 프랑스에 불리하게 흘러갔다. 1793년 3월 1일 뒤무리에 장군이 네덜란드에서 오스트리아군을 공격하다가 패배했다. 뒤무리에는 그 후에도 패배를 거듭하다가 책임을 면하기 위해 오스트리아로 망명해버렸다. 그러자 오스트리아군이 벨기에를 차지하고 프랑스를 향해 진격했다. 영국, 에스파냐, 프로이센을 중심으로 한 1차 대불동맹군도 점차 프랑스에 공세를 강화하고 있었다.

　설상가상으로 국내 상황까지 안 좋았다. 국민공회가 30만 징집령을 내리자 여러 지역의 농민들이 크게 반발했다. 중세 이래 유럽 농민은 군대에 가지 않았다. 프랑스가 세워진 이래 무기를 들고 싸운 자들은 오직 귀족뿐이었다. 농민에게 입대는 낯설었고, 더욱이 농사철에 토지를 떠난다는 것은 상상도 못 할 일이었다. 농사철에 농사짓지 않는 것은 곧 굶어 죽는 것을 의미했기 때문이다. 따라서 많은 농민들이 혁명의 대의에 찬성하면서도 의무적으로 군대에 가야 한다는 데에는 동의할 수 없었다.

　곳곳에서 불만이 터져 나오는 가운데 프랑스 서부 지역에서 농민들이 반란을 일으켰다. 그들은 1793년 3월 10일 마슈쿨, 보부아르, 생플로랑르비외이유, 숄레 등지에서 봉기를 일으켰다. 농민들은 "혁명 세력이 우리의 왕을 죽였다. 그들은 우리의 신부들을 몰아냈고, 우리 교회의 재산을 팔았다. 돈은 어디 갔나? 그들이 모두 먹어치웠다. 그들은 이제 우리의 몸을 요구한다. 그들은 그것은 갖지 못할 것이다!"[14]라고 외치면서 혁명정부를 타도하자고 역설했다. 방

데 지역을 중심으로 여러 지역의 주민이 봉기에 가담하면
서, 반란군의 숫자는 순식간에 수십만 명으로 늘어났다. 반
란군은 관공서를 접수하고 혁명파 인사들을 학살했다.

　1793년 4~5월에 프랑스는 뒤무리에 장군의 패배와 망
명, 그리고 방데의 반란으로 극도로 불안했다. 국민공회는
이런 상황에 잘 대처하지 못했다. 특히 국민공회의 다수파
인 지롱드파는 당통과 로베스피에르가 소속된 산악파의 정
책을 사사건건 반대했다. 이에 당통의 후원하에 1793년 5
월 31일 파리의 민중이 봉기했고, 이들은 국민공회를 포위
하고 국민공회 내에서 활동하던 온건파, 즉 지롱드파 의원
29명의 숙청을 요구했다. 6월 2일 이들의 요구가 수용되면
서 지롱드파는 몰락하고, 산악파가 국민공회를 주도하게 되
었다.

　그런데 지롱드파의 몰락은 또 다른 위기를 야기했다. 파
리에서 지롱드파가 숙청된 후, 각 지역에서 지롱드파를 지
지하는 반란이 일어났다. 브르타뉴, 노르망디, 프랑슈콩테
등이 분리 독립을 선언하면서 반란 상태에 들어갔다. 특히
파리 다음으로 큰 도시였던 리옹이 반란에 가담하면서 반
란군의 세력은 막대해졌다. 방데를 중심으로 서부 지역이
반란군의 수중에 떨어져 있는 상황에서, 리옹을 비롯한 여

러 지역에서 추가로 지롱드파를 지지하는 반란이 일어나자, 프랑스는 내부의 반란과 대불동맹군의 공격으로 쓰러지기 일보 직전이었다. 이런 위기 속에서 이른바 공포정치가 시작되었다.

당통, 공포정치를 시작하다

흔히 혁명은 기존 체제를 뒤집어엎고 새로운 세계를 만드는 것이라고 한다. 이 단어는 긍정적인 희망의 색채를 띠고 있지만, 조금만 생각해보면 강렬한 폭력의 냄새를 안고 있다. 기존 체제를 뒤엎으려면 필연적으로 기득권을 가지고 있는 사람들이 저항할 것이다. 그동안 누리던 특권, 재산, 심지어 생명과 자유를 빼앗기는 상황에서 저항하지 않을 지배층이 어디 있겠는가? 더욱이 그들은 많은 군대와 돈을 가지고 있기 때문에 그들을 제거하려면 폭력이 사용될 수밖에 없다. 프랑스 혁명도 끊임없는 폭력의 연속이었는데, 그 시작은 1789년 7월 14일 바스티유에서 이루어졌다. 루이 16세가 군대를 동원해서 혁명 세력을 진압하려고 하자, 파리 시민들은 스스로 무장하고 바스티유로 쳐들어갔다. 바스티유를 에워싼 시민들이 감옥을 지키는 사령관에게 무기를 버리고 투항하라고 권유했지만, 감옥을 지키던 병사들은 총을 쏘면서 저항했다. 이에 맞서 시민군이 즉각 총을 쏘면서 전투가 시작되었다. 이 과정에서 100여 명이 사망했다.

그런데 감옥을 함락한 후 시민군이 끔찍한 학살을 자행했다. 시민들은 감옥을 지키던 군인들뿐만 아니라, 함락 과정에 비협조적이었던 파리 시장 플레셀을 끌고 와서 죽였다. 시민들은 그를 시청 옆 광장에서 죽이고, 머리를 창에 꽂아 광장에 내걸었다. 당시 시민군의 학살은 혁명에 동조하는 인사들마저 치를 떨게 할 정도였다. 혁명 당시 가장 진보적 인물로 손꼽히던 바뵈프François Noël Babeuf(1760~1797)는 이렇게 말했다.

온갖 종류의 처벌, 즉 사지 찢어 죽이기, 고문, 수레에 매달아 끌기, 화형, 교수형 그리고 온갖 방면의 잡다한 처형은 우리의 도덕에 아주 나쁜 영향을 미쳐왔다! 우리의 지배자들은 그들 자신이 야만스러웠기 때문에 우리를 개화시키는 대신에 우리를 야만인으로 만들었다. 그들은 자신들이 뿌린 것을 거두고 있으며, 장래에도 그럴 것이다.[15]

바뵈프의 이 말은 시민들이 지배계급에게 받았던 대로 복수했고, 앞으로도 계속 그럴 것이었음을 보여준다. 이 말 대로 이후 혁명은 피의 길이었다. 1789년 이후 각지에서 혁명에 동조하는 농민들이 엽총, 낫, 쇠스랑, 도리깨를 들고 영주의 집으로 몰려가 봉건 문서들을 불태웠고, 반항하면 집을 불태웠다.

바스티유 함락 이후 반혁명 세력에 가해진 폭력 가운데 유명한 것이 '9월 학살'이다. 1792년 프랑스는 오스트리아 및 프로이센과 전쟁 중이었는데, 8월 26일에는 프로이센군 이 롱위를 함락했고, 9월 2일에는 오스트리아군이 베르됭 을 함락했다. 베르됭은 파리에서 동쪽으로 280킬로미터 떨어져 있는데 그곳에서 파리까지는 주요 군사 기지가 없었다. 따라서 프랑스인에게 베르됭은 최후의 보루와 같이 중요한 곳이었다. 이곳이 함락되었다는 소식에 파리 시민들이 크게 동요했다. 그때 당통이 입법의회에서 이렇게 외쳤다.

베르됭이 함락되어 조국이 위기에 처해 있는 이 순간, 누구든지 조국을 위해서 일하기를 거부하는 자는 사형에 처해야 합니다. 조국의 적들을 쳐부수기 위해서 우리는 대담해야 하고, 좀 더 대담해야 하며, 항상 대담해야 합니다. 그

러면 프랑스를 구할 수 있을 것입니다.[16]

당통이 대담하게 행동해야 한다고 연설했다는 사실이 전해지자 파리 시민들은 정말 대담해졌다. 그들은 적들이 쳐들어오기 전에 내부의 적을 없애야 한다고 외치면서 낫과 몽둥이를 들고 감옥으로 향했다. 그들은 닥치는 대로 죄수들을 끌어내어 잔인하게 죽였다. 야만적인 그들의 폭력은 5일이나 지속되었으며 약 1300명이 무참히 맞아 죽었다. 특히 폭도들은 랑발 Mme de Lamballe 공작부인을 발가벗기고, 강간하고, 가슴을 도려내고, 사지를 찢어 죽였다. 파리에서뿐 아니라 지방에서도 비슷한 일이 벌어져 1만 5000명 이상이 재판도 받지 않고 처참하게 살해되었다. 당시 당통은 법무장관으로서 치안을 유지할 책임이 있었지만, 민중을 선동했을 뿐 아니라 민중이 학살하는 동안 전혀 말리지 않았다.

당통은 폭도들을 막아야 한다는 롤랑 부인에게 "나는 수감자들에게 전혀 신경 쓰지 않소. 그들 힘으로 버티게 내버려두시오"라고 말했다.[17] 그러나 이는 당통의 위선이었는데, 당통이 미리 작성한 명부에 따라 학살이 이루어졌다는 기록이 발견되었기 때문이다.[18] 당통도 나중에 이 사실을 인정했다. 그는 이 사건을 언급하면서 이렇게 말했다.

모든 남자들이 군대로 달려가 파리에 있는 우리가 무방비 상태로 남겨졌을 때 감옥들은 음모자와 상것 들로 넘치고 있었다. 이자들은 외국인들이 와서 우리를 학살하기만을 기다리고 있었다. 나는 그들에게 선수를 친 것에 불과하다. 파리의 모든 청년이 샹파뉴에 도착하여 충성을 증명하는 피를 흘려야 한다는 것이 나의 생각이었다. 나는 그들과 망명귀족 사이에 피의 강이 흘러야 한다고 생각했다.[19]

이렇게 당통은 1793년 위기 이전에 수차례 반혁명 세력에 폭력을 가할 것을 적극적으로 촉구했다. 1793년 봄부터 본격화된 위기를 극복하기 위해 당통은 공포정치를 주도하기 시작했다. 공포정치는 정상적인 법 절차를 무시하고 폭력과 공포를 통해 통치하는 것을 말한다. 프랑스 혁명에서 공포정치는 언제 시작되었을까? 국민공회에 공포를 통해 정치를 해야 한다는 의안이 상정된 1793년 9월 5일, 혁명재판소가 설치된 1793년 3월 10일, '9월 학살'이 있었던 1792년 9월, 심지어 바스티유 함락이 있었던 1789년 7월 14일 등 다양한 의견이 있다.[20]

언제부터가 되었든 공포정치를 실질적으로 시작한 사람은 당통이었다. 혁명재판소를 설치한 사람이 당통이었기 때

문이다. 1793년 3월 그는 "적을 찾아서 처부수기 위해 혁명
재판소를 설치해야 한다"고 주장했다. 국민공회 의원 다수
는 모든 시민이 공정한 재판을 받을 권리가 있는데, 오직 한
번의 재판으로 유무죄를 가리고, 사형이 판결된 피고인의
재산을 몰수하는 혁명재판소를 설치하면 기본권이 침해된
다며 반대했다. 당통은 로베스피에르와 함께 국민공회 의원
들을 적극 설득했고, 그들의 주장에 설득당한 국민공회는 3
월 10일 혁명재판소 설치에 찬성했다. 이 시기 당통은 무슨
수를 써서라도 혁명을 지켜야 한다고 생각하고 있었다.[21]

이후 혁명재판소는 이른바 '자유의 독재'를 행하는 주요
기구가 된다. 혁명 세력의 중추인 국민공회가 판사와 배심
원 임명권, 그리고 기소권을 장악했기 때문이다. 판사와 배
심원이 혁명에 적극 참여하는 사람들로 구성된 재판소에서
공정하고 객관적인 판결은 기대하기 힘들었다.[22]

당통이 주도한 국민공회는 혁명재판소 설치에 이어 '자
유의 독재'를 강화하기 위한 여러 조치를 취했다. 1793년 3
월 21일에 '혁명감시위원회'를 설치했다. 이 위원회는 혁명
에 적대적인 행위를 할 가능성이 있는 자들을 감시하고 체
포하는 임무를 맡았다. 이 위원회의 주요 구성원들은 혁명
정신이 강렬한 상퀼로트였는데, 이들은 혁명에 반대하거나

미온적인 태도를 취하는 자들에게 강력한 조처를 취했다.

1793년 4월 6일에는 공안위원회가 설치되었다. 이 위원회는 국민공회 의원 9명으로 구성되었는데, 사실상 최고 통치권을 가지고 있었다. 이 위원회는 행정 내각을 감독하고, 비상시에는 국가방위를 위한 특단의 조치를 취할 수 있었다. 국민공회 내의 온건파인 지롱드파가 공안위원회가 독재를 휘두른다며 항의하자, 당통과 함께 산악파의 주요 지도자였던 마라는 "자유는 폭력을 통해서만 확립될 수 있습니다. 국왕들의 독재를 분쇄하기 위해 일시적으로 자유의 독재를 조직할 시기가 도래할 것입니다"[23]라고 연설했다. 마라는 이 연설에서 혁명을 지키려면 폭력으로 독재를 해야 한다고 주장하고 있다. 당통은 마라의 견해에 적극 동의하여 공안위원회를 창설했다. 이렇게 공포정치의 주요 기관인 혁명재판소와 공안위원회가 만들어지고, 그들이 '공포'를 휘두르고 있을 때 프랑스의 최고 지도자는 로베스피에르가 아니라 당통이었다.

당통은 1793년 4월 6일부터 7월 27일까지 최고 행정 기관 역할을 하던 공안위원회의 최고 지도자였다. 이 위원회는 '당통의 공안위원회'라고 불렸다. 그 전까지 당통은 혁명 세력 내에서 늘 가장 진보적인 인사였는데, 공안위원회 최고 지도자로 활동하던 약 3개월 동안 온건 성향의 태도를 보인다. 그는 국민공회 내의 온건파와 화합을 추구했으며, 대불동맹군과도 어떻게든 평화롭게 관계를 개선하려 했고, 앙투아네트를 비롯한 왕족에게도 우호적인 태도를 취했다.[24] 이렇듯 당통은 공포정치를 주도한 두 기구, 즉 혁명재판소와 공안위원회를 설치하고, 초대 공안위원회 최고 지도자로서 사실상 공포정치를 시작했는데, 1793년 6~7월에 '흔들리고' 있었다. 훗날 당통은 자신이 혁명 과정에서 수많은 사람을 죽인 일을 후회한다고 말했는데, 그런 후회가 이 시기에 시작되었을 가능성이 있다.

문제는 당통이 흔들리는 동안 혁명도 흔들리고 있었다는 것이다. 내부에서 반혁명 세력이 급격하게 세력을 확대하고 있었고, 대불동맹군의 압박도 더욱 강해졌다. 1793년 7월 10일 국민공회는 당통이 이끄는 공안위원회가 상황에 제대로 대처하지 못하고 있을 뿐 아니라 당통이 심각하게 흔들리고 있다고 판단했다. 그리하여 공안위원회의 재조직을 결의했다. 이때 당통의 경쟁자 로베스피에르가 공안위원회 의장이 되었다.

공포정치를 강화한 로베스피에르

혁명의 1인자가 된 로베스피에르 앞에 닥친 상황은 그 어느 때보다도 심각했다. 프랑스군의 패퇴가 점점 더 심해졌기 때문이다. 1793년 8월 프랑스군은 거의 모든 전선에서 패퇴하고 있었다. 북부 전선에서 발랑시엔 장군이 항복하면서 영국군과 오스트리아군이 파리로 진격하고 있었고, 남서부에서는 에스파냐군이 국경을 넘어 진격해 들어왔다.

로베스피에르는 8월 23일 국민총동원령을 내렸다. 이 법령은 이렇게 규정했다.

적군이 공화국의 영토 밖으로 쫓겨날 때까지 모든 프랑스인은 군대에 복무하기 위해 상시 징집된다. 젊은이는 전쟁터로 갈 것이고, 기혼 남성은 무기를 제조하고 식량을 운반할 것이며, 부녀자들은 막사와 제복을 만들고 병원에서 간호를 맡을 것이다. 아이들은 헌 속옷으로 외과용 거즈를 만들고, 노인은 광장에 모여 장병의 사기를 고무하고 군주들에 대한 증오심과 공화국을 통합해야 할 필요성을 가르칠 것이다.[25]

로베스피에르의 혼신을 다한 노력은 서서히 효과를 발휘했다. 혁명정부는 1793년 12월 이전에 방데의 반란, 리옹의 반란을 완전히 진압했고, 외적과의 전선에서도 점차 전세를 유리하게 이끌어나갔다. 9월 8일 옹드슈트 전투Battle of Hondschoote에서 혁명군은 영국·오스트리아·프로이센 연합군에 승리를 거두었다. 9월 말에는 에스파냐군을 국경선 밖으로 몰아냈고, 10월에는 와티니(프랑스 북부의 도시)에서 프로이센군에게 다시 승리했다. 12월 19일에는 나폴레옹의 활약으로 영국으로부터 툴롱을 되찾았다. 툴롱은 프랑스가 지중해를 통제하는 데 가장 핵심적인 기지였다. 8월 말 이후 영국-에스파냐 함대가 이곳을 차지하고 프랑스의 지중해 진출을 막고 있었다. 나폴레옹은 툴롱의 승리로 단숨에 육군 준장으로 승진했고, 이후 군인으로서 승승장구할 발판을 마련했다.[26]

그런데 이렇게 위기를 극복하는 과정에서 이전과는 비교할 수 없을 정도로 잔인한 폭력이 행사되었다. 서부 농민들의 반란을 진압하지 못해 공안위원회에서 물러난 당통과 달리 로베스피에르는 단호하게 행동했다. 그의 지휘하에 혁명정부는 수만 명의 정규군을 파견하여 반란군을 진압했는데, 그것은 진압이라기보다 학살에 가까웠다. 진압을 지휘했던 웨스테르만 장군은 공안위원회에 보낸 보고서에서 "당신들이 나에게 내린 명령에 따라, 나는 아이들을 말발굽으로 짓밟았고, 여자들을 학살했습니다. 이제 이들은 더 이상 비적들을 낳지 못할 것입니다. 단 한 명의 포로도 나를 비난하지 못할 것입니다. 내가 모조리 죽여버렸기 때문입니다"라고 말했다.[27] 이 보고서는 반란에 가담한 주민을 일시적인 일탈이 아니라 혁명정부(공안위원회)의 정책에 따라 학살했음을 보여준다. 1793년 12월에 가서야 반란이 실질적으로 진압되었는데, 그렇게 20만 명이나 되는 민중이 학살되었다.

로베스피에르 정권은 리옹에서도 학살을 감행했다. 5월 말 지롱드 잔당을 지지했던 리옹시가 반란을 일으켰을 때, 당통은 적극적으로 그들을 진압하지 않았다. 당통이 물러난 후 로베스피에르가 그 책임을 떠맡았다. 로베스피에르가 보낸 진압군은 10월 9일 리옹을 함락했지만, 진압 책임자 쿠통은 가급적 처벌을 최소화하려 했다. 이 소식을 들은 로베스피에르는 편지를 보내 "당신은 승자의 환심을 사려고 애쓰는 자들에게 속아 넘어간 것 같습니다. 배신자들의 가면을 벗겨내고, 가혹하게 쳐야 합니다. 우리가 당신에게 보내는 법령을 가혹하고 준엄하게 집행하십시오"라고 말했다.[28]

이렇게 권유했음에도 쿠통이 온건하게 처리하자, 로베스피에르는 쿠통을 해임하고 파랭 장군을 새로운 책임자로 임명했다. 파랭은 2000명에 이르는 리옹 시민을 과감하게 처형했다. 이렇게 방데와 리옹에서 자행된 학살은 이전의 어떤 학살보다도 규모가 크고 잔인했다.

혁명 완수를 위한 분투

당통은 폭력의 규모가 이전과 비교할 수 없을 만큼 커졌고, 수십만을 학살하고 있는 로베스피에르는 인권을 추구하는 혁명 정신을 저버린 '미치광이'라고 비난했다. 당통이 보기에 로베스피에르와 그의 지지자들을 가만두면 그들은 자유와 정의가 넘치는 새로운 세상이 아니라, 공포와 폭력이 난무하는 독재 국가를 만들 것 같았다. 과연 그의 비판은 타당할까?

첫째, 로베스피에르가 혁명정부의 1인자였던 것은 사실이지만 히틀러나 스탈린과 같은 독재자는 아니었다. 히틀러나 스탈린은 절대적인 권력을 가진 직책을 맡고 있었다. 그들은 총통 또는 당의장으로서 국가의 운명을 좌우할 수 있는 정책을 결정했고, 초법적인 명령을 통해 많은 사람을 죽이기도 했다. 그러나 로베스피에르는 12명(초기에는 9명)으로 구성된 공안위원회의 의원이었을 뿐이다. 공안위원회 의원은 국민공회 의원들의 투표로 뽑혔으며, 매달 의원들의 구성을 재인준받아야 했다. 로베스피에르가 공안위원회 의원으로 활동하던 시기에 모든 공안위원회 의원이 그를 지지하는 사람들로 구성된 것은 아니었다. 로베스피에르의 핵심 측근은 1794년 7월 이른바 '테르미도르 반동'으로 그와 함께 목숨을 잃은 인물들, 즉 쿠통 Georges Couthon, 생쥐스트 Louis Antoine de Saint-Just, 생탕드레 Jeanbon Saint-André, 그리고 테르미도르 반동 때 피신하여 목숨을 건졌던 프리외르 드 라 마른 Pierre Louis Prieur de la Marne 등 4명이었다.[29]

이들을 제외한 7명은 사안에 따라 로베스피에르파를 지지하거나 반대했다. 이들은 자유롭게 의사를 결정했는데, 대대수가 공포정치 시기에 로베스피에르파보다 더 강력하게 공포정치를 주장했다. 특히 콜로 데르부아 Jean-Marie Collot d'Herbois, 비요 바렌 Billaud-Varenne은 공안위원회에서 공포정치를 강력하게 실시해야 한다고 주장했지만, 로베스피에르파가 수세에 몰리자 테르미도르의 반동에 적극 가담했다. 이들은 테르미도르의 반동을 통해 로베스피에르를 제거한 후에 자신들은 공포정치에 책임이 없고 로베스피에르가 공포정치를 주도했다고 선전했고, 이들의 선전이 거의 그대로 지금까지 수용되고 있다.[30] 따라서 1793년에 이루어졌던 공포정치가 잘못된 것이었다면 최종 책임은 공안위원회가 져야 할 것이다.

전적으로 공안위원회에 책임을 묻는 것도 잘못일 수 있다. 공안위원회의 구성 및 활동은 국민공회의 감독을 받았기 때문이다. 공포정치 시기 국민공회는 공안위원회의 주요 결의 사항을 인준했으며, 국민공회의 요청을 받아들여 공포정치를 뒷받침하는 여러 법을 만들었다. 예를 들어 국민공회는 1793년 9월 17일에 '혐의자법'을 제정했다. 이 법은 제2조에서 반혁명혐의자를 "행위나 관계, 또는 말이나 글로써 폭정을 지지하는 사람 또는 자유의 적을 지지한다고 보이는 사람"이라고 정의하고, 그들을 폭력적으로 제거해야 한다고 천명했다.[31] 또한 1794년 6월 10일에는 혁명재판소에서 변호와 증인 신문을 폐지하는 프레리알 법을 제정했다. 따라서 공포정치의 최종 책임은 국민공회에 있다.

둘째, 로베스피에르의 결정이 불가피한 측면이 있었다. 프랑스의 피지배계급은 1000년 이상 지배계급으로부터 온갖 압제와 핍박을 받았다. 1789년 그들이 일으킨 혁명은 곧 피의 보복의 시작이었다. 바스티유 함락 후 프랑스 시민들은 계속해서 귀족들과 그들의 가족에게 가혹한 폭력을 휘둘렀고, 심지어 잔인하게 죽이기도 했다. 1793년 1월에는 신처럼 여기던 왕을 단두대에서 처형하기까지 했다. 이렇게 지배계층에게 피의 보복을 가했는데, 이제 와서 혁명이 와해된다면 어떻게 되겠는가? 역사상 민중은 수많은 반란과 봉기를 감행했고, 실패한 봉기와 반란의 결과는 늘 뻔했다. 그것은 말로 표현할 수 없이 잔인한 피의 보복이었다. 지배계층은 반란에 참여한 모든 사람과 그들의 가족을 자신들이 당한 것보다 몇 배 더 잔인하게 되갚아주곤 했다.

우리나라에서도 이런 일이 수십 차례 있었다. 대표적인 사건이 동학 농민 전쟁이다. 1894년 11월 동학 농민군 2만 명이 우금치에서 패배한 후, 동학에 가담했거나 동학을 지지했던 농민들은 사방으로 흩어졌다. 이후 일본군, 조선 관군, 그리고 양반들이 구성한 민보군이 동학 잔당을 토벌했다. 토벌은 이후 몇 년간 계속되었으며, 학살된 농민은 20만 명에 이른다.[32] 일반적으로 동학 농민 전쟁을 이야기할 때 우금치 전투까지만 이야기하고 그 후 동학 잔존 세력에 대한 진압은 잘 이야기하지 않는다. 그 이야기를 하게 되면 조선 지배층의 잔인함, 20만 명 학살의 책임 문제가 대두되기 때문이다. 흔히 학살의 주도자가 일본군이었다고 말하지만, 고종을 중심으로 한 조선 관료들은 수십 차례 이상 대책회의를 했고 고종은 여러 차례 토벌군을 보내 동학 잔존 세력을 토벌하게 했다. 따라서 당시 최고 주권자였던 고종이 농민 20만 명을 학살한 책임을 져야 한다.

근대 유럽에서도 비슷한 사건이 있었다. 1524년 6월 독일 라인 상류 지역에서 농민들이 봉기했다. 여러 지역의 농민이 가담하면서 반란군의 숫자는 20만에 이르렀다. 평등에 근거한 새로운 세상을 수립하려던 이들의 희망은 불과 두 달을 넘기지 못했다. 귀족들이 진압군을 조직하여 10만 명 이상의 농민을 학살했기 때문이다. 이때 독일의 종교개혁가 루터가 귀족들 편에 가담하여 "누구든지 할 수 있거든, 은밀하게든지 공공연하게든지, 쳐 죽이고 목 졸라 죽이고 찔러 죽이게 하십시오. 반역자보다 더 해롭고 아프며 악마적인 것은 없습니다. 그건 미친개를 죽이지 않으면 안 되는 것과 마찬가지입니다"라고 말하면서 학살을 독려했다.[33]

많은 역사가들이 국민공회 시절 자행한 폭력을 세상에 있을 수 없는 잔인하고, 비인간적이고, 무도하며, 야만적인 행위라고 비판한다. 그러나 동학 농민 전쟁이나 독일 농민 전쟁 때 지배층이 농민에게 가했던 폭력에 대해서는 으레 그런 것이지 하고 말끝을 흐려버린다. 로베스피에르가 주도한 공포정치도 혁명을 지키기 위해 불가피한 조처였고, 전쟁에 준하는 상황이었기에 책임을 묻기 어렵다고 판단할 수 있다. 로베스피에르가 대불동맹군과 내부의 반혁명 세력으로부터 혁명을 지켜낸 1등 공신이었다는 사실은 누구도 부정할 수 없을 것이다.[34]

로베스피에르의 공포정치는 프랑스가 대위기 국면에서 벗어나면 시효가 끝날 운명이었다. 1794년 5~6월에 프랑스 혁명군은 전세를 완전히 역전시키고 공세로 전환하는 데 성공했다. 혁명군은 벨기에를 회복했고, 영국과 네덜란드의 군대를 북쪽으로, 그리고 오스트리아군을 동쪽으로 몰아냈다. 에스파냐와 이탈리아 전선, 그리고 지중해 해상에서도 프랑스군은 우위를 확보했다.[35] 반혁명의 위협이 사라지자 사람들은 공포정치의 필요성을 의심하게 되었다.

바로 여기에 로베스피에르의 치명적 오류가 있었다. 그는 혁명을 완수하려면 더 단호해져야 한다고 생각했다. 그의 생각에, 지속되고 있는 반혁명 음모를 격파하고, 내부에서 끊임없이 제기되고 있는 분파 운동을 제어해야 하는데, 공포정치를 그만둔다는 것은 시기상조였다. 그러나 외부의 위협이 급격히 약화되자, 공안위원회 의원들조차도 공포정치를 중단해야 한다고 생각하게 되었다.

국민공회 의원들 다수가 이런 생각을 갖게 되자, 로베스피에르의 반대파는 국민공회를 움직여 7월 27일 로베스피에르와 그의 일당을 숙청하기로 결정했다. 이렇게 공포정치가 끝나고 로베스피에르와 그의 측근들이 처형되면서 프랑스 혁명은 다시 온건한 길을 가게 되었다. 1794년 4월 5일 로베스피에르가 주도하는 혁명정부가 당통을 처형했으니, 로베스피에르는 불과 3개월 뒤에 당통과 똑같은 길을 갔던 것이다.

그렇게 혁명의 이슬로 사라진 로베스피에르는 여태 복권되지 않았다. 혁명군 최고 사령관으로 활동하다가 오스트리아로 망명해버렸던 라파예트, 혁명 세력을 지지하면서도 왕실의 끄나풀로 일했던 미라보, 그리고 공포정치를 시작했지만 마지막 순간에 로베스피에르에게 반대했던 당통이 복권된 것을 생각해보면 안타까운 일이다.

로베스피에르의 정책에 대해 여러 평가를 할 수는 있다. 그러나 그가 혁명이 시작된 후 한 번도 혁명의 길에서 벗어난 적이 없고, 최고의 권력을 차지했음에도 개인의 이익과 안녕을 추구하지 않았으며, 혁명을 완수하기 위해 목숨 걸고 항상 최선을 다했다는 사실은 변함이 없다.[36] 36세였던

로베스피에르가 죽기 약 두 달 전에 한 연설로 글을 맺고자
한다.

나는 충분히 살았습니다. 나는 프랑스 민중이 비천함과 예
속의 한가운데서 영광과 자유의 정점으로 도약하는 것을
보았습니다. 나는 민중들의 족쇄가 깨지고, 세상을 짓누르
는 비난받아 마땅한 왕들이 승리한 민중들의 손에 의해서
무너지는 것을 보았습니다. 시민들이여, 완수하십시오. 당
신들의 숭고한 혁명을 완수하십시오.[37]

주

1   사마천, 《사기》, 진시황 본기, 1, 29.

2   신정일, 《똑바로 살아라: 신정일이 쓴 조선의 진보주의자들》, 다산초당, 2008, 115쪽.

3   그레이엄 클라크, 정기문 옮김, 《공간과 시간, 그리고 인간》, 푸른길, 2011, 70~71쪽.

4   김재구, 〈사울이 다윗을 모르는 사건(삼상 17:55-58)에 대한 신학적 재조명〉, 《구약논단》 17-1, 2011, 61쪽에서 재인용.

5   다윗 이야기에 담겨 있는 이런 모순은 이미 구약 시대에도 심각하게 받아들여졌다. 기원전 3세기 이집트에서 '70인역'을 만들면서 번역자들은 이런 모순을 제거하려고 히브리어 성경에 있는 많은 내용을 삭제했다. 이에 대해서는 Baruch Halpern, *David's Secret Demons: Messiah, Murderer, Traitor, King*, Wm. B. Eerdmans Publishing, 2003, pp. 6~7 참조.

6   타키투스, 박광순 옮김, 《타키투스의 연대기》, 범우, 2005, 573~574쪽.

7   박지향 외, 《영웅 만들기》, 휴머니스트, 2005, 237쪽.

I

다윗은 골리앗을 죽이지 않았다

1 키스 W. 휘틀럼, 김문호 옮김, 《고대 이스라엘의 발명》, 이산, 2003, 187 쪽, 202쪽.

2 〈사무엘상〉 16:22-23.

3 구약을 읽다 보면 이해하기 힘든 장면이 많은데 사울에 대한 묘사도 그렇다. 그는 계속 야훼를 기쁘게 하려고 노력하지만 그 결과는 번번 이 반대로 나타나곤 했다. 야훼는 그를 혼내려고 악령을 보내 괴롭히 기까지 했다. 사울이 하프 잘 타는 사람을 찾았던 이유도 바로 이렇게 하느님이 보낸 악령에 시달렸기 때문이다. 여러모로 사울은 비극의 주 인공 같은 느낌이 든다. 이에 대해서는 Barnhart and L. Kraeger, *In search of First-century Christianity*, Ashgate, 2000, pp. 127~128 참조.

4 앙드레 슈라키, 박종구 옮김, 《성서 시대 사람들》, 부키, 1999, 25쪽.

5 Steven McKenzie, *King David: A Biography*, Oxford University Press, 2000, pp. 57~60.

6 Plato, *Laws*, II, 653b-654a.

7 김봉철, 《영원한 문화도시 아테네》, 청년사, 2002, 143쪽.

8 황성규, 〈고대 이스라엘의 야훼신앙과 이방인의 갈릴리〉, 《신학연구》 3, 1991, 121쪽.

9 〈사무엘상〉 17:4-58.

10 김재구, 〈사울이 다윗을 모르는 사건(삼상 17:55-58)에 대한 신학적 재조명〉, 《구약논단》 17-1, 2011, 61쪽에서 재인용.

11 이에 대해서는 〈들어가며〉 주 5 참조.

12 다윗에 관한 이야기들이 역사적 사실이 아니라 이스라엘 민족의 창설자를 높이기 위한 창작이라는 것에 대해서는 Joel Baden, *The Historical David: The Real Life of an Invented Hero*, HarperOne, 2013, pp. 3~6에 자세히 나와 있다.

13 Steven McKenzie, 앞의 책, pp. 48~50.

14 강대진, 《그리스 로마 서사시》, 북길드, 2012, 26쪽.

15 민희식, 《성서의 뿌리: 오리엔트 문명과 구약성서》, 블루리본, 2013, 296~297쪽.

16 신선희·김상엽, 《이야기 그리스 로마사》, 청아, 2006, 264쪽.

17 물론 동양의 전투에서도 돌이 중요한 무기로 활용되었다. 1397년 7월 왜구가 쳐들어왔을 때 조선 정부는 척석군 등을 보내 왜구를 쫓아내게 했고, 《신증동국여지승람》에 보면 1510년 척석군들이 삼포왜란 때 왜적을 물리쳤다는 기록이 나온다.

18 미타 마사히로, 이원두 옮김, 《성서의 수수께끼를 푼다》, 동방미디어, 1998, 83쪽.

19 〈사무엘하〉 5:5-9.

20 Israel Finkelstein and Amihai Mazar, ed. Brian B. Schmidt, *The Quest for the Historical Israel*, Society of Biblical Literature, 2007, p. 116; Israel Finkelstein and H. Asher Silberman, *David and Solomon*, Free Press, 2006, pp. 196~199.

21 〈사무엘하〉 23:21-22는 다윗의 장군이었던 브나야의 공적을 소개하고 있는데, 브나야는 "이집트의 거인을 죽인 일이 있었다. 이집트 거인은 창을 들고 있었지만, 그는 막대기를 들고 달려가 이집트 거인으로부터 창을 빼앗아 그를 찔러 죽였다"고 한다. 이는 다윗 이야기와 무언

가 닮았다. 당시에 힘이 약한 사람이 거인을 죽이는 모험담이 널리 퍼져 있었던 것 같다.

22 마르틴 헹엘, 박정수 옮김, 《유대교와 헬레니즘 1》, 나남, 2012, 78쪽.

23 Israel Finkelstein and Amihai Mazar, ed. Brian B. Schmidt, 앞의 책, p. 116.

24 〈사무엘하〉 21:19.

25 Paul Tobin, *The Rejection of Pascal's Wager*, Authorsonline, 2009, p. 22.

26 엄원식, 〈다윗의 전기(傳記)에 대한 분석적 비판: 전투적 메시아니즘을 중심으로〉, 《구약논단》 9, 2000, 122쪽. 다윗이 골리앗을 죽이지 않았다는 것은 학자들에게는 상당히 보편화된 설명이지만 일반 신자들에게는 그렇지 못하다. 이에 대해서는 최한신, 《예수님은 목요일에 돌아가셨다》, 유로, 2011, 241~243쪽 참조.

27 〈사무엘하〉 23:24.

28 이에 대해서는 노회원, 〈다윗, 이방인〉, 《신학사상》 101, 1998, 116쪽; 엄원식, 앞의 글, 123쪽 참조.

29 Gary Greenberg, *Myths of the Bible*, Sourcebooks, 2000, pp. 276~279.

30 필자는 골리앗을 죽인 사건이 다윗이 왕이 된 후에 일어났다고 생각하지만, 다윗이 왕이 되기 전에 일어났을 수도 있다. 이 경우 다윗은 이미 작은 부대를 이끌고 있던 대장이었고 엘하난은 부하였는데, 엘하난이 골리앗을 죽이자 다윗이 그 공을 차지했다고 말할 수 있다. 이 이론에 대해서는 엄원식, 앞의 글, 125쪽 참조.

31 Baruch Halpern, *David's Secret Demons: Messiah, Murderer, Traitor, King*, Wm. B. Eerdmans Publishing, 2003, pp. 148~149.

32 〈사무엘상〉 18:7.

33 〈사무엘상〉 19:25-27.

34 〈사무엘상〉 22:2.

35 〈사무엘상〉 25:10-11.

36 다윗이 산적 활동을 했다는 것과 그것이 다윗과 그의 무리가 떠돌이 하층민(하비루)임을 의미할 가능성이 높다는 것에 대해서는 Israel Finkelstein and H. Asher Silberman, 앞의 책, pp. 44~50 참조. 이스라엘의 영웅 다윗은 일반적으로 생각되는 것보다 훨씬 나쁘고 사악한 인물이었다. 그는 우리야라는 부하의 부인 밧세바를 부당하게 빼앗았고 후계자를 결정하는 데 우유부단했으며, 유대의 왕이 되기 전에 팔레스타인의 봉신으로 일했다. 이런 부정적인 상은 아마도 역사적 사실에 근거하고 있을 것이다. 이에 대해서는 이경숙, 〈다윗 왕조에 관한 신명기 역사가들의 기대와 비판〉, 《기독교 사상》 31, 1987, 114쪽 참조. 후대 유대인들은 그들의 위대한 선조인 다윗이 그렇게 부정한 인물이었다는 것을 인정할 수 없었다. 그래서 다윗이 밧세바와 관계를 맺기 전에 이미 그녀가 남편인 우리야와 이혼했다고 주장했다. 이에 대해서는 정연호, 《유대교의 역사적 과정》, 한국성서학연구소, 2010, 188쪽 참조. 후대 유대인이 다윗 왕을 하느님을 의롭게 섬겼던 인물로 묘사하려는 경향을 가지고 있었다는 것에 대해서는 이선혜, 〈다윗왕위계승사화의 기본층 연구〉, 이화여자대학교 석사학위논문, 1990, 49쪽 참조.

37 Joel Baden, 앞의 책, pp. 1~2, p. 11.

38 사울과 다윗의 이런 대립의 바탕에는 남쪽 두 개 지파와 북쪽 열 개 지파의 대립이 깔려 있다. 다윗은 남쪽의 유대 지파를 대표했고, 사울은 북쪽 지파들을 대표했다. 이에 대해서는 천보환, 〈다윗 왕국에

대한 신명기 사가의 신학적 평가〉, 목원대학교 석사학위논문, 2008, 19~21쪽 참조.

39 〈사무엘상〉 27:5.

40 〈사무엘상〉 29:8.

41 노회원, 앞의 글, 124쪽.

42 A. H. J. 군네벡, 문희석 옮김, 《이스라엘의 역사》, 한국신학연구소, 2003, 167쪽.

43 노회원, 앞의 글, 124쪽.

44 엄원식, 앞의 글, 111쪽.

45 Thomas Thompson, *The Mythic Past: Biblical Archeology and the Myth of Israel*, Basic Books, 1999, pp. 203~204.

46 존 브라이트, 박문재 옮김, 《이스라엘 역사》, 크리스천다이제스트, 1993, 277쪽.

47 유대인이나 기독교 신자들은 야훼를 모시는 신전이 있어서 예루살렘이 거룩하다고 생각하지만, 그런 외형은 기독교의 근본정신과 맞지 않는다. 기독교 최초의 순교자 스테파누스는 "그러나 지극히 높으신 분은 사람의 손으로 지은 집에는 사시지 않습니다"라며 다음과 같은 예언자의 말을 전한다. "주님의 말씀을 들어라. 하늘은 나의 옥좌요, 땅은 나의 발판이다. 그러니 너희가 나를 위하여 어떤 집을 지어줄 것이며 내가 쉴 곳이 어디냐? 이 모든 것이 다 내 손으로 만든 것 아니냐?" - 〈사도행전〉 7:48-50.

48 Paul Tobin, 앞의 책, p. 107.

49 〈열왕기상〉 9:5.

50 스티븐 헤이네스·스티븐 매켄지, 김은규·김수남 옮김, 《성서비평 방법론과 그 적용》, 대한기독교서회, 1997, 43~44쪽.

51 윌리엄 슈니더윈드, 박정연 옮김, 《성경은 어떻게 책이 되었을까?》, 에 코리브르, 2006, 120쪽.

52 키스 W. 휘틀럼, 김문호 옮김, 《고대 이스라엘의 발명》, 이산, 2003, 239 쪽.

53 이스라엘 핑컬스타인·닐 애셔 실버먼, 오성환 옮김, 《성경: 고고학인가 전설인가》, 까치, 2002, 142쪽, 161~163쪽; Thomas L. Thompson, 앞의 책, pp. 205~206.

54 유윤종, 〈고대 이스라엘 역사 찾기와 고고학: 수정주의자와 논쟁을 중심으로〉, 《한국기독교신학논총》 34, 2004, 117~118쪽.

55 Philip R. Davies, *In Search of Ancient Israel*, Continuum, 1995, p. 64.

56 이스라엘 핑컬스타인·닐 애셔 실버먼, 앞의 책, 218~219쪽.

57 Israel Finkelstein and H. Asher Silberman, 앞의 책, p. 135.

58 이 작업은 바빌론 유수기까지 계속되었다. 따라서 〈신명기〉 역사서는 요시야 왕 때 1차 편집되었고, 바빌론 유수기에 다시 편집되었다. 전문적인 용어로는 이를 이중 편집이라고 한다. 즉 〈신명기〉에 근거해서 개혁을 시도했던 요시야 왕 시절에 〈신명기〉 역사서들의 1차 편집이 이루어졌고, 바빌론 유수 이후 2차 편집이 이루어졌다고 본다. 이에 대해서는 김희권, 〈신명기 역사에 나타난 다윗 계약〉, 영남신학대학교 석사학위논문, 2003, 14~16쪽 참조.

59 강사문 외, 《구약성서개론》, 한국장로교출판사, 2000, 390쪽.

60 Steven McKenzie, 앞의 책, pp. 27~29는 〈신명기〉 역사서의 중심부에 다윗 이야기가 있다는 사실을 강조했지만, 〈신명기〉 역사서에는 다윗에 대한 부정적인 묘사가 들어 있다. 예를 들어 다윗은 밧세바를 탐하여 우리야를 죽였다. 그리고 다윗은 후계자를 선임함에 있어 우유

부단함을 보인다. 이런 부정적인 모습은 역사적 사실을 반영하는 것이다. 〈신명기〉 역사서보다 나중에 쓰인 〈역대기〉에 이르면 이런 부정적인 모습은 더욱 축소된다. 이에 대해서는 손문수, 〈신명기 역사와 역대기 역사를 통해서 본 다윗의 연구〉, 영남신학대학교 석사학위논문, 2004 참조.

61 Thomas L. Thompson, 앞의 책은 기원전 7~6세기가 아니라 마카베오 시기의 지도자들이 구약성경 이야기의 주요 창작자라고 주장한다.

62 Israel Finkelstein and Amihai Mazar, ed. Brian B. Schmidt, 앞의 책, pp. 107~116. 이스라엘 역사를 연구하는 학파에는 전통학파, 올부라이트 학파, 알트-노트 학파, 이스라엘 학파 등이 있다. 이 가운데 올부라이트 학파와 알트-노트 학파는 〈창세기〉에서 〈열왕기서〉에 이르는 구약성경의 서술을 후대 유대인들이 이스라엘의 과거사를 이념화하는 과정에서 이루어진 것으로 보고 있다. 이에 대해서는 석진건, 〈열왕기에 나타난 하나님의 주권 연구〉, 계약신학대학원대학교 석사학위논문, 2002, 6~7쪽 참조.

63 R. Alter, *The Art of Biblical Narrative*, Basic Books, 1981에서는 다윗 이야기의 저자를 셰익스피어에 비유했다. 셰익스피어가 영국 역사를 소재로 다양한 사극을 만들었듯이, 성경의 저자들이 이스라엘의 역사를 소설처럼 각색한 게 성경이라는 의미다.

II

소크라테스의 여스승, 아스파시아

1 아스파시아, 테오도라, 엘리자베스 1세 부분은 정기문, 《내 딸들을 위

한 여성사》(푸른역사, 2001)에 실렸던 글을 수정, 보완한 것이다.

2 에게해의 대부분 섬들, 칼키디키 지방에 있던 대부분의 도시국가들, 헬레스폰토스·보스포루스 해협 연안에 있던 도시국가들, 아이올리아 일부, 이오니아의 대부분, 도리스 동부 지방 및 비(非)그리스계인 카리아 지방의 일부 도시가 델로스 동맹에 가담했다.

3 C. C. W. 테일러, 문창옥 옮김,《소크라테스》, 시공사, 2001, 25쪽.

4 Platon, *Menexenus*, 235e-236c.

5 Nickolas Pappas and Mark Zelcer, *Politics and Philosophy in Plato's Menexenus: Education and Rhetoric, Myth and History*, Routledge, 2015, p. 1.

6 Xenophon, *Oikonomikos*, 3. 14.

7 Ahtenaues, *Deipnosophistae*, 5.

8 Plutarch, *Pericles*, 24.

9 물론 소크라테스가 아스파시아 한 사람한테 모든 것을 배웠다고 할 수는 없다. 이에 대해서는 Xin Liu Gale, "Historical Studies and Postmodernism: Rereading Aspasia of Miletus", *College English*, vol. 62-3, 2000, pp. 372~373 참조.

10 Plutarch, 앞의 책, 8에 인용된 구절임.

11 위의 책, 8.

12 투퀴디데스, 천병희 옮김,《펠로폰네소스 전쟁사》, 숲, 2011, 168~170쪽(2권 6장, 35-45).

13 Platon, 앞의 책, 235e.

14 Philostratus, *Epistle*, 73.

III

폭군 네로를 위한 변명

1 〈"폭군" "네로황제"… 법정서 판사에게 소리친 60대 실형〉, 《뉴스1》, 2016년 9월 27일.

2 수에토니우스, 박광순 옮김, 《풍속으로 본 12인의 로마 황제》, 풀빛미디어, 1998.

3 Tacitus, *Annales*, 15, 44(한국어판: 안희돈, 《네로 황제 연구》, 다락방, 2004, 162쪽).

4 Penelope J. Goodman ed., *Afterlives of Augustus, AD 14-2014*, Cambridge University Press, 2018, pp. 49~50.

5 타키투스, 박광순 옮김, 《타키투스의 연대기》, 범우, 2005, 543쪽.

6 위의 책, 543쪽.

7 위의 책, 594쪽.

8 Vasily Rudich, *Dissidence and Literature Under Nero*, Routledge, 2013, p. 22.

9 타키투스, 앞의 책, 565쪽.

10 Miriam Griffin, *Nero: The End of a Dynasty*, Routledge, 1984, pp. 70~71.

11 Tacitus, 앞의 책, 13, 42.

12 Dio Cassius, *Historia Romana*, 62. 2. 2.

13 William Norvin, *Classica Et Mediaevalia*, Librairie Gyldendal, 1986, p. 161.

14 수에토니우스, 조윤정 옮김, 《열두 명의 카이사르》, 다른세상, 2009,

333쪽.

15 위의 책, 331쪽.

16 위의 책, 332쪽.

17 타키투스, 앞의 책, 599쪽. 네로에 비견되는 왕이 있다. 프랑스의 루이 14세(1638~1715)는 무도극 배우로 활동했다. 그는 아폴론 분장을 하고 뛰어난 춤 솜씨로 자신의 역할을 훌륭하게 수행했다. 그는 심지어 왕비도 무대에 오르게 했다. 그런데 네로 시대와 달리 당시 프랑스 귀족들은 왕과 왕비의 이런 행동을 전혀 문제 삼지 않았다. 이에 대해서는 이영림, 《루이 14세는 없다》, 푸른역사, 2009, 146~149쪽 참조.

18 수에토니우스, 앞의 책(2009), 332쪽.

19 장례 규모가 후대인의 사회적 지위에 끼치는 영향에 대해서는 피터 브라운, 정기문 옮김, 《성인숭배》, 2002, 새물결, 3쪽 참조.

20 Thomas Wiedemann, *Emperors and Gladiators*, Routlede, 1992, pp. 55~97.

21 니겔 로스펠스, 이한중 옮김, 《동물원의 탄생》, 지호, 2003, 44~45쪽.

22 토머스 R. 마틴, 이종인 옮김, 《고대 로마사》, 책과함께, 2015, 197쪽.

23 타키투스, 앞의 책, 554쪽.

24 수에토니우스, 앞의 책(2009), 326쪽.

25 Roger Dunkle, *Gladiators: Violence and Spectacle in Ancient Rome*, Routledge, 2013, p. 86.

26 Thomas Wiedemann, 앞의 책, p. 112.

27 Dio Cassius, 앞의 책, 61, 5.

28 위의 책, 55. 25. 5.

29 타키투스, 앞의 책, 573~574쪽.

30 Shadi Bartsch etal. ed., *The Cambridge Companion to the Age of*

Nero, Cambridge University Press, 2017, pp. 53~54.

31 Suetonius, *Vitellius*, 11; 안희돈, 앞의 책, 118쪽.

32 수에토니우스, 앞의 책(2009), 364~365쪽.

33 〈요한계시록〉이 도미티아누스 시절에 쓰였다고 주장하는 학자들은 도미티아누스가 제2의 네로였다고 주장한다. 이에 대해서는 정승우, 《인류의 영원한 고전 신약성서》, 아이세움, 2007, 232쪽 참조.

34 안희돈, 앞의 책, 23~24쪽.

IV

동로마제국 최고의 황후 테오도라

1 T. Kamusella, *Politics of Language and Nationalism in Modern Central Europe*, Springe, 2009, p. 964.

2 서양중세사학회, 《서양 중세사 강의》, 느티나무, 2003, 56~58쪽.

3 A. H. M. Jones, *The later Roman Empire*, Basil Blackwell, 1964, pp. 244~245.

4 Gregorius of Tours, *Decem Libri Historiarum*, 2. 38.

5 존 J. 노리치, 남경태·이동진 옮김, 《종횡무진 동로마사》, 그린비, 2000, 102쪽.

6 A. Cameron, *Procopius and the Sixth Century*, University of California Press, 1985, p. 77.

7 프로코피우스, 곽동훈 옮김, 《비잔틴제국 비사》, 들메나무, 2015, 21~22쪽.

8 Nadine Elizabeth Korte, "Procopius' Portrayal of Theodora in

the Secrest History," Hirundo: *The McGill Journal of Classical Studies*, vol. 3, 2005, pp. 109~130.

9 서양중세사학회, 앞의 책, 87쪽.

10 Lynda Garland, *Byzantine Empresses: Women and Power in Byzantium AD 527-1204*, Routledge, 2002, pp. 23~24.

11 프로코피우스가 정통 교회의 교리를 믿는 척했지만 실제로는 이교도였다는 주장도 있다.

12 Lynda Garland, 앞의 책, p. 13.

13 존 J. 노리치, 앞의 책, 103쪽.

14 위의 책, 103쪽.

15 James Allan Evans, *The Emperor Justinian and the Byzantine Empire*, Greenwood, 2015, p. 14.

16 W. Treadgold, *A History of the Byzantine State and Society*, Stanford University Press, 1997, p. 176.

17 James Allan Evans, *The Empress Theodora: Partner of Justinian*, University of Texas Press, 2002, pp. 41~42.

18 고대에 염색하려면 엄청난 비용이 들었다. 특히 자주색을 얻기 위해 로마인은 소아시아 연안에 사는 새조개를 잡았다. 새조개를 잡은 뒤 연장으로 조개껍질을 조심스럽게 깨면 자색 피가 물방울처럼 쏟아져 나온다. 이 피를 도기에 모아 정제하면 자주색 염료가 된다. 몇 그램의 자색 염료를 얻기 위해 1만 2000개의 새조개가 필요했다. 이렇게 자주색 염료를 얻기가 힘들었기에 황제의 어의는 자주색으로 염색했다. 테오도라는 공동 황제라 자주색 어의를 입었다.

19 Procopius, *History of the Wars*, 1. 34.

20 W. Treadgold, 앞의 책, pp. 196~197.

21 Ulrike Unterweger, "The Image of the Empress Theodora as Patron", *Wiener Jahrbuch für Kunstgeschichte*, 60-1, 2012, p. 106.

22 위의 글, p. 107.

23 1453년 오스만 제국이 콘스탄티노폴리스를 점령한 후 이 성당을 이슬람 사원으로 개조했다. 1923년에 오스만 제국이 몰락하고 터키 공화국이 수립되자 유럽 각국은 성당의 복원을 주장했다. 터키는 이 주장을 받아들이지 않고 대신 박물관으로 개조해 누구나 이용할 수 있도록 했다.

24 Weiping Sun and Mingcang Zhang, *The "New Culture": From a Modern Perspective*, Springer, 2015, p. 63.

25 *C. J.*, 5. 4. 28(A. D. 532).

26 *Novel*, 51.

27 *C. J.*, 8. 17(A. D. 535).

28 남성현, 〈로마법과 기독교: 간통 및 이혼에 관한 로마법 전통과 4-6세기 기독교 시대의 칙법 전통〉, 《서양고대사연구》 29, 2011, 221~222쪽.

29 *C. J.*, 9. 13(A. D. 528).

30 Lynda Garland, 앞의 책, pp. 15~16.

31 *Novel*, 8. 1.

V

콜럼버스는 지구가 둥글다고 주장하지 않았다

1 주경철, 《문명과 바다》, 산처럼, 2009, 107쪽.

2 미국의 일부 지식인이나 교회도 이런 주장에 동조했다. Peter C.

Rollins ed., *The Columbia Companion to American History on Film: How the Movies Have Portrayed the American Past*, Columbia University Press, 2003, p. 148.

3 사료에 나오는 실제 이름은 로드리게스 데 폰세카다.

4 라 라비다 수도원의 원장 후안 페레스다.

5 1492년에 지구의가 만들어진 것은 맞지만 콜럼버스가 항해를 떠나고 난 후에 만들어졌다. 1492년 콜럼버스가 지구의를 사용했다는 이야기는 거짓이다.

6 김성준, 《영화로 읽는 바다의 역사》, 혜안, 2003, 184쪽.

7 크리스토퍼 콜럼버스, 이종훈 옮김, 《콜럼버스 항해록》, 서해문집, 2004, 48~49쪽.

8 주경철, 《크리스토퍼 콜럼버스: 종말론적 신비주의자》, 서울대학교출판문화원, 2013, 157쪽.

9 위의 책, 212쪽.

10 위의 책, 217쪽.

11 안드레아스 벤츠케, 윤도중 옮김, 《콜럼버스》, 한길사, 1998, 144쪽.

12 William D. Phillips and Carla Rahn Phillips, *The Worlds of Christopher Columbus*, Cambridge University Press, 1992, p. 211.

13 이는 롤단의 주장이기 때문에 롤단 반란의 원인이 확실하지는 않다. 이에 대해서는 Hugh Thomas, *Rivers of Gold: The Rise of the Spanish Empire*, Random House, 2005 참조.

14 영화에서 보바디야는 콜럼버스에게 아메리고 베스푸치가 신대륙을 발견했다고 말한다. 그러나 베스푸치의 항해는 1501~1505년 사이에 이루어졌다. 이에 대해서는 J. H. 패리, 김주식·김성준 옮김, 《약탈의 역사》, 신서원, 1998, 96~97쪽 참조.

15 E. 에드슨·E. 새비지 스미스, 이정아 옮김, 《중세, 하늘을 디자인하다》, 이른아침, 2006, 119~120쪽.

16 Lactantius, *Divine Institutiones*, 3.

17 〈시편〉 104:2.

18 P. Boller, *Not so: Popular Myths About America, From Columbus to Clinton*, Oxford University Press, 1995, pp. 3~6.

19 다니엘 J. 부어스틴, 이성범 옮김, 《발견자들》, 범양사, 1986, 146쪽.

20 안드레아스 벤츠케, 윤도중 옮김, 《콜럼버스》, 1998, 45~48쪽.

21 위의 책, 60~62쪽.

22 Silvio A. Beding, *The Christopher Columbus Encyclopedia*, Springer, 2016, p. 421.

23 주경철, 《주경철의 유럽인 이야기 1》, 휴머니스트, 2017, 187~188쪽.

24 김성준, 앞의 책, 185~186쪽.

25 주경철, 앞의 책(2013), 157쪽.

26 크리스토퍼 콜럼버스, 앞의 책, 206쪽.

27 다니엘 아라스 외, 주명철 옮김, 《몸의 역사 1》, 길, 2014, 428쪽.

28 벤슨 보브릭, 이상근 옮김, 《점성술로 되짚어 보는 세계사》, 까치, 2006, 221쪽.

29 주경철, 앞의 책(2013), 293~295쪽. 콜럼버스가 점성술로 종말을 계산했던 것은 세계가 7일 만에 창조되었고, 하느님에게 하루는 1000년이므로, 세계 역사는 7000년간 유지된다는 생각에 근거했다.

30 마르크 블로크, 한정숙 옮김, 《봉건사회 1》, 한길사, 1986, 144쪽.

31 위의 책, 145쪽.

32 크레이그 할라인, 이영효 옮김, 《마가렛 수녀는 왜 모두의 적이 되었는가》, 책과함께, 2012, 42쪽.

VI

엘리자베스 1세는 늙지 않는다

1 〈엘리자베스 2세, '가장 위대한 영국왕' 설문 1위〉,《연합뉴스》, 2012. 6. 3.

2 현대의 영국은 잉글랜드, 스코틀랜드, 아일랜드를 합친 국가다. 엘리자베스 1세 시절 영국은 잉글랜드만을 의미한다.

3 G. J. 마이어, 채은진 옮김,《튜더스》, 말글빛냄, 2011, 120~122쪽.

4 허구생,《근대 초기의 영국》, 한울, 2015, 28쪽.

5 앤 서머싯, 남경태 옮김,《엘리자베스 1세: 제국의 태양》, 들녘, 2005, 89쪽.

6 케네스 O. 모건, 영국사학회 옮김,《옥스퍼드 영국사》, 한울, 1994, 250쪽. 엘리자베스 1세 즉위 3년 후인 1561년 잉글랜드 인구는 298만 명이었고, 죽기 2년 전인 1601년의 인구는 410만 명이었다. 16~17세기 영국 제조업의 성장에 대해서는 허구생, 앞의 책, 271쪽 참조.

7 앙드레 모로아, 신용석 옮김,《영국사》, 기린원, 1999, 223~224쪽.

8 허구생, 앞의 책, 172~173쪽.

9 〈레위기〉 20:21.

10 박지향,《영국사》, 까치, 2007, 278~288쪽.

11 S. J. Lee, *Aspects of European History 1494-1789*, Routledge, 1978, pp. 11~12.

12 앤 서머싯, 앞의 책, 10~11쪽.

13 위의 책, 503~517쪽.

14 김현란, 〈엘리자베스 1세의 독신주의의 심리적 요인: 헨리 8세와의 관

계분석을 중심으로〉,《전북사학》27, 2004, 146쪽에서 재인용.

15 앤 서머싯, 앞의 책, 169쪽.

16 위의 책, 135쪽.

17 허구생, 〈튜더 왕권의 이미지: 엘리자베스 1세의 초상화를 중심으로〉, 《영국연구》12, 2004, 173~174쪽.

18 위의 글, 177쪽.

19 박지향 외,《영웅 만들기》, 휴머니스트, 2005, 233~234쪽.

20 Roy C. Strong, *The Cult of Elizabeth: Elizabethan Portraiture and Pageantry*, University of California Press, 1977, pp. 15~16.

21 앤 서머싯, 앞의 책, 135쪽.

22 J. E. Neale, *Queen Elizabeth I*, Academy Chicago Publishers, 1992, p. 123; 위의 책, 196~198쪽.

23 Stan Place and Bobbi Ray Madry, *The Art and Science of Professional Makeup*, Milady Publishing, 1989, pp. 248~249.

24 수은 중독은 전근대 동서양에서 흔히 관찰된다. 동양에서는 진시황, 이태백을 비롯한 고중세의 많은 유명한 사람들이 수은 중독에 걸렸다. 그들이 수은 중독에 걸렸던 주된 이유는 신선 사상을 믿었기 때문이다. 중국 고대의 신선 사상에 따르면 사람은 수련을 하거나 약을 먹어 인간의 한계를 극복할 수 있다. 단약이라 불리는 이 약의 주성분이 수은이었다.

25 박지향 외, 앞의 책, 237쪽.

26 앤 서머싯, 앞의 책, 406쪽.

27 Pierre Riche and Pierre Riché, *Daily Life in the World of Charlemagne*, University of Pennsylvania, 1978, p. 41.

28 앤 서머싯, 앞의 책, 422~423쪽.

29 허구생, 앞의 책, 72~73쪽은 청교도가 성장하면서 이들이 의회를 장악하고 엘리자베스의 통치에 반대했다는 견해가 우세했지만, 최근에는 엘리자베스와 의회가 협력 관계를 구축했다는 수정주의 견해가 대두되고 있다고 소개하고 있다.

30 칼뱅은 1533년 에라스뮈스와 루터의 글을 인용한 강연 원고를 썼는데, 파리대학은 이 원고에 이단적 성향이 있다고 주장하며 그를 박해했다. 칼뱅은 박해를 피해 스위스로 갔는데, 마침 제네바에서 종교개혁이 진행되고 있었다. 제네바 사람들은 가톨릭 주교와 성직자들을 추방해버린 후 신앙생활을 지도해줄 사람이 필요하던 차였다. 제네바를 장악한 칼뱅은 예정설과 금욕주의를 기반으로 새로운 신앙 운동을 제창했다. 칼뱅은 구원받을 사람은 모두 예정되어 있으며, 구원받기로 선택받은 사람은 금욕과 엄격한 자기 절제로 세상을 살아야 한다고 가르쳤다.

31 케네스 O. 모건, 앞의 책, 297쪽.

32 리처드 솅크먼, 임웅 옮김, 《세계사의 전설, 거짓말, 날조된 신화들》, 미래M&B, 2001, 143~146쪽.

33 포도주는 그리스의 주요 수출품이었다. 포도주를 수출하기 위해 만들어진 것이 그리스의 암포라였다. 암포라는 '두 손잡이'라는 뜻으로 손잡이가 양쪽에 달린 항아리다. 이 암포라에 다양한 그림이 그려져 있어 그리스 문화의 다양한 측면을 살펴볼 수 있다.

VII

누가 로베스피에르에게 돌을 던질 수 있겠는가?

1   조홍식, 《파리의 열두 풍경》, 책과함께, 2016, 105~106쪽.

2   육영수, 《혁명의 배반, 저항의 기억》, 돌베개, 2013, 243~245쪽. 물론 이런 항변은 지극히 '한국인다운' 것이다. 일반적으로 한국인은 '개인, 자유, 인권, 평등'과 같은 가치보다는 '국가, 발전, 공동체'와 같은 개념을 더 중하게 여긴다. 이런 관념의 차이는 한국인, 나아가 동양인과 서양인이 영웅을 선정하는 기준의 차이를 가져왔다. 한국인이 영웅이라고 생각하는 여러 인물이 영웅이 소속된 나라의 현지에서는 전혀 모르는 존재인 경우가 많다. 예를 들어 많은 한국인은 영국의 대처 수상을 '최고의 여성 지도자'로 뽑곤 한다. 그녀가 20세기 최장수 영국 총리로서, 복지병을 치료하여 영국을 강대국의 반열에 올려놓았다고 생각하기 때문이다. 그러나 그녀가 추구했던 자유주의식 개혁은 일반 시민들에게는 많은 고통을 안겼다. 이 때문에 영국인들은 대처를 기념해야 할 인물로 여기지 않는다. 그의 고향에는 그녀를 기념하는 어떤 시설도 없으며, 여행자가 그녀의 흔적을 찾아왔다고 말하면 현지인들은 대화하기도 꺼리면서 "그런 여자를 왜 찾아왔냐"라며 냉대한다. 이에 대해서는 김이재, 《운명의 지도를 뛰어넘은 영국 여자들》, 위즈덤하우스, 2014, 19~20쪽 참조.

3   크리스티앙 아말비, 성백용 옮김, 《영웅은 어떻게 만들어지는가》, 아카넷, 2004, 65~74쪽.

4   육영수, 앞의 책, 96~97쪽.

5   이영효 편저, 《사료로 읽는 서양사 4: 근대편 2》, 책과함께, 2015,

16~17쪽.

6   알렉시 드 토크빌, 이용재 옮김, 《앙시앵 레짐과 프랑스 혁명》, 지식을
    만드는지식, 2013, 57~72쪽.

7   현대인은 이해하기 힘들지만 구체제에서 성직자는 높은 관직, 많은 토
    지와 재산을 가진 지배층이었다. 이 때문에 프랑스 혁명은 반기독교적
    인 성격을 띠게 되었다. 이에 대해서는 위의 책, 31쪽 참조.

8   위의 책, 33쪽.

9   루이 16세 사형 여부를 가린 투표에 대해서는 두 가지 의견이 있다.
    387 대 334로 사형 판결이 이루어졌다는 의견도 있고, 361 대 360이
    었다는 의견도 있다. 후자에 따르면 겨우 한 표 차이로 사형 판결이 난
    셈이고, 그 한 표도 무효표라는 주장이 있다. 이렇게 의견이 갈리는 이
    유는 387표 가운데 조건 없는 사형이 361표였고, 26표는 사형을 유예
    할지 토론이 필요하다고 주장했기 때문이다.

10 프랑스 혁명의 전개 과정은 정기문, 《한국인을 위한 서양사》, 푸른역사,
    2001의 내용을 정리한 것이다.

11 알베르 소불, 최갑수 옮김, 《프랑스 혁명사》, 교양인, 2018, 331쪽.

12 프랑스 혁명이 일어난 18세기 유럽에서 가장 선진적인 나라는 영국이
    었다. 프랑스의 지식인들은 영국에서 계몽사상이 발달하고, 왕이 군
    림하지만 통치하지 않으면서 내각이 정치를 주도하고, 시민의 자유로
    운 생활이 보장되는 데 감탄하곤 했다. 따라서 프랑스 혁명 초기에 혁
    명의 지도자들은 영국에 대해 대단히 우호적인 태도를 지녔다. 그러나
    영국이 대불동맹의 선봉에 서자 영국을 '배반자'라고 부르면서 증오했
    다. 영국이 대불동맹에 가담했던 것은 프랑스가 혁명을 통해 유럽의
    최강자로 부상하면서, 대서양을 넘어 세계로 뻗어가고 있는 영국의 경
    쟁자가 될 것이라고 판단했기 때문이다.

13 그러나 모든 독신 성인 남자를 징집한 것은 아니었다. 징집 대상은 추첨을 통해 결정되었다.

14 김응종, 〈방데전쟁의 폭력성: 학살인가 제노사이드인가?〉, 《군사》 97, 2015, 401쪽. 프랑스 서부의 주민들이 혁명정부와 긴장 관계를 유지했는데, 이들이 혁명정부에 맞서게 된 결정적 계기는 국민공회의 30만 징집령이었다. 주요 원인으로 이 지역이 산업화가 더뎌 농촌 문화가 강고했던 점을 들 수 있다. 이들은 구체제의 모순을 강하게 경험했기 때문에 자유와 평등의 모토 아래 억압과 모순을 철폐하자는 혁명에 적극 동의했지만, 파리의 혁명 세력과 갈라서게 되었다. 이 지역의 농민들은 가톨릭 신앙이 매우 두터웠다. 프랑스 혁명정부는 가톨릭 신부와 교회를 통제하려 했다. 혁명정부는 1790년 7월 12일 성직자들에게 혁명정부의 통제를 받아들인다는 선서를 하도록 했다. 그러나 서부의 주요 도시인 낭트, 방데, 앙주 지역의 많은 성직자들은 가톨릭교회의 자율성을 주장하며 선서에 참여하지 않았다. 낭트에서는 1058명 가운데 159명, 방데에서는 768명 가운데 207명, 앙주에서는 332명 가운데 44명만이 선서했다. 이 지역 주민들은 선서하지 않은 성직자들이 옳다고 생각했다. 상당수의 주민들은 이들을 적극 지지하면서 혁명정부에 반기를 들었다. 1792년 8월에는 수백 명이 이들을 지지하는 봉기를 일으켰다가 모두 살해되었다.

15 알베르 마띠에, 김종철 옮김, 《프랑스 혁명사 상》, 창작과비평사, 1982, 64쪽.

16 Lewis Copeland etal. ed., *The World's Great Speeches*, Courier, 1999, p. 77.

17 알베르 마띠에, 앞의 책, 222쪽.

18 김종은, 〈당통의 죽음에 나타난 9월 학살에 대한 당통의 입장〉, 《뷔히

너와 현대문학》 27, 2007, 7쪽.

19 알베르 마띠에, 앞의 책, 223쪽.

20 양희영, 〈프랑스혁명과 폭력: 민중봉기에서 공포정치로?〉,《프랑스사 연구》 32, 2015, 30~32쪽.

21 William Russell, *The history of Modern Europe*, vol. 3, Harper&Brothers, 1844, p. 236.

22 1794년 6월 10일에는 '프레리알 22일 법'이 만들어졌는데, 이 법은 반혁명적인 행위가 발각되면 증거 없이도 배심원 심증만으로 유죄를 선고할 수 있게 했고, 재판에서 피고의 변론도 금지했다.

23 알베르 소불, 앞의 책, 352쪽.

24 Geoffrey Brunn, *Saint-Just: Apostle to the Terror* (Hamden, Connecticut: Houghton Mifflin Co., 1932; reprint, Hamden, Connecticut: Anchor Books, 1966), p. 43.

25 알베르 소불, 앞의 책, 383쪽.

26 프랭크 매클린, 조행복 옮김,《나폴레옹》, 교양인, 2016, 127~136쪽.

27 김응종, 앞의 글, 405쪽.

28 김응종, 〈프랑스혁명기 리옹반란과 혁명정부의 학살〉,《역사와 담론》 78, 2016, 337쪽.

29 장 마생, 양희영 옮김,《로베스피에르, 혁명의 탄생》, 교양인, 2005, 619쪽.

30 위의 책, 25쪽.

31 김기형, 〈프랑스혁명기 공포정치에 내재한 혁명가들의 정치적 지향: 극중도(l'extrême centre)-푸셰의 파견의원 임무수행 및 로베스피에르와의 대립을 중심으로〉,《서양사연구》 57, 2017, 83~84쪽.

32 강준만,《한국 근대사 산책 2: 개신교 입국에서 을미사변까지》, 인물과

사상사, 2007, 126~128쪽.

33 김웅종,《서양사 개념어 사전》, 살림, 2008, 106쪽.

34 장 마생, 앞의 책, 475쪽.

35 알베르 소불, 앞의 책, 471~473쪽.

36 장 마생, 앞의 책, 19~20쪽.

37 위의 책, 599쪽에서 재인용.

역사를 재미난 이야기로
만든 사람들에 대한 역사책

1판 1쇄 2019년 4월 30일

지은이 | 정기문

펴낸이 | 류종필
편집 | 이정우, 최형욱
마케팅 | 김연일, 김유리
표지 · 본문 디자인 | 박미정
교정교열 | 정헌경

펴낸곳 | (주)도서출판 책과함께
　　　　주소 (04022) 서울시 마포구 동교로 70 소와소빌딩 2층
　　　　전화 (02) 335-1982
　　　　팩스 (02) 335-1316
　　　　전자우편 prpub@hanmail.net
　　　　블로그 blog.naver.com/prpub
　　　　등록 2003년 4월 3일 제25100-2003-392호

ISBN 979-11-88990-33-7 04900

이 도서의 국립중앙도서관 출판시도서목록(CIP)은
서지정보유통지원시스템 홈페이지(http://seoji.nl.go.kr)와 국가자료종합목록
시스템(http://www.nl.go.kr/kolisnet)에서 이용하실 수 있습니다.
(CIP제어번호 : CIP2019013301)